W0378253

Eberhard Neubronner

Mensch Mayer

Silberburg-Verlag

www.silberburg.de

Eberhard Neubronner

Mensch Mayer

Der wunderliche Weg
eines Württemberger Erfinders

Eine Romanbiografie

Der Leser ist skeptisch. Was stimmt wirklich, und was hat sich der Autor hingebogen, weil eine Geschichte damit schöner wird? Wer schreibt, der hat auch Chronistenpflicht.

Heinz Knobloch, »Herr Moses in Berlin«

1

»LICHT«, SAGT ER LEISE und wiederholt etwas lauter: »Licht, bitte …« Was ist los? Nimmt ihn denn niemand wahr? »Herrgott«, ächzt Samson, »zündet doch endlich die Kerzen an. Ich *seh* ja nichts mehr! Line, wo bist du?«

Eine Tür knarrt. Caroline betritt das kleine Zimmer, in dem Johann Samson Wilhelm Mayer liegt. Ihr Mann, der Kupferschmied, wird wohl nicht wieder gesund. Man muss mit dem baldigen Ende rechnen. Sie nähert sich auf Zehenspitzen dem Bett. Nur keinen Lärm machen, denn Samson reagiert zunehmend empfindlich; selbst Doktor Steudel kommt seine sehr dünne Haut seltsam vor. Ernst Gottlob von Steudel kenne jeden Schmerz, hat Caroline Mayer gehört. Der sollte auch die Reizbarkeit lindern können. Wenn aber ein Arzt nur Rhabarberpulver zur Stärkung der Nerven verordnet, wem nutzt das? Dieses Mittel sei zwar erprobt, sagt er, doch seine Wirkung ist fraglich. Es kostet bloß Geld.

Caroline steht am Fenster und schaut gegen Nordost hinaus, wo der Kaisheimer Pfleghof schwach zu erkennen ist; man nennt ihn »Klösterle«. Alle Läden im Haus Mittlere Beutau 6 sind geöffnet,

Meister Samson hat keinen Grund zur Klage wegen angeblicher Dunkelheit, die Schlafkammer ist hell trotz des trüben Wetters. Jetzt, Mitte Dezember 1852, pudert Schnee das Dachmosaik der schwäbischen Oberamtsstadt Esslingen. Es sieht hübsch aus. Bis Heiligabend fehlen nur noch ganze neun Tage.

Mayers Ehefrau wird ins Untergeschoss gerufen. Sie bleibt eine halbe Stunde lang fort, kommt zurück und beugt sich über den Kranken: Feuchtes Haar, Bartstoppeln, hohle Wangen, bläulicher Mund. Samsons Hände zittern. Sein Atem geht schwer, dann folgt ein Hustenanfall. Hinterher zerren die Finger am Plumeau, als sei es zu kurz.

»Frierst du?«

Der Patient schweigt. Im selben Moment erinnert sich Caroline Mayer, Tochter des Tuchmachers Volz aus Calw, dass der Oberamtsarzt Steudel einmal gesagt hat, viele Sterbende wollten dem Tod entwischen und abtauchen. Er habe das oft registriert. Man dürfe jedoch keine Angst haben, wenn Freund Hein sich melde. Nichts schlage ihm ein Schnippchen, er hole nach Lust und Laune die Reichsten und Ärmsten. Sie reden ja anders als unser Pfarrer Schumann, hatte Caroline damals geantwortet, der meinem Samson immer wieder Trost spendet und vom Paradies spricht. Aber kennt denn ein Geistlicher die Atemnot oder Samsons Auswurf, den ich wegputzen muss, wenn der Napf kippt? Pfui Teufel. Wenn nicht Luise wäre, die bald 15 Jahre alt wird und mir im Haushalt hilft, sähe es schlimmer aus.

Luise heißt eigentlich Caroline Friederike Beate, doch jeder ruft sie »Luisle« zur Erinnerung an ein sehr jung verstorbenes Schwesterchen. Dieses Kind und seine Mutter wurden anno 1820 und 1833 begraben. Die Letztere kurz vor dem Christfest.

Nun ist er selbst dran, denkt Caroline Mayer. Durch dieses Datum wiederholt sich etwas. Soll man es Schicksal nennen? Ihr praktischer Sinn wahrt seit jeher Distanz vor großen Worten, doch Ergebenheit hat sie früh gelernt – was immer passiert, dient zum Besten. Caroline dreht sich um und betrachtet Samsons vielleicht letzte irdische Stätte, von der aus er zum Himmel fahren wird. Gott empfängt einen frommen Pietisten wie ihn freundlich und löscht sein Sündenregister, daran ist kein Zweifel erlaubt.

Inventur also: Unten gebohnerte Dielen, oben der vergilbte Plafond ohne Stuck. Ein schlichter, doppeltüriger Schrank, die furnierte Kommode, das Bett fürs Ehepaar mit geschwungenem Kopf- und Fußteil (in dem zehn Kinder gezeugt worden sind, von welchen noch vier bei Vater und Mutter leben). Rechts wie links je ein Nachtkasten, *pot de chambre* und Bibel haben dort ihren Platz. Zwischen zwei schmalen Fenstern der Waschtisch vor einem halbblinden Spiegel. Kein Bild an den Wänden.

Caroline seufzt hinter vorgehaltener Hand. Wie kurz ein Leben ist!

Tja, das Leben ... Fast lautlos quert Mayers Ehefrau den Raum und lässt Samson allein. Der scheint zu phantasieren. Sieht er jenes Land, das seine Söhne Adolf und Gustav anno 1848 aufgenommen hat? Gut drei Jahre sind seit ihrer Flucht in die Schweiz vergangen. Bürgerliche Revolutionäre waren sie, Kämpfer fürs offene Wort und gegen Bevormundung, aber im Innersten brav. Nach Hohem zu greifen ist nicht kriminell! Wenn beide nur wenigstens *einmal* geschrieben hätten. Etwa: »Habt keine Angst, liebe Eltern, wir kommen zurück.« Sind sie längst weitergewandert? Ihr alter Vater wird das Brüderpaar suchen, auch wenn es beschwerlich sein sollte. Los, Mayer, mach dich auf deinen Weg! Trotz der schwindenden Kraft.

Samson wundert sich darüber, wie dunkel die Welt plötzlich wird. Fremde Geräusche sind zu vernehmen, andere Stimmen als sonst. Gelten sie ihm oder wem? Rasend schnell spulen sich Bilder ab: Ein Kind hockt am Haus und formt kleine Tiere aus Dreck, Fuhrwerke rattern vorbei, Rösser schnauben, der Nachbar backt Brot. Seine Frau wird »d'Ulmere« genannt. Was bedeutet das, heißt sie wirklich so? Wenn Vater und Mutter mit ihm reden, sagen sie Sami. Vor dem heftigen »Saamiii« muss man Respekt haben, denn dann setzt es den Klaps hintendrauf. Ist der Papa schlecht gelaunt, weil die Werkstatt nichts zu tun hat, nennt er seinen Filius demonstrativ Johann Samson Wilhelm. Alsbald sucht dieser das Weite.

Während Sami im Matsch spielt, stürmen erboste Bürger am 14. Juli 1789 in Paris das Stadtgefängnis *Bastille*. 98 Menschen sterben dabei, 73 sind zum Teil schwer verletzt. Als Jacob Wilhelms Sohn Samson noch keine sechs Jahre alt ist, wird der längst entmachtete französische König Ludwig XVI. Mitte Januar 1793 zum Tod verurteilt und kurz darauf geköpft. Die jakobinische Diktatur folgt. Während Maximilien de Robespierres Herrschaft fließt ebenfalls Blut, vom revolutionären Motto *Liberté – Égalité – Fraternité* entfernt man sich immer mehr.

Ebenfalls streng, aber nicht halb so brutal geht Jacob Wilhelm Mayer, Obermeister der Kupferschmiede zu Esslingen, mit Sami um. Schon sein eigener Vater Georg hatte das traditionelle Handwerk betrieben und die Reichsstadt am Neckar mit Geräten versorgt. 1768 meldete das Ratsprotokoll: »*... trägt eine von ihm neu verfertigte kleine Feuer-Sprize zu kaufen an und offerirt sich, solche in einem billigen Preiß zu erlassen. Weil dem Vernehmen nach von denen bei löblichem Hospital befindlichen 2 Feuer-Sprizen die eine nur wenig, die andere aber gar nicht zu gebrauchen ist, so wird löbliches Amt recommandirt, dieses in der damit angestellten Prob sehr gut befundene Werklein des Meisters Mayer zu erhandeln ...*«

Dessen Enkel Johann Samson Wilhelm kommt am 10. März 1787 gegen Abend zur Welt, Esslingen zählt damals nur 8000 Seelen. Samsons Mutter Paulina, Tochter des Schlossers Johann Martin Brinzinger, hat Schmerzen während jenes beißend kalten Samstags. Sie quält sich und stöhnt, bis der Sohn endlich geboren ist. Er wird das einzige Kind bleiben.

Fast zur selben Stunde sitzt im Wasserschloss Hohenheim bei Stuttgart die frühere Mätresse und jetzige Ehefrau des württembergischen Herzogs Carl Eugen. Franziska, geborene Freiin von Bernerdin, schreibt wie stets ohne Scheu vor Fehlern in ihr »Tagbuch«, das aus losen Blättern besteht: »*Mit die Gesondheids umstande des Hertzogs* [er leidet an Gicht] *war es noch immer eins, u. der Tag wurde fast hingebracht wie gestern, nur daß man nicht so weid spatziren fur.*«

Exakt ein Jahr später wird sie notieren: *»Um 1 uhr geng Es nacher Stuttgardt, dorden wurde hof gehalden u. man blieb bis 6 uhr da u. kam gegen 8 uhr wieder hier* [in Hohenheim] *an.«*

Zu einer Zeit, in der viele Säuglinge den ersten Monat nicht überleben, sind Ärzte oft hilflos. So oder so treten zwei Männer und Frauen als Samsons Paten auf: Onkel Johann Tobias Mayer, seit Jahresfrist Hofrat sowie Professor für Mathematik und Physik in Erlangen, genießt den Vorrang. Dieser sehr beschäftigte Ordinarius bleibt leider fern, doch von ihm wird man noch positiv hören. Drei ortsfeste Leute immerhin sind beim Taufakt präsent – der Sattler Johann Samson Rieger (er steuert zwei Vornamen bei), die Stadt-Cassiers-Tochter Elisabeth Wickersreuter und die Hospitalverwalters-Tochter Catharina Bahnmayer. Beide sind laut Niederschrift ledig. Was Johann Georg Schättler *»unterthänigst, gehorsamst und dienstwilligst«* bezeugt. Als Mesner der evangelischen Hauptkirche Sankt Dionys hat er ein wichtiges Amt.

Wo befinden wir uns? Ein Anonymus schreibt 1790 über die damals noch Freie Reichsstadt:

»Eßlingen hat eine sehr angenehme und, wie mich dünkt, auch sehr gesunde Lage; da es durch den Berg, der zugleich den besten hiesigen Wein liefert, durch die sogenannte Neckarhalte, gegen den Nordwind sehr gut geschüzt ist. [...] *Da sind rings umher stattliche Mauern und immer in kleinen Entfernungen Thürme darauf, deren Zahl noch jetzt sehr beträchtlich ist, obschon längst manche eingegangen seyn mögen. Hoch ragt an der Nordseite die Burg hervor und bestreicht die ganze Stadt. Diese Burg, zu welcher der Weg durch gut unterhaltene Weinberge geht, ist jetzt ein mit Mauern eingeschlossener Gras- und Baumgarten, in dem man noch Graben, Wälle, gewölbte Gänge vermuthlich zu Ausfällen* [...]*, kurz alles findet, was den Plaz ehemals fest und sehr haltbar gemacht haben kann. Von sehr vielen Kanonen, welche die Stadt noch vor hundert Jahren besaß, sind noch zwei hier aufgepflanzt, durch welche bei Feuersbrünsten ein Zeichen gegeben wird* [...]

Zur Ehre des hiesigen Frauenzimmers [der Frauen] *muß ich doch noch anmerken, daß ich es fast durchgehends weit mehr mit dem Hauswe-*

Esslingen von der oberen Neckarhalde, Blick nach Osten. Gut erkennbar sind links die Frauenkirche und daneben Sankt Dionysius mit zwei Türmen (Aquarell des Malers Johannes Braungart, 1835).

sen bekannt und beschäftigt gefunden habe, als an vielen anderen Orten, die ich wohl nennen könnte. […]

Der Wein- und Gartenbau machen den ansehnlichsten Nahrungszweig der Einwohner aus. Von Gartengewächsen aller Art bringen sie jährlich eine große Menge nach Stuttgart zu Markte, wo doch auch der Gartenbau sehr stark getrieben wird. Die Eßlinger Zwiebeln sind zum Sprüchwort geworden. Fast vor jedem Thore kommt man auf freye Pläze und Wasen, welche sich längst des Nekars und seiner abgeleiteten Canäle hinziehen und zu sehr angenehmen Spaziergängen dienen. Sie sind meistens mit fruchtbaren Bäumen besezt und gewähren also Vergnügen und Nuzen zugleich.«

Dass der Kupferschmied Jacob Wilhelm Mayer samt Frau und Kind davon profitiert hat, darf man gern annehmen.

Mayer ist kein seltener Name, doch in Esslingen klingt er gut. Dort wissen zumindest etliche Honoratioren, dass ein Tobias Mayer aus Marbach am Neckar das war, was heutige Schwaben noch immer »ein Käpsele« nennen.

Samsons Großonkel Tobias hatte früh seinen Vater verloren, lebte im Waisenhaus und durfte als intelligenter Bub die Esslinger Lateinschule besuchen. Er lernte dort rasch, der Chronist Johann Jakob Keller schrieb später von einer großen Neigung zum Malen. Sechzehnjährig zeichnete Tobias Mayer den ersten örtlichen Stadtplan, bildete sich autodidaktisch fort, wurde 1751 auf den Lehrstuhl für Ökonomie und Mathematik der Universität Göttingen berufen, fand zur Astronomie, veröffentlichte zahlreiche Arbeiten und starb schon 1762. Mayer hatte niemals studiert, nichts konnte diesen großen Wissenschaftler stören oder gar stoppen.

Die Aura des *Chèr papa* half auch dem Sohn Johann Tobias bei dessen eigener Karriere. Doch im Zusammenhang mit seinem Neffen, unserem Kupferschmied Johann Samson Wilhelm, der ein Vierteljahrhundert nach Tobias Mayers Tod geboren und in Sankt Dionys Mitte März 1787 getauft worden ist, müssen wir noch ein wenig warten. Er soll wachsen, laufen lernen, die Umgebung erkunden und sich entwickeln.

Umgebung? Als Samson längst ohne Hilfe läuft und keine Windel mehr trägt, sitzt ein Diakon aus Marbach vor seinem Tag für Tag wachsenden Manuskript. Philipp Ludwig Hermann Röders »Geographisches Statistisch-Topographisches Lexikon von Schwaben« befasst sich 1791 auch mit Esslingen, der damals noch Freien Reichsstadt im Herzogtum Württemberg. Er schreibt über sie:

»Ihre Lage ist sehr angenehm und gehört unter die schönsten Gegenden Schwabens. Diese ist eine breite Ebene voll fruchtbarer Felder, die auf allen Seiten von Bergen umschloßen werden, und zwar sind auf der rechten Seite Weinberge und auf der linken Seite Waldungen. Die Abwechslungen der mancherlei Gegenstände, die sich dem Auge darbieten, bilden den schönsten Prospekt, in dessen Mitte der Nekar dahin fließt. […] *Die Stadt ist mit starken Mauren, Thürmen, Gräben und*

Zwingern umgeben. Die engen Gäßchen und altmodischen Häuser, aus welchen Eßlingen fast durchgehends zusammen gesezt ist, geben den augenscheinlichsten Beweis von dem Alter der Stadt.« Doch finde man dort auch *»ansehnliche geistliche und weltliche Gebäude«* im Gegensatz zu Fabriken, von welchen *»ein gänzlicher Mangel«* herrsche.

Röder betrachtet Menschen genau und charakterisiert sie so:

»Die hiesigen Einwohner sind auch industriös, sowohl in Rüksicht auf den Feldbau als [auf] *die Handwerker. Fleiß, Entfernung von allem Luxus, Zufriedenheit mit mäßiger Kost erhält sie im Wohlstande. Ueberhaupt ist die Bemerkung richtig, daß aller Luxus, sowohl in Kleidern als andern Sachen, aus Eßlingen ganz verbannt ist. Sonderbar mag es freilich manchem scheinen, der die Nähe der Residenz Stuttgart in Betracht zieht, daß die Eßlinger nicht einmal die Moden im Kleinen nachmachen.«*

Mitten in diesem Milieu leben Jacob Wilhelm, Paulina und Johann Samson Wilhelm Mayer. Sie sind im Obertorviertel daheim, dem locker bebauten Quartier der Kleinhändler, Handwerker und Tagelöhner. Dort führt die Reichsstraße von Speyer nach Ulm parallel zum Neckar ostwärts in Richtung Schwäbische Alb. Vor dem mittelalterlichen Obertor, meist Wolfstor genannt, steht *»eine dreystöckige Behausung alda neben Johan Georg Müller, Canonier, und Jacob Ulmers Becken Gärdtle, vornen die Straß und hinden* [an] *sein aigen Gärdtle stoßend«*, heißt es 1773. Der Wert von Kupferschmied Mayers Wohn- und Werkstatthaus Nummer 116 wird mit 300 Gulden beziffert.

Bleibt nachzutragen, dass Samsons Eltern am 11. Juli 1786 geheiratet haben. Damals glich die Landkarte des deutschen Territoriums einem bunten Flickenteppich. Auch König Friedrich II. von Preußen regierte noch, dessen Freund Moses Mendelssohn erst seit fünf Monaten tot war. Der jüdische Aufklärer und Philosoph hinterließ nicht nur beim »Alten Fritz« eine leuchtende Spur, Absolutismus hin oder her. Sein Bewunderer starb Mitte August zu Potsdam im Schloss Sanssouci – wie gewohnt in seinem Lehnstuhl sitzend.

Lausige Gegenwart: Als Sami schulreif ist und längst weiß, dass Arbeit mehr gilt als Spiel, wird in Berlin schon seit zwei Jahren das von Carl Gotthard Langhans geschaffene Brandenburger Tor bewundert. Am Neckar geht die Ära der Reichsstadt Esslingen ihrem Ende entgegen; ihre Finanzen bröckeln, ihr Rechnungswesen ist desolat. Seit in Paris (so schimpft Samis Vater am Stammtisch des »Goldenen Löwen«) ein Sauhaufen grunzt und von Republik schwafelt, schaut man teils voller Abscheu, teils aber auch interessiert nach Westen. Hinter dem Horizont jedenfalls brennt etwas. Reisende bringen widersprüchliche Nachrichten von Frankreich mit. Die einen reden vom Höllenfeuer, andere sahen gar das Himmelslicht leuchten – aber was trifft wirklich zu? Je nachdem, grinst ein Altgeselle, ob einer auf seinem Besitz hockt oder darbt. Er war weit herumgekommen und spricht, wie ihm der Schnabel gewachsen ist.

»*Den* würd ich aus meiner Werkstatt werfen«, schnaubt Jacob Wilhelm Mayer empört. »Gott schütze das Herzogtum!«

Dies tut er nicht oder nur begrenzt. Nach blutigen Revolutionskriegen und der Hinrichtung des französischen Königs Ludwig XVI. von Bourbon am 21. Januar 1793 war, fast sieben Jahre später, ein korsischer General namens Napoleon Bonaparte per Staatsstreich an die Macht gekommen. Er steigt zum Ersten Konsul auf und krönt sich zum Kaiser. Napoleon ordnet Europa neu, Zersplitterung hat für ihn keine Zukunft. Dazu gehört auch, dass Esslingen 1802 die Reichsfreiheit verliert und württembergisch wird. Zwar wollte Herzog Friedrich II. sein kleines Land zunächst neutral halten und so dem Strudel der Jahrhundertwende entkommen, doch er akzeptiert schließlich Ende 1805 im Pressburger Frieden Napoleons Plan. Mit Gewinn, denn Württemberg wird doppelt so groß wie bisher.

Das Heilige Römische Reich Deutscher Nation ist passé, Friedrich eliminiert die alte landständische Verfassung per Staatsstreich und herrscht von nun an mit der dynastischen Ziffer I von Stuttgart aus als König über gut eine Million Menschen. Wehe dem nicht gehorchenden Untertan! Vier Jahre zuvor aber hatte man am Neckar erlebt, was kaum zu glauben war:

»*Actum den 23. November 1802*«, vermerkt das Esslinger Ratsprotokoll, »*wurde der heutige Tag zur Civilbesitzergreifung in Stadt und*

Gebiet bestimmt.« Herzog Friedrich befahl, dass das fürstliche Wappen an allen öffentlichen Gebäuden anzuschlagen sei. Er verlangte von jedem Magistraten, Beamten und Bürger, sich seiner Landeshoheit zu unterwerfen und dem von ihm abgeordneten Zivilkommissär und Militärkommandanten zu gehorchen. Dafür versprach der Herzog, *»für die Glückseligkeit Meiner neuen Unterthanen zu sorgen und ihnen, im Fall ihres Wohlverhaltens, Meine Huld und Gnade zu schenken«.*

Zur Huld gehört auch eine Huldigungsfeier. Nicht zuletzt deshalb, weil der dicke Herzog seit Mai 1803 die Kurfürstenwürde trägt. Das Fest findet in Esslingen Ende Juli statt. Oberamtmann Christian Kausler versichert dem Volk mit trockenen Worten, dass vom da oder dort kritisierten Wechsel nur Gutes ausgehe. Jeder, sagt er, werde vor württembergischen Richtern rascher sein Recht finden als einst beim Reichsgericht. Es gebe nun keine endlosen Prozesse mehr. Nicht genug damit, wird Kurfürst Friedrich bei seinem Besuch am 12. August durch blumenstreuende Jungfern empfangen; ein Gymnasiast drückt *»innigste Ehrfurcht und Unterthänigkeit«* aus. Das passende Poem stammt von Friedrich August Herwig, Rektor des Pädagogiums, dessen Loyalität zum Hohen Herrn außer Zweifel steht. Speziell dann, wenn er dem Pegasus die Sporen gibt: *»Ahnungen neuer, beglückender Zeiten / Sehn wir Entzücken rings um uns verbreiten ...«*

Der Leiter jener Lateinschule am Marktplatz, die Söhne gut situierter Bürger aufs Leben vorbereitet, war 1799 dem verstorbenen Theophil Albrecht Tritschler gefolgt. Diverse Herrschaften hatten ihn warm empfohlen. Es ist wahrscheinlich, dass Samsons Vater für diese Anstalt keinen Kreuzer ausgibt und seinen Sohn selbst unterrichtet (einen Hauslehrer spielen, wie ihn der Krösus hat, das kann ich auch). Lesen ohne Gestotter, simple Rechnerei, Schreiben – dieses Programm genügt gegen Ende des alten Jahrhunderts.

Doch dann kreuzt Johann Tobias Mayer auf. Er meldet sich aus dem Kurfürstentum Hannover und will vom Kupferschmied wissen, was Sami treibt. Hat der Patenonkel einen Narren an ihm gefressen, oder nimmt Johann Tobias nur seinen Status ernst? Zeitgleich mit Rektor Herwigs Amtsantritt in Esslingen war Hofrat Mayer von Erlangen nach Göttingen gewechselt und leitet dort als Professor für Physik die »Gesellschaft der Wissenschaften«, ein Institut der noch jungen Universität.

Hofrat Johann Tobias per Brief zu Beginn des 19. Jahrhunderts an den Handwerker Jacob Wilhelm: »Möchte erfahren, ob Samson prosperiert. Bitte um baldige Antwort.« Der Adressat postwendend: »Packt voller Fleiß in meiner Werkstatt am Wolfstor zu. Lernt recht schnell.«

Der Hofrat präziser: »Hat er Gaben?«

Der Handwerker wiederum: »Ist geschickt bey allem, was sich bewegt. Untersucht jede Maschinerie. Verlangt teure Bücher, die ich aber schwerlich anschaffen kann.«

Solche Botschaften liebt Johann Tobias Mayer mit der ihm eigenen Fähigkeit, Parallelen zu erkennen und Lösungen zu entwickeln. Sein 1723 geborener Vater Tobias war talentiert, das Wunderkind wurde durch kluge Leute wie den Esslinger Bürgermeister gefördert. Schon früh hat sich das abgespielt. Ein begabter Mensch ohne Geld muss Gönner haben, jawohl! Sonst greift alles Talent nicht.

Der Direktor des Göttinger Instituts handelt, sobald Jacob Wilhelms letzte Antwort in Kopf und Herz verarbeitet ist. Zwanzig Louisdor werden zur Rolle geformt, zwischen jeweils zwei Münzen kommt roter Samt als Puffer. Bevor Johann Tobias das Päckchen schließt und mit seinem Wappenring siegelt, schreibt er drei Zeilen an Jacob Wilhelm und legt das Papier um die Goldwurst. Der Schmied liest ein paar Tage später erstaunt:

»Werter Vetter zu Esslingen. Gebt Euren fleißigen Sohn in die Lateinschule, unserem jungen Millennium zum Schmuck und Euch zur Ehre. Dies ist mein dringender Wunsch. Ergebenst J. T. Mayer, Hofrat.«

Um 1800 hat Paris als zweitgrößte Stadt Europas 600 000 Einwohner, aber nur 300 Badewannen. Im nordamerikanischen Bundesstaat

Virginia scheitert eine Rebellion schwarzer Sklaven; sie war durch Gabriel Prosser angeführt worden, der aus Richmond stammende Schmied kommt dabei ums Leben. Ein Attentat auf den damaligen Konsul und Heerführer Napoleon Bonaparte missglückt, weil das Sprengsystem versagt. In England entstehen erste Blechwalzwerke. Der britische Astronom und Musiker William Herschel entdeckt die Infrarotstrahlung, schon 1781 hatte er mit dem Planeten Uranus ein bisher unbekanntes Objekt gefunden.

Friedrich August Herwig begrüßt den neuen Zögling interessiert. Wer schneit denn da herein, denkt er und fragt sich, welches Potenzial in ihm steckt. Samson wirkt eher ärmlich, aber von Kopf bis Fuß sauber. Lass sehen:

Lockiges, hellbraunes Haar, blanke Augen, reine Haut, Sommersprossen, lange Nase, das Kinn etwas vorspringend, weicher Mund, die Figur mit dem Alter verglichen recht groß. Samsons Kleidung ist abgeschabt, sie spiegelt die Sparsamkeit seiner Eltern. Ihr Kind sitzt in einer Bank des dämmrigen Pädagogiums und weiß noch nicht, was geschehen wird. Von draußen hört es die Stimmen der Stadt – auf Kopfstein polternde Karren, das Hü-Hott heimischer Kutscher, schwatzende Boten, endlos palavernde Eckensteher, wiehernde Pferde und manchmal der Klang einer Kirchenglocke.

»Samson Mayer«, brummt Herwigs Bass, »willkommen.« Und zum Auditorium: »Samson heißt so viel wie ›Diener Gottes‹, der hebräische Vorname stammt aus dem Alten Testament. Dieser Mann war unbezwingbar, solange sein Haupthaar nicht geschoren wurde.«

Jemand kichert.

»Wer lacht hier? Ich bitte um *äußerste* Ruhe. Wir fahren mit Griechenland fort. Sokrates sprach …«

Friedrich August Herwig denkt und handelt konservativ. Er zeigt zugleich ein selten irrendes Gespür für Begabungen, ist gerecht und versucht stets, den Schülern sein hohes Ideal umfassender Bildung nahezubringen. Disziplin bleibt dabei aber unverzichtbar.

Der Theologe hat Erfahrung im schulischen Alltag und vor allem Verständnis für Kinder aus dem unteren Stand. Wobei Samsons Vater als Obermeister durchaus Respekt genießt. Weder hat er einen schlechten Ruf noch setzte er je seine Reputation aufs Spiel. Dem Stadtregiment sind mindestens zwei Generationen Mayer bekannt, seit Georg Wilhelm und Jacob Wilhelm Feuerspritzen von solider Qualität hergestellt haben oder weiterhin fertigen. Warum also sollte der jüngste Spross dieser Familie nicht in der Bank des Pädagogiums sitzen?

Die Schule sei während der Stauferzeit gegründet worden, ist zu hören, ein nobles Relikt mit fünf Jahrhunderten auf dem Buckel. Dort stehen außer Religion, Deutsch, Latein und Französisch die Fächer Schreiben, Rechnen, Logik, Rhetorik und Poesie auf dem Stundenplan. Geschichte, Geographie, Geometrie, Chemie, Mechanik, Naturhistorie und nicht zuletzt »Gute Sitten« runden ihn ab.

16 Fächer! Fast zu viel für einen Buben vom Handwerkerstand, aber gleichwohl enorm.

Doch leider: Das hochgiebelige Haus vor Sankt Dionys verkommt. Der schlechte Bauzustand wird beklagt, im Kollegenkreis regt sich Unmut. Die oberste Klasse habe fast keine Schüler mehr, heißt es, diese Anstalt sei altväterisch und stemme sich gegen den Zeitgeist. Wenn ein hochlöbliches Konsistorium nichts daran zu ändern beliebe, müsse man um ihre Zukunft bangen. Wer kein Studium anstrebt, wird schließlich von außen kritisiert, könne auf Latein verzichten.

Trifft solches für Samson Mayer zu?

Er ist 13 Jahre alt und lernt rasch. Was immer Rektor Herwig ihm vorsetzt, Latein inklusive, nimmt er umgehend auf und ist in der Lage, es selbst nach Wochen oder gar Monaten wiederzugeben. Die Mittelstufe des Esslinger Pädagogiums dürfte ihn kaum mehr fordern; speziell Chemie begeistert den bald konfirmierten Knaben, Mechanik ohnehin. Zudem schreibt er auffallend schön, fast wie ein Kalligraf.

Woher dieser Bub aus dem Obertorviertel das nur hat?

Sein Lehrer nennt ihn auch Simon, was wie Samson der Bibel entnommen ist und frei übersetzt »Gott hört« oder »Gott versteht« heißt. Denn hier schaut einer hinter den Horizont und kapiert, während andere Schüler noch rätseln. Wenn er jedoch keine Konzentration zeigt, muss Friedrich August Herwig mahnen:

»Samson!«

Der Kupferschmied lauscht. Von fern tönt sonor eine Stimme. Sie wiederholt seinen Namen, Johann Samson Wilhelm Mayer hebt die Hand. »Aufstehen kann ich nicht«, flüstert er, »bitte sehr um Verständnis. Meine Krankheit entschuldigt mich. Das wird schon wieder, meint Doktor von Steudel. Hab aber alle Lektionen gelernt. Soll ich vortragen?«

Keine Antwort.

»Repetition erwünscht?«

Stille. Dann knackt etwas wie brechendes Glas. Noch immer Schnee, jetzt wirbeln Flocken, ein starker Nordwind drückt gegen die Fenster des Wohn- und Werkstatthauses in der schwäbischen Oberamtsstadt. Meister Mayer lebt dort mit seiner letzten Frau Caroline und vier von 22 Kindern aus drei Ehen. Zehn sind schon tot, acht haben Berufe erlernt und stehen auf eigenen Füßen. Doch daheim geht es traurig zu. Johann Samson Wilhelm hat hohe Schulden, Caroline wäscht und bügelt für Herrschaften, die Familie verarmt. Mittlere Beutau 6 beim Klösterle unter der Burg – im Dezember 1852 ist das keine erste Adresse mehr. Aber was kann man tun, wenn sich trotz aller Plackerei nichts ändert?

Pfarrer Gottlob Friedrich Schumann liest Matthäus 6, Vers 26 vor: »*Sehet die Vögel unter dem Himmel. Sie säen nicht, sie ernten nicht. Sie sammeln auch nicht in den Scheunen, und euer himmlischer Vater ernähret sie doch.*«

Samson verdreht die Augen. Er ringt nach Luft, hustet sich frei und versucht dem fremden Rufer Wort für Wort näherzukommen.

»Das ist doch …«, bringt der Kranke hervor. »*Ihr* habt mich im Pädagogium …«

Samsons Bett schwankt, sein Kopf dröhnt, um ihn herum wird es dunkel.

2

AN EINEM MITTWOCH im März 1802 erscheint Sami nicht zum Unterricht. »Wer weiß etwas?«, fragt Rektor Herwig besorgt und bittet den Vater her, weil niemand antwortet. Jacob Wilhelm Mayer lässt sich zwei Tage lang Zeit, obwohl er die Autorität des Schulleiters respektiert. Friedrich August Herwig, hoch gewachsen, empfängt ihn schließlich abends nach Schulschluss im Pädagogium und spendet Lob zu Beginn der Aussprache. Simons Leistung liege weit über dem Durchschnitt, sein Engagement sei fabelhaft, alle Kollegen berichteten Bestes. Dieser talentierte Kopf habe das Zeug zum Studium an einer Universität. Summa summarum: »Exzellent.«

Der Kupferschmied lächelt verhalten. »Simon«, kurios …

»Warum war Euer Sohn seit Mittwoch nicht hier?«

»Weil er gebraucht wird. Mein letzter Helfer hat ausgelernt und geht auf die Walz. Samson soll unserer Zunft dienen. Von Generation zu Generation.«

Eine Furche teilt Herwigs Stirn. Er schiebt beide Daumen unter den Aufschlag seines schwarzen Habits, als solle es abgestreift werden, um mit Jacob Wilhelm Mayer zu ringen. Doch der Lehrer wahrt Contenance. Nicht zuletzt deshalb schätzen ihn Eltern und Schüler.

»Habt Ihr Euren Schritt bedacht? Es gibt kein Retour.«

»Gewiss.«

»Dann lebt wohl.«

»Einen Augenblick noch«, schiebt Mayer nach und fügt etwas hinzu: Ob denn nicht bekannt sei, dass die Reichsstadt bald sterbe?

Was oder wer forme ihre Zukunft? Herzog Friedrich offenbar, dessen Landhunger jeder Mensch kenne. Sein Appetit stamme von Napoleon Bonaparte, dem welschen Neuerer, deshalb müsse man wenigstens hier in letzter Minute mit Entschiedenheit eine Tradition verteidigen. »Denn Handwerk hat goldenen Boden. Dabei bleibt es. Gestern, heute und morgen!«

Friedrich August Herwig ist sprachlos. Wen haben wir da? Den *Homo politicus* aus der Obertorvorstadt? So reden höchstens Wengerter beim sechsten Glas Wein. Serenissimus würde solche Leute stracks zur Raison bringen lassen, wenn sie gefährlich wären. Aber das trifft hier kaum zu.

»Guten Abend«, sagt der Rektor nach einer kurzen Pause. »Geht heim zu Eurer Familie. Der Frau Gattin meine Reverenz.«

Zu dieser Zeit schafft man im russischen Reich die Folter ab, Zar Paul I. alias Pawel Petrowitsch wird ermordet. Der amerikanische Ingenieur Robert Fulton lässt 1801 das durch ihn konstruierte U-Boot »Nautilus« in Rouen vom Stapel laufen – es taucht später 25 Fuß tief, was fast acht Meter entspricht, und gilt als Sensation. In Leipzig wird Friedrich Schillers Tragödie »Die Jungfrau von Orleans« uraufgeführt. Bei Winterthur (Schweiz) macht eine Fabrik für Spinnstoffe von heute auf morgen viele Handweber arbeitslos. Der Ingenieur Albert Mathieu schließlich plant einen Tunnel unter dem Ärmelkanal. Er will Pferdekutschen zwischen Frankreich und England verkehren lassen.

Esslingen zählt immer noch etwa 8000 Einwohner, 540 treiben ein Gewerbe um. Zehn Prozent davon sind wirtschaftlich bedrängt und können sich als Handwerker oft weder Gesellen noch Lehrbuben leisten. Zugleich aber schreibt der evangelische Geistliche Röder aus Marbach über die dort lebenden Leute: *»Nicht der Mann, der sich gut und mit Geschmack kleidet, sondern jeder Bürger, weß Standes er sei, steht im Ansehen, wenn er nur Geld hat.«*

Jacob Wilhelm Mayer zieht sich vom Pädagogium zurück wie ein Statist, dessen kurze Präsenz im Theater den Kritikern kein Wort entlockt. Samson seinerseits gehorcht stumm dem Papa, obwohl er ihn nicht versteht und Sehnsucht nach Rektor Herwig hat. Doch so oder so: Maulerei mag ein *Paterfamilias* tolerieren, Widerstand bleibt tabu. Von Samis ebenfalls schweigender Mutter ist kein Protest zu erwarten; Frau Paulinas Rolle beschränkt sich auf den Versuch, Balance zwischen Oben und Unten zu halten.

Der Schmied hat einen kurzen Kampf siegreich beendet. Er nimmt Samson in seiner Werkstatt auf, informiert die Zunft und schafft mit dem neuen Lehrling weiter. Backformen, Becher, Bettflaschen, Braupfannen, Fußwärmer, Kannen, Kessel, Siebe, Teemaschinen, Töpfe oder Trichter werden am Wolfstor hergestellt, auch kupferne Verkleidungen für Dächer und Turmhelme. Das Züchtigungsrecht wendet Jacob Wilhelm selten an, oft reicht ein warnendes Wort. Täglich wird fast ohne Pause gearbeitet. Kohlen im Herd erzeugen heftige Hitze, der Blasebalg stöhnt; wenn man metallischen Staub einatmet, kommt es zu Brechreiz und Durchfall. Samis Brust schmerzt, raue Befehle halten ihn auf Trab.

»Wo bleiben Kreuzhammer, Schelleisen, Stichel?«, brüllt Mayer. »Mehr Glut! Mehr Glut!«

Du wirst irgendwann deine Zeche bis zum letzten Kreuzer bezahlen, denkt der Sohn. *Ich* habe Zeit ...

Vier harte Jahre lang lernt Samson drinnen das Handwerk, während draußen die Welt sich verändert: 1803 werden in England die ersten Schreibfedern aus Stahl hergestellt, ein aus Cornwall stammender Ingenieur namens Richard Trewithick stellt seine durch Dampf angetriebene Postkutsche vor. In der Normandie regnet es Steine vom Himmel; man erkennt sie als Partikel eines Meteoriten. 1804 konstruiert der britische Offizier und Ingenieur William Congreve eine Brandrakete, in Königsberg stirbt zwei Monate vor seinem achtzigsten Geburtstag der Philosoph Immanuel Kant. Meriwether Lewis und William Clark brechen zu ihrer zwei Jahre dauernden Querung Nordamerikas auf. Der schon todkranke schwäbische Dramatiker Friedrich von Schiller erlebt noch die Premiere seines »Wilhelm Tell« am Weimarer Hoftheater, Regie führt dessen Intendant Goethe.

Von Paris aus greift Bonaparte nach der Macht über Europa. Er hatte anno 1800 die Österreicher bei Marengo in Oberitalien geschlagen, im Frieden von Lunéville fiel das linke Rheinufer vom Deutschen Reich an die französische Republik. Als Ersatz wurden Entschädigungen vereinbart, worauf auch der württembergische Herzog Friedrich II. nicht leer ausging. Unter anderem sprach ihm der Vertrag die Reichsstadt Esslingen zu, sie zählte ab 1802 zum Herzogtum. Am Neckar ist seit vier Jahren ein Oberamtmann im Dienst, unter ihm arbeitet Eberhard Friedrich Honold als Bürgermeister. Dessen Vorgänger Göschel war aus Kummer über den Verlust der Reichsfreiheit gestorben.

Dies alles zieht an Samson Mayer vorbei, der bis zur Erschöpfung schuftet und abends wie tot ins Bett sinkt. Nur am Sonn- oder Feiertag entspannt sich die Lage für wenige Stunden. Dann wird die »Maille« besucht, der auf einer Insel zwischen zwei Neckararmen gelegene Park. Einst ließ man dort das Vieh weiden, jetzt lockt er Flaneure. Manchmal sitzt Sami auch mit anderen Zunftgenossen im Wirtshaus, doch dort wird wenig getrunken, denn Lehrjahre sind keine Herrenjahre. Außerdem würde ein Rausch dem Ruf des Handwerks schaden. So jedenfalls warnt Jacob Wilhelm Mayer.

Dass der Meister selbst gern ins Glas guckt, hat keine Bedeutung.

Ein Thema sorgt jedoch für Hallo: Schon am 31. Mai 1802 hatte man im Taunus einen Verbrecher gefasst, er heißt Johannes Bückler junior und trieb sich seit 1797 mit seiner Bande herum – heute hier, morgen dort, oft aggressiv. Diesem »Schinderhannes« genannten Mann (der Vater war Abdecker von Beruf) wurden Diebstahl, Erpressung, Hehlerei, ja sogar Mord und vielfacher Straßenraub zur Last gelegt. Man machte ihm den Prozess und köpfte Johannes samt 19 Spießgesellen vor dem Mainzer Neutor. Die Prozedur dauerte nur eine halbe Stunde lang, weil ein in Frankreich erfundenes Fallbeil verwendet wurde; der deutsche Klavierbauer Tobias Schmidt hatte sich damit als Fabrikateur hervorgetan.

Im »Goldenen Adler« von Johann Michael Marz wird diskutiert. Blauer Dunst wabert Ende Januar 1804 um wackere Männer; der

Schinderhannes ist jetzt Vergangenheit, an Bücklers Stelle tritt die Lokalpolitik. Hat nicht Oberamtmann Kausler kürzlich dem Stadtgericht vorgeschlagen, altes Zeug zu zerstören? Fort mit Turm und Mauer, empfahl er und erntete Applaus bei Teilen des Gremiums. Aber nein, widerspricht ein Bürger am bullernden Ofen der Gaststätte, sie mögen bleiben und an unsere *Civitas Esslingensis* erinnern. Genau, stimmt ihm sein älterer Nachbar zu. Hoch die Heimat!

Dann klopfen sie wieder Karten und rauchen Pfeife. Wenn es nicht das Gaigelspiel gäbe, müsste man es erfinden.

»Wer teilt aus?«

»Schell isch Trumpf.«

Ein paar Monate nach diesem Palaver setzt man um, was Christian Kausler wollte und wozu der Rat seinen Segen gab. Nun fällt das Untere Beutautor, die Vorwerke anderer Stadttore werden beseitigt, im Waisenhof geht es dem Schwör- und Musikantenhäusle ans Fundament. Egal ob Mauern oder Gräben: Schluss damit, zuschütten, fertig. Auch etliche Zunfthäuser sind abzubrechen.

Sami zahlt und steht auf. Nur weg aus Esslingen, die Enge lähmt. Aber wohin? Eine Luft voller Gift wie in Vaters Werkstatt herrscht hier, sie macht ihn krank. Alles kreiselt um Samson herum, doch er ist nüchtern. Sein Hirn setzt als Mosaik zusammen, was dem Schmiedemeister nach Jahr und Tag gesagt werden soll (der Sohn formuliert schon jetzt »Gehabt Euch wohl«). Aber dieser harte Schädel wird sich vermutlich erst öffnen, wenn ein Totengräber den Rest zerhackt: *»Denn du bist Erde und sollst zu Erde werden.«* Das zitiert Samis Mutter bei jeder Gelegenheit, ob es passt oder nicht.

Ach, die mit ihrer Bibel …

Zwei weitere Jahre vergehen. In der Stadt leben 1805 gut 9000 Einwohner, die zwischen Frankreich und Österreich geführten Kriege werfen Schatten. Nun macht Jean-Louis Chancel von sich reden, denn nach Meinung dieses Franzosen könnten Feuerstein oder Zunderschwamm bald ausgedient haben: Eine Mixtur aus Kaliumchlorat, Schwefel, Zucker und Gummiarabikum lässt (wenn man den damit bestrichenen Span in Schwefelsäure taucht) das Holz brennen. Phantastisch, n'est-ce pas? Sami hört davon nichts. Chancels »Tunkfeuerzeug« wird aber, obwohl man es sieben Jahre später in Wien massenhaft herstellt, einen Nachfolger finden – alles Gute braucht Zeit.

Der »Schwäbische Merkur« druckt außer solchen Nachrichten ab, was die Konkurrenz manchmal übersieht: Joseph-Marie Jacquard erfindet den durch Lochkarten gesteuerten Webstuhl, weshalb ihm das Kreuz der Ehrenlegion zusteht. Wilhelm Adam Sertürner, Apothekergehilfe aus Paderborn, isoliert eine Substanz aus dem Schlafmohn und nennt sie Morphin. Dies alles verblasst jedoch, als am 10. Mai 1805 Friedrich von Schillers Tod bekannt wird. Er ist fünfundvierzigjährig in Weimar nach schwerer Krankheit verstorben. Auch sein Dichterfreund Goethe trauert und bleibt gleichwohl distanziert. Das Schicksal, sagt Johann Wolfgang, sei *»unerbittlich«*.

Ende August 1806 wird der Buchhändler Philipp Palm aus Schorndorf auf Befehl des französischen Kaisers Napoleon I. erschossen. Er hatte die Schrift »Deutschland in seiner tiefen Erniedrigung« veröffentlicht, man wendet sofort das Standrecht gegen ihn an. Paris feiert, weil der Grundstein für den *Arc de Triomphe* gelegt wird und dieser Bau ewigen Ruhm spiegeln soll. Bei einem Bergsturz in Goldau (Zentralschweiz) kommen 475 Menschen ums Leben. Clemens Brentano und Achim von Arnim geben unter dem Titel »Des Knaben Wunderhorn« ein Konvolut deutscher Volkslieder heraus.

Französisches Militär sucht Esslingen heim. Raub oder Misshandlungen häufen sich, schuldige Kommissäre werden bestraft. Ein Dekret Napoleons legt fest, dass man ihm überall dort Reverenz erweist und Glocken läutet, wo Seine Majestät samt Gefolge durchzieht. Im jungen Königreich Württemberg grassiert ein Nervenfieber, das noch nicht als Typhus bekannt ist. Jacob Wilhelm, Paulina und Samson Mayer bleiben davon verschont, doch wer leidet, hat schlechte Karten: Die Ärzte lassen oft nur zur Ader, damit »krankes Blut« entweicht.

»Wie geht es dir«, fragt Samis Freund Armand Kern im April 1807, »was steht an? Plagt dein Vater dich immer noch? Mach Schluss damit, so kanns nicht bleiben. Zieh endlich den Strich!« Der Achtzehnjährige lernt bei einem anderen Kupferschmied unten am Neckar und ist fast fertig, sein Meister will ihn entlassen. »In die Freiheit«, fügt Armand hinzu. Er fischt ein zerknittertes Papier aus dem Wams und liest vor:

»*Nach vollbrachter Lehre erhält der Lehrling die Eigenschaft eines Gesellen unmittelbar und ohne Mitwirkung von Seite der Mitgesellen. Auch dem bisherigen Lehrmeister ist er nur im Fall einer besonders eingegangenen Verbindlichkeit zu fernerer Arbeit verpflichtet.*«

Sami wundert sich: »Woher stammt dieser Wisch?«

»Psst«, grinst Armand Kern. »Den hab ich auf unserem Klosett entdeckt. Man sagt jetzt Gewerbe statt Zunft und meint das Handwerk. Die neuen Regeln verdanken wir König Friedrich. Der Lehrbub hat jetzt mehr Rechte.«

»Wenn davon mein Vater erfährt?«

»Hau doch ab!«

In Samis Kopf schwirrt es herum wie Wespen kurz vor dem ersten Frost. Er plant und verwirft, beginnt wieder und kommt zu keinem Ergebnis. Jeder Pfad endet blind, nur eines bleibt übrig – die Flucht nach vorn:

»Ich werds probieren.«

Also teilt er dem Vater schon am nächsten Morgen mit, dass seine Zeit in Esslingen bald zu Ende gehe. Nichts werde ihn mehr vom Wandern abhalten, der Entschluss sei gefasst. Wenn Vögel fliegen wollen, müsse man ihre Käfige öffnen und sie freigeben. Nach dieser Botschaft fühlt Sami sich zwar wie ein Artist auf dem Hochseil, doch er hält die Balance.

Der anschließende Streit mit Jacob Wilhelm Mayer gleicht einem Duell ohne Sekundanten. Zum Glück findet er sonntags im Wohnzimmer statt und nicht dort, wo Hämmer vor dem Amboss liegen. Beide Akteure stehen allein, Brust gegen Brust, Paulina wurde ausgesperrt. Atemlos wartet Samis Mutter am Küchenherd. Trägt Jacob vom Kirchgang her noch seinen Gehrock? Hoffentlich nicht, denn er könnte Schaden nehmen. Die Meisterin fürchtet sich, aber nur ein Monolog ist zu hören:

»Aha, mein Prinz hat also genug. Er will unser Boot verlassen oder gar selbst steuern. Das endet im Dreck, unter Garantie! Wer hat dich vom Schulzwang befreit und dir Monat für Monat Gutes erwiesen? Wem hast du alle Kenntnisse zu verdanken? Ehrlos bist du!«

Sami bleibt stumm. Die fällige Antwort (»du auch«) peinigt ihn mehr als den Vater, der sie offenbar ahnt. Doch sein Sohn schweigt voller Trotz. Jacob Wilhelm indes wiederholt, was der damals enttäuschte Rektor Friedrich August Herwig vor mehr als vier Jahren zu ihm gesagt hat.

»Ist dein Schritt bedacht worden?«, fragt er. »Es gibt kein Retour.« Auf Samis Reaktion wartet Mayer senior vergeblich. Deshalb folgt nach einer Atempause das Urteil:

»Valet! Aus den Augen!«

Sami nickt, doch dem Kupferschmied ist dieser letzte Gehorsam egal. Kein streunender Hund hebt demnächst das Bein an diesem Kerl, über kurz oder lang wird er selbst einen besseren Lehrling finden. Doch immerhin wurde Sami schon freigesprochen. Die Esslinger Zunft hat seinen Sohn als fertigen Handwerker anerkannt, ohne den Vater zu konsultieren. Er ist auch mit allen Regeln des Wanderns vertraut und weiß, wie man die »Walz« bewältigt.

Der Kampf im Haus vor dem Wolfstor hinterließ Sprachlosigkeit auf beiden Seiten. Paulina Mayer steckt zwischendrin und wagt weder Ja noch Nein zu sagen. An einem Mittwoch, frühmorgens, läuft dann alles rasch ab: Sami beantragt und erhält jenes »Königlich Württembergische Wander-Buch«, ohne das kein arbeitsloser Geselle in fremder Umgebung bleiben darf. Johann Samson Wilhelm Mayer, geboren am 10. März 1787 zu Esslingen am Neckar als Sohn des Jacob Wilhelm Mayer, Kupferschmied-Obermeister allhier, und der Paulina, geborene Brinzinger, dem Kupferschmiedehandwerk zugehörig, mittelgroß, soll sich laut diesem Dokument

»1. *vor allem zweckwidrigen Umherziehen und besonders vor dem Betteln hüten;*

2. *mit demjenigen, was er aus den Handwerks- oder öffentlichen Cassen als Zehrpfennig erhalten wird, begnügen;*

3. *seine Reise nur auf solche Orte, wo sich Meister von seinem Handwerke befinden, richten;*
4. *an keinem Orte, wo er keine Arbeit erhält, über vier und zwanzig Stunden ohne besondere obrigkeitliche Erlaubniß verweilen, und*
5. *an jedem Orte, wo er Meister seines Handwerks antrifft, wenn er, ohne in Arbeit zu kommen, sich weiter begiebt, durch einen Meister in gegenwärtiges Wanderbuch anmerken lassen: ob er Arbeit zu erhalten Gelegenheit gefunden oder nicht, und ob und aus welchen Gründen er solche nicht habe annehmen wollen.«*

Samson selbst wird so beschrieben:

»*Alter = 20, Religion = evangelisch, Stand = ledig, Statur = schlank, Angesicht = voll, Haare = braun, Stirne = frei, Augbraunen = braun, Nase = lang, Wangen = voll, Mund = mittel, Zähne = gut, Kinn = rund, Beine = gerade, Sonstige Zeichen = keine.*«

Was tut sich im Jahr 1807 anderswo?

Die seit 1798 erscheinende »Allgemeine Zeitung« des Verlegers Johann Friedrich Cotta aus Tübingen zieht wegen der Zensur unter König Friedrich I. von Stuttgart über Neu-Ulm nach Augsburg. Das liberale Blatt wird dort, oft gegängelt, bis zur Revolution 1848 und darüber hinaus dem freien Wort folgen. In England verbietet man die Sklaverei, Friedrich Wilhelm II. von Preußen befreit per Edikt seine Bauern von der Leibeigenschaft. Robert Fultons Raddampfer »Clermont« pendelt zum Staunen vieler Leute zwischen New York und Albany. Friedrich Albert Winzer aus Braunschweig baut in London ein Gaswerk; er beleuchtet Teile der Prachtstraße *Pall Mall* mit modernen Lampen, bald wird man deshalb auf das Walöl verzichten können.

Weit vom Getriebe entfernt steht ein noch nicht ganz erwachsener Mensch namens Sami. Mit Buch und Signalement versehen, stopft er Kleidung sowie Proviant in jenen ledernen Sack, der Armand Kern gehört. Wer weiß, woher dieser Schelm dieses alte Ding und den ihm noch gestern geschenkten Knotenstock hat? Das »Felleisen« und der »Stenz« sollen Freunde werden. Die Mutter legt noch ihr Losungsheft dazu, sie starrt vor sich hin.

Jacob Wilhelm Mayer bleibt dem Abschied fern.

Ohne ein Wort oder eine Geste wird Sami entlassen. Niemand begleitet ihn, wie es seit Jahrhunderten üblich ist. Am 24. April 1807, einem milden Freitag, passiert er um sieben Uhr morgens das Wolfstor mit den staufischen Löwen, läuft die Küfergasse entlang, streift seine Taufkirche Sankt Dionys, stiefelt zur Neckarhalde empor, bleibt am Törlein der Weingärtner stehen. Samis Blick richtet sich ostwärts: über Rebhänge und Dächer (aus den Kaminen quillt Rauch) bis zum Horizont, wo die Kontur des Albtraufs schwebt: eine taubenblaue Vision. Dann wird es im Hals plötzlich eng, er schluckt und schultert wieder das Felleisen. Der Stenz schenkt Halt, Armand sei Dank.

Schritt für Schritt weicht aller Druck, bald ist kein Schmerz mehr zu spüren. Courage!

3

DIE TÜR DER WERKSTATT steht offen wie das Scheunentor eines Bauern zur Erntezeit. Sami tritt ein, sieht den fremden Kupferschmied vor seiner Esse arbeiten, räuspert sich und sagt: »Mit Gunst und Verlaub. Gott grüß Euch, ehrbarer Meister.«

»Woher kommt Ihr, Gesell?«

»Aus Esslingen.«

»Die Reichsstadt am Neckar hat einen guten Ruf!«

»Sie gehört jetzt zum Kreis Stuttgart. Das Deutsche Reich gibts nimmer, wenn es beliebt ...«

Samson Wilhelm Mayer wird in Freiburg ausgefragt und kritisch gemustert. Er soll sein Wanderbuch zeigen, das Gewerbe nennen und nicht zuletzt auch bei der Meisterin vorsprechen. Letzteres findet Sami seltsam, wie überhaupt Frauen etwas problematisch sind. Mit denen hat der junge Mann keine Erfahrung, doch sie interessieren ihn. Leider gab es bisher kaum Gelegenheit, ihre Bekanntschaft zu machen. Ein paar scheue Blicke oder ungelenke Honneurs, damit endete jeder Versuch.

Von Esslingen aus war Sami zuerst nach Stuttgart spaziert, den Fluss stets zur Linken. In König Friedrichs Residenzstadt suchte er die Herberge der Schmiedezunft auf, wo ein Geselle saß und ihn zum nächsten Meister führte. Christian Siegele nahm den Helfer gern an, womit Lohn und Brot bis zum Herbst gesichert waren; dann zog Samson zufrieden weiter. Sein neues Buch enthielt folgende Sätze:

»Eigenthümer dieses hat bei mir seit sechs Monaten als Geselle in Arbeit gestanden und ist, da er weiter zu wandern gesonnen, aus der Arbeit entlassen worden. Hat sich während seines hiesigen Aufenthalts ohne Ausnahme wohl betragen.«

Calw, Nagold und Rottweil heißen Samis nächste Stationen. Sein Wissen wird größer, die berufliche Praxis lässt reifen, er ist streng zu sich selbst und spart jeden Kreuzer. Anfang Februar 1808 stapft der nur dünn bekleidete Bursche im hohen Schnee durch den Schwarzwald, verliert immer wieder den Weg, irrt herum und hat Angst vor Wölfen. Wäre er bloß in Rottweil geblieben! Nachts gegen elf Uhr klopft Samson an das Fenster einer einsamen Bauernkate, nach langem Warten schlurft jemand her.

»Wo bin ich?«, fragt die eisverkrustete Figur.

»Zwei Stunden von Freiburg entfernt.«

»Gott sei Dank.«

»Kommt herein, ruht Euch aus.«

Über diesen Monat schreibt ein Chronist, Vögel seien im Schwarm tot vom Himmel gefallen, und Bettler hätten um eine Zuflucht beim Vieh gefleht. Seit ewiger Zeit wisse man von keinem derart strengen Frost. Verkehrte Welt: Die letzte Winterperiode, berichtet der badische Dichter Johann Peter Hebel, habe *»viel Verwunderung erregt und den armen Leuten wohlgethan. Wer jetzt noch fröhlich in den Knabenschuhen herumspringt, wird in sechzig Jahren einmal* *auf der Ofenbank sitzen und seinen Enkeln erzählen, daß man anno 1806 zwischen Weihnacht und Neujahr Erdbeeren gegessen habe.«*

Mayer weiß nichts von Hebels Text. Er hat längst das Wirtshaus der Schmiede erreicht, dort einen Trunk bekommen, danach den ihm empfohlenen Meister Johann Spöhri aufgesucht und bei ihm Arbeit bis zum Frühling gefunden. Auch dessen hübsches Weib wendet gegen ihren Kostgast nichts ein. Der ist strebsam und hält sein Quartier sauber, Gesellen wie Johann Samson Wilhelm Mayer sind rar.

»Ihr bleibt nur drei Monate hier«, sagt sie Ende April nebenbei, »seid jedoch länger gelitten. Nun also ...«

Sami spürt ein Werben im Ton der Meisterin, sieht ihre Gestalt plötzlich mit wacheren Augen als bisher und antwortet:

»Ich weiß nicht so recht. Bitte gebt mir Bedenkzeit.«

Nachts liegt er Stunde um Stunde schlaflos und hat sich vor Sonnenaufgang entschieden.

Zwischen blühenden Bäumen am Kaiserstuhl schlängelt der Pfad bergab. Lerchen trillern: Hoch hinauf steigen sie und sind niemand etwas schuldig, denkt Sami, wie schön. »Von Breisach aus über den Rhein und direkt nach Colmar« hatte ein junger Kaltschmied in Stuttgart geraten, dieser Satz begleitet ihn jetzt. Die Elsässer seien freundlich, das *Savoir vivre* dort mache mehr Lust als im Herzogtum Baden. Gar nicht zu reden vom Königreich Württemberg.

Doch dann lernt Johann Samson Wilhelm zwei Schweizer namens Jürg und Bert kennen, die Holz aus dem Jura geladen haben. Sie reden von Holland, er zahlt im Voraus und geht an Bord ihres Kahns. Jeder Tag bietet neue Eindrücke. Anders als Breisach, das durch Napoleons Truppen verbrannt worden ist und seit 1806 zu Baden zählt, spiegeln manche Städte flussabwärts die Herrschaft des klein gewachsenen, aber politisch großen Kaisers Bonaparte: von Kehl bis Worms, von Speyer bis *Mayence*, von *Coblence* bis *Cologne*. Überall flattert demonstrativ Blauweißrot, mit »Vive l'Empereur« wird man links des Rheins noch acht Jahre lang leben – in der »Einigen und untheilbaren Franken-Republik«.

Das alte Köln mit seinem 1794 profanierten und nun wieder geweihten Dom zieht Sami an. Weshalb er keine Windmühlen oder Deiche sehen will, Holland auf irgendwann verschiebt und seinen Kurs ändert. Wenn die Eidgenossen jetzt allein in Richtung Nordsee schippern, was solls? Denen geht es ohnehin nur um den wartenden Lohn für drei Wochen Arbeit. Adieu, Bert und Jürg!

Sie schauen ihm wortlos nach.

Cologne gehört zum welschen Kaiserreich wie Koblenz, Mainz und weitere Städte am Fluss. Hier findet Sami ohne Umstände den nächsten Patron. Nicolaus Müllenwitsch hält das Personal straff zusammen, drei Gesellen und ein Lehrling helfen ihm. In der großen Werkstatt geht die Arbeit nicht aus, weshalb Sami sich bewähren darf. Vor allem kupferne Kessel für Brauereien werden bei Müllenwitsch hergestellt, der Schwabe lernt etwas dazu und gewinnt an Statur. Von seiner Dachkammer aus blickt er morgens zum noch stummen Dom; wenn andere Glocken geläutet werden, schwingt etwas wie Wehmut mit.

War es falsch, Esslingen zu verlassen? Hätte man dem Vater standhalten müssen?

»Lieber Freund«, schreibt Samson Mayer eines Tages an Armand Kern, »verzeih. Ich habe lang nichts hören lassen. Du bist wohl auf der Walz, deshalb schick ich diese Botschaft nach Württemberg und hoffe, daß sie dich erreicht. Wo wanderst du? Felleisen und Stenz leisten noch immer gute Dienste. Köln steckt voller Franzosen, die sympathisch sind. Auch promenieren sonntags honette Fräuleins am Arm ihrer Mütter. Hier weht ein frischerer Wind als daheim, man spricht oft über Politik. Was mir mißfällt, ist das rheinische Temperament, es fehlt dem hiesigen Volk an Tiefgang. Außerdem kann ich den Katholischen nicht viel abgewinnen. Melde dich bald. Immer dein treuer J. S. W. Mayer, Kupferschmied bey Nicolaus Müllenwitsch, Cologne (Département de la Roer).«

Eine Antwort von Armand bleibt aus. Die »untröstlichen« Eltern Daniel und Elisabeth Kern schicken Samis Brief mit dem Hinweis zurück, ihr Sohn habe sich im Herbst letzten Jahres nach

Nordamerika eingeschifft. New York sei sein Ziel gewesen: »Doch der Segler aus Hamburg lief vor Cornwall auf ein Riff, zerbrach bei Land's End und ging unter. Kein Mensch wurde gerettet.«

Untröstlich, ja. Auch Sami trifft diese Nachricht schwer. Erst beugt sie ihn, dann taucht die Sinnfrage auf und will nicht weichen. Er steht stumm am Rhein mit dem leeren Ledersack des ertrunkenen Spenders in der Hand. Nie wird Armand Kern vergessen sein.

Sami schwenkt das Felleisen und wirft es ins Wasser, dessen Strömung die braune Hülle davonträgt. Sie treibt langsam zum Meer, wo Armand vor England liegt. Fern von hier ruht sein Kamerad bei den Fischen und sehnt sich nach einem Stück Heimat.

England, Britannien ... du lieber Gott. Von dieser Insel hat Samson zwar viel gelesen, doch war Rektor Herwigs Geografie an der Lateinschule für ihn stets weniger reizvoll als chemische Experimente oder zwei Stunden Physikunterricht. Jetzt aber lockt ihn kein alter Stoff, sondern die Möglichkeit, bis zum Rand Europas zu laufen. Und dann?

Ich komme, Armand!

»Etwas ruft mich fort«, sagt Samson Wilhelm Mayer Anfang Oktober 1808 zu Nicolaus Müllenwitsch, was dieser bedauert. Der Kessler fragt ihn, ob er nicht eine Nacht lang schlafen und sich erst dann festlegen wolle? Sami verneint höflich, erhält das Wanderbuch, packt seine Habe in einen neuen Tornister und liest Müllenwitschs Resümee:

»Derselbe hat hier zu Cölln durch sechs Monate gearbeitet und sich geschickt, treu und fleißig benommen.«

Meister Müllenwitsch reicht Sami das ihm zustehende »Geschenk«, ein offizielles Salär für scheidende Gesellen, und zahlt außerdem mehr als erwartet: blanke Goldmünzen mit Kaiser Napoleons Kopf, barhäuptig, Lorbeer um Schläfen und Stirn. Sami näht alle Francs in sein Hemd ein, weil da oder dort Räuber lauern – die Spitzbuben sind auf französischem Terrain unterwegs, aber auch im Herzogtum Baden. Pulver und Blei schützen kaum, denn dieses Pack ist bewaffnet und schont weder Leib noch Leben.

Köln hinterlässt Spuren im Kopf. Woran liegt das? Samson hungert nach Informationen, sein Gehirn verlangt Tag für Tag Nahrung, das Denken schärft schnell den Geist. Überall kann man Neues hören, auf den städtischen Straßen oder beim Wein wird mehrsprachig diskutiert, jede Botschaft macht zehnmal die Runde und stellt sich entweder als falsch oder wahr heraus. Zutreffend ist:

Ein Dekret Napoleons schränkt die bürgerlichen Rechte der Juden ein, er selbst greift nach Spanien und Portugal. Bonapartes Schwager Joachim Murat übernimmt die Macht im Königreich Neapel, sein Bruder Joseph Bonaparte wird als José I. zum König von Spanien erklärt. In Australien findet eine »Rum Rebellion« statt, der dortige Gouverneur William Bligh war 1789 durch die gegen ihn gerichtete Meuterei auf dem Segelschiff »Bounty« bekannt geworden. Johann Gottlieb Fichte verfasst 14 patriotische »Reden an die deutsche Nation«. Dass Heinrich von Kleists Lustspiel »Der zerbrochne Krug« am Weimarer Hoftheater uraufgeführt wird und wenig Erfolg hat, dringt vorerst nicht bis zum Rhein.

Die Laubwälder leuchten wie Kupfer, als Sami südwärts trabt. Was der preußische Novellist Franz von Gaudy später in seinem »Tagebuch eines wandernden Schneidergesellen« humorvoll schildern wird, könnte schon jetzt für ihn gelten. Mit leiser Selbstironie und auf ebener Bahn:

»Da zieht denn unsereiner, bald über die Prellsteine, bald über die eignen Beine stolpernd, eine neue Chaussee entlang, auf dem Fußsteige, der von den heillosen Steinklopfern wie ein Streuselkuchen mit losen, messerscharfen Steinen überzuckert worden ist, und möchte am liebsten die Füße, just wie die neuen Stiefel, hinten auf den Ranzen schnallen. Der Knotenstock ist noch fauler als sein Herr und läßt sich klappernd und höhnisch meckernd hintennach schleppen.«

Wohin nun? Samis Route mäandert den Rhein entlang. Er fragt geduldig nach Arbeit, läuft von Herberge zu Herberge und hat nirgends Erfolg. Seine Rastplätze heißen Bonn, Neuwied, Oberlahnstein, Sankt Goarshausen, Dettenheim und zuletzt Lichtenau. Gelegentlich wird der junge Schmied als Vagant angezeigt und durch

Landjäger festgenommen. Aber man lässt ihn bald wieder frei. Vom ersten Novembersturm ausgekühlt, erreicht er schließlich Straßburg, bevor die Tore versperrt sind.

»Hol über, hol über!«

Der badische Fährmann hat seinen Gast schweigend von Ufer zu Ufer gerudert, Geld nahm er nicht an. Glocken läuten den Sonntag ein und erinnern an Köln.

Während ihm die letzte Distanz schwer wird, huschen Ratschläge der Esslinger Schmiedezunft durch Samis Kopf. Er hofft, dass sie auch für hier gelten:

»Kommst Du auf Deiner Wanderschaft vor eine Stadt, so gehe frühzeitig hinein. Ordne und reinige vorher Deine Kleidung, damit Du als ein ordentlicher Geselle auftreten kannst. Unter dem Tor beantworte die Fragen, welche man Dir vorlegen wird. Frage mit Höflichkeit nach der Herberge. Wenn Du auf die Herberg kommst, so nennst Du den Wirt ›Herr Vater‹, die Wirtin ›Frau Mutter‹, den Sohn und Kellner ›Herr Bruder‹, die Tochter und Magd ›Jungfer Schwester‹. Gegen den Herbergsvater sprichst Du ›Gott grüße Euch wegen des Handwerks! Ich habe vernommen, daß das löbliche Schmiedehandwerk hier seine Herberge hat, und bitte Euch also, mich und mein Bündel zu beherbergen‹.«

Straßburg ist nicht nur wegen des Münsters aus rosa Sandstein populär, obwohl man es schon vom Rhein her bewundern kann. Die Stadt östlich der Vogesen lockt Sami an, weil der Kaltschmied in Stuttgart ihm empfahl, sich dort umzuschauen. Doch welcher Geselle hat Lust darauf, wenn er abends kein Bett findet? Nach erfolglosem Gang kreuz und quer nennt jemand die *Auberge au cheval rouge* im Zinkengässchen, wo man billig logiere.

Mit »merci beaucoup« erprobt Sami sein geringes Französisch.

»Dis het jetz ke Sach«, kommt es trocken zurück und wird als freundliche Antwort verstanden.

Am nächsten Tag spaziert Sami mit wachem Blick durch die Stadt und steht staunend vor alten Häusern. Sie heißen »Blauer Hund«, »Muckenwadel« oder »Zum Fuchs der den Enten predigt«. Aber wo bleibt die eigene Zunft, welche Begriffe erinnern an sie? Das Kupferschmiedgässlein wird entdeckt, und im Häckergässchen hat Jean-Michel Otts »Goldene Kanne« geöffnet; sie freilich schenkt keinen Elsässer Wein, sondern *Bière d'Alsace* aus. Sami bestellt einen Krug und führt ihn zum Mund. Bloß keine Eile, sagt er sich, denn seit Monaten gab es nur Wasser, da schwätzt man schnell dummes Zeug. Der Wirt fixiert den Besucher und nimmt neben ihm Platz.

Jean-Michel Ott: »Woher, junger Mann?«

Samson Mayer: »Aus Köln. Wollte lieber ›Esslingen‹ sagen, aber Ihr wisst vielleicht nichts von ... Württemberg.«

Ott in flüssigem Hochdeutsch: »Schau einer an. Ich hab mirs gedacht, weil Er so langsam trinkt, Schluck für Schluck. Ihr Schwaben dreht doch jeden Centime viermal um – hab ich Recht?«

Mayer: »Mag sein.« Und dann: »Aber wir *werden* auch etwas.«

»Wie bitte?«

»Den Fleiß hat uns Gott in die Wiege gelegt.«

»Schau an. Seid Ihr Pietist? Kein Freund des Papstes jedenfalls, vermute ich. Ihr solltet den Oberlin kennenlernen, dieser Mensch gleicht Euch ein wenig. Zumindest weil Ihr vom Fleiß sprecht. Er lebt im Steintal jenseits der Berge, das Dorf dort heißt Waldersbach. Pfarrer Oberlin tut viel für arme Leute, hält sie zur Arbeit an und schafft Brot. ›Gib deinem Leben Sinn, statt zu klagen‹, sagt dieser Wohltäter. Er stammt von hier aus nobler Familie, hat eine Schule und Kindergärten gegründet, hilft vor allem den Weibern. Johann Friedrich Oberlin wird als wahrer Christ sterben. Fragt nach dem ›Papa‹, wenn Ihr nach Waldersbach kommt!«

Sami nickt, sein Bier wurde schal. Es schmeckt nicht mehr. Der Sohn des Esslinger Solitärs dachte beim Zuhören an seine Eltern und daran, dass Jacob Wilhelm Mayer es sich stets verbeten hatte, von ihm mit »Papa« begrüßt zu werden; »Herr Vater« war legitim. Doch in Sankt Dionys saß er Sonntag für Sonntag, Seite an Seite mit Frau Paulina. Allein schon wegen eventueller Aufträge des Rats kurz nach dem Gottesdienst oder am Montag, man konnte nie wissen. Denn Meister bleibt Meister und Ruf bleibt Ruf.

Ach ja, dieser Tyrann vom Wolfstor ... In Sami steigt jener Grimm hoch, den er bisher unterdrückt hat. Wie nah plötzlich alles ist! Schluss jetzt, aus und vorbei.

»Apropos«, sagt der Junge zum Älteren, »als Wirt in Straßburg sind Euch doch alle Meister bekannt. Welchen würdet Ihr recommandieren? Ich bin Kupferschmied und hab Erfahrung. Nicht jeder Geselle ist ordentlich, mit mir kauft man keine Katze im Sack.«

Jean-Michel Otts Antwort lässt nicht auf sich warten: »Mathis Bowinger heißt er, ich lege für ihn die Hand ins Feuer. Seine Werkstatt an den Gewerbslauben ist klein, aber fein, Ihr müsst Euch durchfragen. Einen *Chaudronnier d'Allemagne* wird mein Stammgast nicht ablehnen.«

Meister Mathis also. Ehe Sami sein Gepäck aus der Herberge holt, bummelt er planlos herum und beobachtet alles. Sonntags bleibt es in Straßburg ruhig, Köln wirkte lebhafter. Trotzdem gefällt ihm die Stadt: Sie ist schlicht und prachtvoll, eng und weiträumig, sie zeigt viele Linien und Schnörkel. Mit einem Wort: Hier hält man Balance. Handwerk wie Herrschaft scheinen jedem Bürger zu nutzen und sind doch separiert. Gemeinsamkeit endet, wenn Machtverlust droht, notabene die Macht der Höheren. Diese Regel galt auch am Neckar und gilt weiterhin. Johann Samson Mayer weiß das, er hat seine Lektion schon als Kind gelernt. Allerdings nicht ohne Zwang.

Nach der letzten Nacht im *Au cheval rouge* stellt Sami sich bei Mathis Bowinger vor – einem Kupferschmied, dessen blasses Gesicht keine noch so heiße Glut rötet. In Mathis' Werkstatt muss alles reibungslos laufen, sonst gibt es Ärger. Samson passt sich an, denn Auflehnung wäre falsch, wo käme man da hin. Bowinger ist verwitwet seit anno Tobak, zwei Söhne stehen auf eigenen Beinen; von ihnen redet der Vater, wenn auch selten, in traurigem Ton. Er trinkt oft im Wirtshaus mit Männern der Zunft oder kutschiert über Land, dann nimmt sein neuer Geselle die Aufträge entgegen und arbeitet wie ein Pferd. Zu Bowingers Lehrling sagt er, es sei noch kein Meister vom Himmel gefallen. Wer wollte das bestreiten?

Wenn Sami jeweils am freien Montag die Stadt an der Grenze zum Großherzogtum Baden erkundet, schärft sich sein Blick. Straßburg ist stark mit Bastionen befestigt: Überall sieht man französisches Militär wie in Köln, es nutzt Schieß- und Exerzierplätze sowie zehn Kasernen. Der Adel lebt in großem Reichtum, auch das fällt auf. Zu seinem Pläsier gehören Paraden, Bälle, Revuen und andere Spektakel. Nichts scheint unmöglich, alles ist ihm erlaubt.

Die Zeit geht dahin. Der Oktober schenkt milde Wochen, hinterher hüllt dichter Nebel das Rheintal ein; man sieht tagelang fast keine Hand vor den Augen und fragt sich, ob es noch eine Sonne gibt. Anfang November herrscht klirrender Frost, was die Ältesten mit dem Satz kommentieren, daran erinnere sich niemand seit Menschengedenken. Dann schicken Fallwinde den ersten Schnee vom Vogesenkamm, fein dringt er sogar durch Fenster und Türen. Bald sind alle Gassen der Stadt weiß.

Irgendwann beschließt Sami, seinen Eltern eine Nachricht zu schicken, und schreibt mit steifen Buchstaben, es gehe ihm gut. Straßburg im Elsass sei momentan die beste Stadt am Rhein, um das Handwerk zu üben. Dort spreche man französisch und auch etwas deutsch. Der Brief wird adressiert an »Jacob Wilhelm Mayer, Kupferschmied-Obermeister in Eßlingen, Königreich Württemberg«.

Auf eine Antwort wartet er, doch sie bleibt aus. Als *Poste restante* kommt nichts an. Stets heißt es »wir bedauern«.

An Silvester 1808, einem trüben Samstag, wird Mayer junior zum Punsch geladen. Ein anderer junger Schmied namens Marcel hatte diese Idee, er selbst wäre kaum darauf gekommen und hätte den Abend lieber allein verbracht. Aber Marcel Baerwiller gab nicht nach, und Sami stimmte zu. Warum? Weil er mit Alkohol umgehen kann. Der löst sanft die Zunge und schadet selten – es sei denn, man leistet sich Extratouren. Hinzu kommt, dass Marcel intelligent ist. Sami hatte ihn während einer Dachdeckerei kennengelernt, am Münsterplatz wurden kupferne Rinnen und Rohre verlegt. Trotz der

Arbeit unterhielt man sich, einem Wort folgte das nächste. Sami erfuhr so, dass Baerwillers Vater ihm eine höhere Schule erlaubt hatte mit dem Argument, Bildung sei wichtig.

Das kennst du doch, hatte Sami gedacht. Aber in umgekehrter Version.

Samson und Marcel hocken nebeneinander im Gasthaus »Zur goldenen Mucke«, wo der Wirt Bernard Schutzenberger seinen Gästen jeweils den ersten Punsch spendiert.

»Santé, mes amis ...«

Sie heben die Gläser und trinken: Aufs neue Jahr! Beide bemerken nicht, dass ein gut gekleideter Herr mit grauem Backenbart zuhört und lächelt. Denn Samis Kollege spricht von Büchern, die er gelesen hat oder noch lesen wird. Seine Hände sind rot und rau, man erkennt an ihnen den Arbeiter.

»Messieurs«, schaltet ihr Nachbar sich ein. »Möchte mich vorstellen: Charles Würtz, *Doctor medicinae* zu Straßburg, Liebhaber jeglicher Literatur. Mein Vorfahr Felix war hierorts Chirurgus. Doch das ist lange her, zwei Jahrhunderte sind seither vergangen. Er hat ebenfalls publiziert – die ›Praktika der Wundarznei‹ und das ›Kinderbüchlein‹ wurden viel gelesen. Aber pardonnez-moi, ich schweife ab. Wovon Ihr redet, meine Herren, einer wie der andere ist doch wohl klug ... Sagt Euch der Lenz etwas?«

»Kommt Anfang März«, antwortet Baerwiller, »manchmal schon Ende Februar. Wenn wir Glück haben.«

»Aber nein, ich meine den genialen Dichter Jakob Michael Reinhold Lenz aus Dorpat im Baltikum! Er wohnte beim Metzger Kress, einen Steinwurf von dieser Schänke entfernt. Das Studium der Theologie zu Königsberg hatte er abgebrochen und schlug sich hier als Faktotum der Barone von Kleist durch. Anno 1774 schrieb Lenz das Drama ›Die Soldaten‹, und Kaffeesatzleser rätseln noch immer, ob man es als Komödie oder Tragödie werten soll. Ich hab meine Wahl getroffen, denn eine unreife Straßburger Jungfer namens Cleophe hatte zuvor mit ihm gespielt nach dem Motto: ›Wasch mich, aber mach mich nicht nass.‹ Im Stück heißt sie Marie und wird zum Opfer. Zwei Jahre später …«

Doktor Würtz holt Atem, sein Auditorium lauscht.

»… reist Jakob Lenz nach Thüringen, um dort seinen Freund Goethe zu besuchen. Einst hatten sie in Straßburg gute Tage verbracht, jetzt feiert das Vorbild am Hof des Herzogs Karl August in Weimar Erfolge und kann mit dem flackernden Geist bald nichts mehr anfangen. Nach einigen Narreteien von Lenz kommt es zum Zerwürfnis; der Dichterfürst Goethe ist verschnupft, setzt seine Macht als Geheimer Legationsrat ein und lässt ihn aus der Residenz am Ilmfluss entfernen.«

Sami schaut traurig das halbleere Glas an.

Marcel: »Wie ging es weiter?«

Auch das werde noch erzählt, sagt der Arzt. Lenz habe seit dem Bruch mit Goethe ein unstetes Leben geführt. Von einem Ort zum nächsten sei er gehetzt, zweifelhafte Amouren hätten ihn deprimiert, weshalb ein Vertrauter auf Johann Friedrich Oberlin verwiesen habe: Der Pfarrer zu Waldersbach im Steintal könne den schon halb wahnsinnigen Genius retten.

»Und dann?«

»Jakob Lenz taucht bei Oberlin Ende Januar 1778 auf, sorgt für Konfusion, will sich umbringen, verzweifelt. Die Waldersbacher kriegen Angst. Lebt ein Verrückter im Dorf? Selbst der sonst so gefasste Geistliche findet keine Lösung und schickt seinen Gast wieder fort. Über Straßburg wird Lenz schließlich zum Vater nach Riga geschafft. Dieser, ein extrem strenger Pastor, lässt ihn als Lehrer arbeiten und erklärt, dass die kirchliche Laufbahn für ihn nicht mehr in Frage komme. Resultat: Jakob Reinhold Michael Lenz flieht.« Ein endloses Zickzack folge zwischen Livland, Deutschland und Russland. Mit jeweils wechselnden Freunden, ohne festen Wohnsitz, wurzellos. Im Mai 1792 entdecke man Lenz tot auf einer Moskauer Straße.

»Mehr weiß ich nicht«, endet Charles Würtz. »Es ist ja schon 16 Jahre her. Wie die Zeit vergeht!«

Patriarch gegen Poet, denkt Sami, das musste scheitern. Er will mehr über den Pfarrer im Steintal erfahren, der Jakob nicht helfen konnte. Doch Würtz bittet um Aufschub:

»Bis morgen Vormittag am selben Tisch. Adieu, Verehrteste.«

Neujahr 1809, ein verschlafener Sonntag. Im leeren Lokal »Zur goldenen Mucke«, wo die letzte Nacht noch in allen Ecken nistet, hockt Samson Mayer allein neben dem Straßburger Arzt. Der duftet angenehm nach Lavendel, bestellt beim Wirt zwei Tässchen Mokka mit Rum und fragt:

»Wo waren wir stehen geblieben?«

»Bei Oberlin.«

»Richtig.«

Charles Würtz nimmt Fahrt auf. Erst aber wird ihm erklärt, was gestern beim Punsch nicht gesagt worden ist – dass Sami und Marcel Handwerker sind, als Schmiedegesellen in Straßburg arbeiten, an Silvester keine Verpflichtung hatten und plaudern wollten. Er selbst, Johann Samson Wilhelm Mayer aus Esslingen im Königreich Württemberg, sei auf der Walz:

»Denn ein Geselle muss wandern.«

»Wurtemberg«, sagt der Doktor. »La Walz, ich verstehe.«

Vom Kaffee erfrischt und offenbar froh, dass es aus ihm wieder sprudeln darf, spinnt er den gestrigen Faden weiter.

»Ich kenne Johann Friedrich Oberlin persönlich. Stellt ihn Euch vor: Der ›Papa‹ ist groß, seine Haltung bemerkenswert. Graues Haar, hohe Stirn, braune Augen, lange Nase, spitzes Kinn. Überrock mit angeknöpften Aufschlägen, runde Lederkappe auf dem Kopf. Im Freien trägt er stets eine Perücke wie sein Leitbild, der Philosoph Jean-Jacques Rousseau. Oberlin wirkt immer freundlich und zugewandt, man spürt trotz aller Wärme den starken Charakter. Oft wird berichtet, dass der Geistliche schroff oder voller Zorn reagiere, wenn er woanders moralische Fehler erkennt, die man ausmerzen muss. Eine Schwäche vielleicht. Doch wer darf richten?«

Das Dorf Waldersbach im elsässischen Steintal mit der evangelischen Kirche. Dort wollte Samson Mayer 1809 den Pfarrer und Sozialreformer Johann Friedrich Oberlin treffen (Lithografie von Theodore Muller, 1837).

Sami stimmt zu und fragt, ob Monsieur Würtz zum Abschluss der Botschaft mit wenigen Worten ...

»Ein Fazit? Fleißig und sparsam sein, auf Gottes Beistand zählen, die Resignation als den Teufel fürchten – etwa so lautet Pfarrer Oberlins Credo. Er lenkt seine Schützlinge im Steintal liebevoll, wobei es an Strenge nicht fehlt. Mit einem Hirten wie ihm gedeiht jede Herde. Aber nun lebt wohl. Wünsche nochmals das Beste für Eure Wanderung.«

Buchstäblich mit dem ersten Hahnenschrei bricht Sami auf, an einem Morgen Mitte März 1809. Er hat den 22. Geburtstag hinter sich; seine Schultern sind breiter geworden, das Herz schlägt kraftvoll und pumpt intensiver als bisher. Um solches zu spüren, bedarf es keiner medizinischen Konsultation. Genug, dass man jetzt Bäume ausreißen möchte und es auch kann. Wer ruft den starken Samson zum Wettbewerb? Nur zu!

Mathis Bowingers Zeugnis ist tadellos. Dem Gesellen Johann Samson Wilhelm Mayer wurde im Wanderbuch »hiermit bescheiniget, daß selbiger auf allhiesigem Schmiede-Handwerk zu Straßburg vier Monat und eine Woche in Arbeit gestanden und sich solche Zeit über treu, fleißig, stille, friedsam und ehrlich verhalten hat. Welches wir also attestiren und sämmtliche Meister des löblichen Handwerks ersuchen wollen, ihn nach Handwerks-Gebrauch aller Orten zu fördern.«

»Aller Orten«, murmelt Sami. »Das trifft sich gut.« Der nächste wird Waldersbach heißen, denn er möchte bei Pfarrer Oberlin anklopfen, etwas von ihm lernen und sich zu gegebener Zeit im nahen Lothringen umsehen. Wenn auch sein Französisch mangelhaft ist. Aber Oberlin spricht ja deutsch, da geht wohl nichts schief.

Schafswolken, warme Luft, böiger Wind. An Obernai und Barr vorbei wandert Sami die Vogesen entlang, bis eine Wegspur hinter Andlau westwärts führt und vom Wald verschluckt wird. Gerade dies zeichnet erfahrene Reisende aus, denkt der Esslinger Kupferschmied: Sie lesen am Himmel, welchen Coup Petrus plant. Was also hat er heute zu bieten? Ein kapitales Gewitter mit Blitz und Donner als Ouvertüre. Bald regnet es wie während der Sintflut, Samis Kleidung saugt sich voll, seine Schuhe quietschen, vom Hut tropft Wasser und rinnt ins Hemd. Je höher der kaum noch sichtbare Pfad sich schraubt, desto mehr Nebel dampft zwischen schwarzen Bäumen.

Jetzt nur nicht den Mut verlieren!

Immerhin hat Sami ein paar elsässische Namen im Kopf, die Charles Würtz ihm genannt hat, falls er das Steintal besuche: »Naegelshoff« zum Beispiel, »Sperberbaechel« oder »Eftermatten«. Doch was nützen sie, wenn man fremd ist und nur eine Richtung kennt – jene hinauf und dann angeblich steil bergab? Gegen Abend steht er auf einer kahlen Fläche und erinnert dunkel, dass Würtz von der Brandrodung *Champ du feu* sprach. Wer dort pausiere, sehe unten das Dorf liegen. Dann seien es noch anderthalb Stunden Abstieg bis Waldersbach.

Tatsächlich: Kleine Feuer und verwehender Rauch im Tal geben ihm recht. Mit dem letzten Licht erreicht Samson den Weiler La Hutte, quert die Ortschaft Belmont und steht schließlich vor Oberlins Kirchlein. Es regnet nicht mehr, doch der jetzt frische Wind lässt frösteln.

»Zum Pfarrhaus bitte …«

Ein altes Weib wankt vom nahen Friedhof her und fragt misstrauisch:

»Wen sucht Ihr?«

»Euren geistlichen Herrn.«

»Unser Papa ist gestern in der Chaise weggefahren. Ihr findet hier bloß die Demoiselle, seine Haushälterin. Sie wird Euch beherbergen. Kommt mit!«

Louise Scheppler, eine magere Frau Mitte 40, stellt sich nicht vor. Sie macht jedoch auf Sami den Eindruck, als seien ihr seltsame Menschen kein Rätsel und als habe man heute exakt auf ihn gewartet. Suppe und Brot werden serviert, die kleine Kammer neben der Remise ist adrett »wie zur Zeit meiner guten Madame, welche nun schon …«.

Dieser unvollendete Satz bleibt die einzige Botschaft des Abends. Er begleitet den Gast bis zum Schlaf.

4

SAMSON HAT KRANK GELEGEN. Ein plötzliches Fieber mit quälender Husterei unterbrach die Walz. Louise Scheppler verbot jede Anstrengung, riet zur Schwitzkur und kochte Lindentee. Sami gewann ihr Vertrauen, ließ sie reden, hörte geduldig zu. Er erfuhr viel über Johann Friedrich Oberlin, dem Louise seit frühester Jugend folgt und dient. Ihm und dessen 1783 verstorbener Ehefrau Magdalena Salomé opferte Louise alles und tut es noch immer. Als Mädchen fing sie ihr selbstloses Leben im Steintal an und wird dort, nach fast 60 Jahren voller Hingabe, wie ein treues Kind enden.

Der Kupferschmied verlässt Waldersbach nach vier Tagen. Er ordnet innere Bilder, sieht die evangelische Kirche samt dem verschindelten Turm vor sich, Oberlins Pfarrhaus (Türen und Fenster mit rötlichem Sandstein umrahmt), Strohdächer, kleine Gärten, gebücktes Bauernvolk. Am Ortsrand Felder, Bergweiden und weiter oben nackter Fels, weshalb das Gebiet offiziell *Ban de la Roche* heißt. Wäre der Geistliche nicht wie ein Engel erschienen, würden die Armen weiterhin hungern. Doch jetzt ist alles Elend Vergangenheit.

»Gib deinem Leben Sinn, statt zu klagen«, wiederholt Samson und lauscht noch einmal Louises Worten, während er wandert:

»Jakob Michael Reinhold Lenz, mein Gott, dieser Herr kommt zu uns an einem Winterabend, wird freundlich aufgenommen, plantscht im kalten Wasser des Brunnens beim Schulhaus und stürzt aus dem Fenster. Danach weint er, ist kaum ansprechbar. Versucht in Bellefosse, unweit von hier, ein totes Mädchen zu erwecken, was nicht gelingt. Doch wie handelt Papa? Der lässt ihn sonntags beim Gottesdienst predigen, man *stelle* sich so etwas vor! Trotz allem Respekt, den wir ihm schulden. Bis Lenz es zu toll treibt und unter Bewachung nach Straßburg zurückgeschickt wird, ehe das halbe Dorf rebelliert.«

Die Chergoutte plätschert zu Tal. Wo sie bei Fouday in die breitere Bruche fließt, sprosst junges Gras. Der blühende Weidenbusch summt voller Bienen; was wachsen will, drängt ans Licht. Sami atmet leicht wie selten zuvor. Er hätte zwar gern mit dem prominenten Johann Friedrich Oberlin gesprochen, wenigstens 20 Minuten, und eigenes Wissen vermehrt. Doch das Schicksal hat anders entschieden. Immerhin schenkte die brave Demoiselle Scheppler ihm noch einen Hinweis zum Thema Lenz. Was also schadete dem baltischen Dichter? Der Pietist, streng wie sonst auch, teilte es seiner Gattin Magdalena Salomé mit, und Louise wurde später durch sie informiert:

»Es zerschneidet mir das Herz«, soll ihr Ehemann gesagt haben, »wenn ich an Lenzens Beispiel die Folgen heutiger Modebücher erkennen muss. Die Folgen des Ungehorsams gegen den Vater, der herumschweifenden Lebensart, der unzweckmäßigen Beschäftigungen und des häufigen Umgangs mit Frauenzimmern«.

Zweierlei trifft auch auf meine Person zu, überlegt Sami: der jetzt schon ferne Jacob Wilhelm Mayer am Neckar und das Wandern seit dem Abschied aus Esslingen. Nun gut, aber ich habe fleißig als Schmied gearbeitet und bin bisher keiner Verführung erlegen. Das trennt mich von Jakob Lenz. Letzteres mag man mir besonders anrechnen, denn Frankreich hat Mädchen wie Sand am Meer.

Sami verlässt das Steintal. Er strebt nun nach Westen, passiert Lunéville und Nancy, schwenkt anschließend nordwärts, nutzt die Mosel als Richtschnur und trifft Ende August in Metz ein. Dort will der Geselle den Winter verbringen. Er hatte seit dem Straßburger Aufenthalt stets freundliche Meister gefunden; sein Wanderbuch enthält außer Kommentaren wie »sehr anstellig« oder »flinker Mann« auch jene Bemerkung, deren sechs Wörter ihm schmeicheln:

»Chaudronnier Maïer hat unsere Sprache gelernt.«

Ob Metz noch mehr Lob verspricht? Bei Hervé Bouchard ist eine Stelle vakant, und Sami greift zu.

Dort schreibt er den zweiten Brief nach Esslingen und teilt mit, wie sein Meister heißt. Mit großen Buchstaben wird Bouchards Adresse geschrieben, doch wieder kommt keine Antwort. Weder postlagernd trifft etwas ein noch direkt beim Patron und dessen Frau. Woraus der Sohn schließt, dass die Eltern nichts mehr von ihm wissen wollen.

Auch im lothringischen Metz kursiert, was Zeitungen melden und Leute einander erzählen. Denn wer aufmerksam liest oder lauscht, hat mehr vom Tag:

In Tirol kommt es 1809 zum Volksaufstand gegen bayerisch-französische Besatzer, der Gastwirt Andreas Hofer aus dem Passeiertal führt ihn an. Erst Ende November siegen die Gegner und festigen ihre Herrschaft. Hofer selbst wird gefangen, man richtet ihn später im oberitalienischen Mantua hin, worauf er als Volksheld verehrt wird. Ecuador erklärt seine Unabhängigkeit von Spanien, in Wien stirbt der Komponist Josef Haydn und in Maulbronn am Heuchelberg die Schriftstellerin Caroline Schlegel-Schelling. Sie war mit mehreren Männern der deutschen Romantik liiert oder als geistreiche Muse befreundet. Das Königreich Württemberg verzichtet offiziell auf die Folterung, was anderswo (zum Beispiel im Herzogtum Sachsen-Coburg und Gotha) noch bis 1828 dauern soll.

In diesem Jahr 1809 geht bis zum Herbst ein Murren durch Frankreich, die Hoffnung auf Freiheit wird wieder spürbar. Das außerhalb der Paläste lebende Volk empfindet Napoleons Herrschaft als Despotie, seine verlustreichen Kriege lassen den alten Ruf nach Frieden und Brot laut werden. Charisma hin oder her, schimpfen viele Bürger in den Kaschemmen, so geht es nicht weiter. Hier ein Konflikt mit Papst Pius und dort der sinnlose Wirtschaftsboykott gegen England: Die Kritik an Napoleon Bonaparte wächst.

Zur selben Zeit hockt Johann Samson Mayer sonntags in einem Café hinter der *Porte des Allemands* und nippt am Pastis. Er plant die nähere Zukunft, möchte noch etwa zwei Jahre lang wandern und danach … Man muss abwarten. Denn Sami hat kürzlich im spiegelnden Fenster seines Kämmerchens ein graues Gesicht entdeckt und sich gefragt, wer dieser Mensch sei. Kein schöner Anblick! Ist es ratsam, die Walz jetzt aufzugeben?

Während Sami das Pro und Kontra bedenkt, nimmt jemand neben ihm Platz. »Sie gestatten doch«, sagt der Fremde und sitzt schon. Im gleichen Moment winkt er dem wartenden Kellner, bestellt einen Absinth, zahlt sofort, trinkt dann zwei Schlückchen und sagt: »Zum Wohl, Kamerad. Darf ich zum Gespräch bitten?«

Sami betrachtet den stutzerhaft wirkenden Mann, der ein mit Spitzen versehenes Jabot am Hemd trägt, durch seine gezierte Haltung auffällt und stark nach Parfum riecht. Dem Kupferschmied schwant etwas, doch er nickt nur.

»Bravo. Man merkt gleich, dass Sie vornehm sind. Ist Ihnen bewusst, dass unser Kaiser seine Hand ausstreckt?«

»Nach wem?«

»Nach der Welt! Er will auch auf Sie nicht verzichten, Kamerad. Frankreich erwacht und fegt alles Niedrige weg. Napoleon hat ein großes Werk im Blick, es heißt Europa. Dieser Staatskünstler edelster Provenienz schreibt Geschichte. Helfen Sie ihm?«

»Keine Ahnung, wie ich das könnte.«

»Indem Sie sich der *Grande Armée* anschließen! Eine Uniform vom neuen Schnitt, bester Sold, dauernder Ruhm – Majestät lässt sich nicht lumpen. Die Tapfersten unserer Nation werden sogar mit dem Ehrenkreuz dekoriert, das bedeutet 250 Francs extra pro Jahr! Der Rang des Grenadiers kommt für Sie kaum in Frage, Monsieur, ich plädiere auf Chevalier. Ihr Autogramm unter den Kontrakt, und alles ist perfekt. Napoleon schaut schon nach Osten, wo …«

Ich habs geahnt, denkt Sami. Zum Schluss stirbt fast jeder Soldat. Mögen andere für Bonaparte verrecken.

Dem Werber wird höflich die Tür des Lokals gezeigt. Er entfernt sich nach kurzen Verbeugungen und sagt: »Vielleicht beim nächsten Mal, Kamerad. Es ist nie zu spät, wenn unser Vaterland ruft. In jedem Mann steckt ein Held. Vive la France, vive la Patrie!«

Vaterland? Samsons früheres Leben liegt weit entfernt. Jetzt das alte Esslingen am Neckar zu zeichnen, nur eine Skizze, wäre unmöglich. Sie würde bloß schattenhaft wirken. Nicht zuletzt erzeugt die Rückschau meist jenen Glanz, der vom nächsten Ziel ablenkt und wertlos wie Falschgeld ist. Also vorwärts! Sami gibt einer wachsenden Unruhe nach. Sie treibt ihn bereits Mitte Oktober aus Metz fort, was Hervé Bouchard irritiert. Der Meister möchte den Kupferschmied halten und deutet mehr Lohn an.

Doch dieser seltsame Deutsche lehnt ab.

»Zum Meer«, sagt er. »Ich suche etwas.«

Du Kauz, denkt Bouchard.

Im Herbst wird es morgens schon frisch. Zwischen Feldern und Wald ducken sich Häuser mit schieferfarbenen Hauben. Während ein Schotte namens James Smith am ersten Mähmobil bastelt, verbrennen französische Bauern trockenes Kraut oder sägen Holz für die kalte Jahreszeit. Sami nimmt Gutshöfe, Parks, Schlösser und gotische Kirchen wahr. Oft beäugt man den einsamen Mann und glaubt einen Strolch vor sich zu haben, immer wieder fragt der harmlose Wanderer nach dem »Kanal«. Von Verdun bis Reims, von Laon bis Compiègne und von Beauvais bis Amiens ist dann jeweils zu hören:

»Wohin des Wegs, Monsieur?«

»Ans Wasser.«

»Aha. Die Passage zwischen Frankreich und England also. *La Manche* bei uns, *The Channel* bei denen. Warum zum Kanal?«

»Ein Besuch. Jemand wartet auf mich.«

Sami antwortet ausweichend, weil niemand den Grund seiner langen Tour durch Nordfrankreich erfahren soll. Es geht ihm darum, sich das Ende des Freundes Armand Kern vor Augen zu führen, dessen Tod vor Cornwall an Bord eines Hamburger Seglers noch immer unfassbar ist. Die See habe nur ein leeres Boot angespült, kein Passagier sei gerettet worden, teilten Armands Eltern einst mit.

Und jetzt? Der Mensch begreift wohl nur das voll und ganz, was er selbst gesehen hat.

Cayeux-sur-Mer heißt jener kleine Fischerort in der Picardie, von dem aus man bei sehr guter Sicht die englische Küste erkennt. Momentan ist dies unmöglich. Sami steht am Strand und betrachtet das kochende Meer. Er riecht Algen und Salz, atmet den Duft ein – als wäre dieses herbe Bouquet speziell für ihn komponiert worden. *La Manche* schäumt, gewaltige Wellen klatschen ans Ufer.

Fern von hier wartet die Neue Welt …

»Salut, ça va?«

Ein rotes Gesicht schaut ihn an, voller Falten wie zerknülltes Papier, zwischen den Zähnen steckt eine kurze Pfeife. Ihr glosender Tabak wirbelt Funken in den Wind. Der Mann trägt Ölzeug und hohe Stiefel, sein Blick wirkt wach. Nach dem freundlichen Gruß des graubärtigen Picardiers entwickeln sich erste Sätze, langsam folgt ein Wort dem anderen.

Mit »j' suis Laurent, pêcheur de la France« und »et moi je suis Sami, chaudronnier d'Allemagne« nennen sie jeweils Beruf und Herkunft. Der alte Fischer Laurent Bernard lebt in Cayeux, hat die Gleichheit begriffen und ist nicht mundfaul. Er sagt, Handwerker müssten stets solidarisch sein, egal wo oder für wen man arbeite und über alle Grenzen hinweg. Weshalb es denn ihn, den deutschen Kupferschmied, nach Cayeux-sur-Mer verschlagen habe?

»Weil mein Freund hier ertrunken ist«, antwortet Sami.

»Beim Schwimmen, compris.«

»Aber nein, an Bord eines Seglers. Der ging vor zwei Jahren bei Land's End unter. Armand wollte sein Glück jenseits des Ozeans finden.«

Laurent nickt. Dann ruft er plötzlich:

»Nordnordwest, nimm mein Fernrohr! Was siehst du?«

Ein Vollschiff mit gerefftem Tuch taucht auf. Es liegt hart am Wind, die Bugwelle wie einen Kranz vor sich herschiebend, der Dreimaster rollt und holt über. Samis Hände zittern. Er ahnt, dass dieser Klipper bald kentern und seine Mannschaft ins Grab saugen wird; man muss kein Prophet sein, um Recht zu behalten. Denn das Meer ist hungrig und straft jeden Leichtsinn. Auch Armand wurde verschluckt.

»Die See mag Menschen«, sagt Laurent. Er hatte Samis düstere Miene gedeutet und ergänzt nun: »Wer von ihr umarmt wird, den hält sie fest. Nicht zufällig haben wir dem Ozean einen weiblichen Namen gegeben: *La mer*. Diese schöne Frau bleibt besser bei uns Fischern und Fahrensleuten. Wenn ich dir einen Rat geben darf, dann lass das Schiff und Armand los, um den du immer noch trauerst. Nichts macht ihn wieder lebendig. Deine Zukunft erwartet dich, mon ami.«

»Meine Zukunft«, wiederholt Armands Freund.

In Metz hatte er von ihr geträumt und eine Stadt erblickt, deren Namen niemand nennen wollte, weil sie menschenleer war. Kein Stein lag mehr auf dem anderen. Ihm wurde bewusst, dass etwas über diesen Ort hereingebrochen war wie jene biblische Flut, die einst alles mit sich riss. Sami stand wie gelähmt vor diesem Chaos, und die

Stimme des französischen Stutzers im Café hinter der *Porte des Allemands* sagte zu ihm, das Bild stelle Esslingen am Neckar dar nach dem großen Krieg. So sehe Vergangenheit aus, wenn man Napoleons Angebot ablehne. »Ihro Majestät folgen heißt siegen!«

Aus dem Nebel steigt die Gegenwart und stellt Fragen: Wo bin ich, wer steht vor mir, was wird gesprochen? Schrank, Kommode, Waschtisch, Fenster, Spiegel und Bett reihen sich aneinander. Nochmals von links nach rechts zur Bestätigung – der doppeltürige Schrank, die furnierte Kommode, zwei schmale Fenster, der halbblinde Spiegel, das Bett mit dem geschwungenen Fußteil. Alles wie immer und seit jeher vertraut.

Doch was soll dieser Griff kühler Finger am Handgelenk? Ein Mann murmelt:

»Hundertsechzig.«

Johann Samson Wilhelm Mayer erfasst das Wort und kann es in einen Zusammenhang bringen. »Zweimal eins ist zwei« hat er als Bub gelernt. Von wem nur? Egal. Diese Formel gibt nicht viel her, doch dem kranken Kupferschmied ist jetzt trotz aller Schwäche und Wirrnis klar, was passieren wird. Er glaubt, dass 160 Schläge zum Tod führen. Denn das macht jedes Herz auf Dauer kaputt.

»Bin bereit«, sagt Samson.

»Ruhig Blut«, antwortet eine Stimme, die er als jene des Doktors Ernst Gottlieb von Steudel erkennt. »*So* schnell geht niemand über den Jordan.«

Mayers Ehefrau Caroline streicht das Plumeau glatt: »Man soll keine Hoffnung aufgeben. Luisle und ich beten zum Herrn. Nicht wahr, mein Kind?«

Die junge Tochter kämpft mit den Tränen.

Der alte Mann möchte schlafen, doch ein innerer Druck hält ihn davon ab. Wollte er nicht Adolf und Gustav suchen, die anno 1849 geflüchteten Revolutionäre? Das muss er tun, sofort: sie aus der

Schweiz holen. Den Söhnen versichern, dass ihr Mut dem sterbenden Vater imponiert. Schaut her, wird er zu ihnen sagen, ich bin stolz auf euch. Auch wenn hier am Neckar kein Hahn nach »Umstürzlern« kräht. Also erhebe dich, Sami. Sei wieder jung und wandere.

»Hau ab«, flüstert Johann Samson Wilhelm Mayer und wartet noch, bis die Schlafkammer leer ist. Das Fenster hat Luise wegen der frischen Luft einen Spalt breit geöffnet.

Nichts ist unmöglich, Courage!

5

EINES ABENDS ENDE APRIL 1811 steht Sami dort, wo er sich vor vier Jahren von Esslingen getrennt hatte. Es ist windstill, das Herz schlägt schneller als sonst beim Anblick der im Dunst liegenden Oberamtsstadt. Wie damals dringt Rauch aus den Kaminen, die Schwäbische Alb jedoch bleibt unsichtbar. War es nicht ein milder Freitag gewesen, frühmorgens, als er allein vom Wolfstor zur Neckarhalde lief? Ohne Armand Kerns Gruß und ohne Abschied vom Vater. Dies könnte nun anders werden, *avec fortune.*

Aber seltsam: Samis Erwartung (ich kehre heim, sie sind froh) löst Furcht aus. Vielleicht kennen die Eheleute den Sohn gar nicht mehr? Weil er weltgewandt wirkt und französisch parliert – spätestens seit der Begegnung mit Laurent Bernard in Cayeux-sur-Mer?

Sami war nach dieser Visite am Kanal durch Flandern und Holland gewandert, hielt sich zwischen Brügge und Gent auf, arbeitete dann in Antwerpen und blieb länger als vorgesehen bei einem Meister, weil ihm dessen Werkstatt gefiel. Der Wechsel zählt zur Walz wie das Amen zum Vaterunser, dachte Samson nach sieben Monaten, jetzt ist es genug. Er fand den Weg über drei Flüsse namens Maas, Waal und Lek, pausierte kurz im brabantischen Breda und kam Mitte Juni 1810 in Amsterdam an.

Nun meldete sich sein schlechtes Gewissen, denn längst war er dem Onkel aus Göttingen etwas schuldig. Hatte der verehrte Hofrat Johann Tobias Mayer ihn doch auf die Lateinschule schicken lassen und dafür 20 Louisdor investiert. Sami schrieb also einen kurzen Brief, in dem vom Wandern »zu Gunsten des löblichen Hand-Werks« berichtet und gehofft wurde, dass »mein Herr Gevatter bei Kräften und mir trotz meiner Saumseligkeit noch verbunden sey«.

Schon nach zehn Tagen traf die Antwort ein, mit Mayers Wappen gesiegelt und postlagernd zu empfangen:

»Göttingen, am 30ten Juni 1810. Lieber Patensohn! Alle Jahre war ich Dir gut gesonnen und bin jetzt von Deinem weitern Fortgang im Bilde. Das macht mir Pläsir. Es ist nicht wichtig, ein Doktor oder gar Profeßer zu werden, wenn Du nur redlich bleibst und dem eignen Gewissen folgst. Niemand soll Dich vom rechten Weg weisen. Das irdische Paradies liegt in uns, weil wir denken können. Nimm mein Wort ernst, lebe wohl und vergiß nicht Deinen Dir stets verbundenen Gevatter J. T. Mayer.«

Sami las diese Zeilen und bekam feuchte Augen. Hinterher sah er seine Umgebung in hellerem Licht.

Krumme Kanäle, deren Wasser aus Backstein erbaute Häuser spiegelte, ein emsiges Kreuz und Quer vor schmalen Speichern oder Handelskontoren und blühende Linden, die auf gepflasterten Gassen bewegte Muster hinterließen: Alles war pittoresk in Amsterdam. Unter den Bäumen saß der junge Schmied und fing an, Erlebnisse in einem kleinen Heft zu sammeln. Er fügte nachts im *Logementshuis* hinzu, was ihm am Tag entgangen war. Selbst wenn seine Augen brannten und die flackernde Kerze jedes Wort wackeln ließ.

Sami notierte mit klarer Schrift: »Eine schöne Stadt, ich werde sie bald vermissen. Die Menschen hier sind meist freundlich, das Essen schmeckt gut und ist günstig im Preis für einen wie mich, der weder viel Geld ausgeben will noch kann. Man speist allgemein fett und schwer. Weshalb jeder, der auf Gesundheit achtet, den Genever-Schnaps zum Besten seiner Innerey ans Ende des Mahls setzt und damit gut fährt.«

An anderer Stelle schrieb er, etliche Mädchen seien »hübsch, wenn auch oft etwas derb. Ich nenne die mir bekannt gewordene Weiblichkeit drall, was sich aber nicht zu dero Nachteil auswirkt. Man möge in Rechnung stellen, daß Holland vermutlich mehr Bauern oder Schiffer hervorbringt als geistiges Personal. Welch Letzterem, auch wenn es schlank ist, das hohe Alter nicht garantiert wird.«

Keine noch so reizvolle Jungfer lockte Samson Mayer vom Pfad der Tugend ins Land des Teufels, kein Lächeln durfte ihn abhalten. Wovon? Die Versuchung war keck und wich seinem Blick nicht aus. Wer widerstand ihr, wenn laue Luft vom Meer nach Amsterdam wehte? Eva zeigte sich täglich mit wiegenden Hüften, weicher Brust und in wechselnder Gestalt. Doch Sami floh vor den *Meisjes*, er traf sie nie wieder.

»Wen immer du einmal heiraten willst, achte das junge Ding wie deine eigene Mutter. Denn bei Gott ist die Ehe heilig.« Dieses Credo des Esslinger Pfarrers zur Konfirmation im März 1801 hatte Bestand. Es gab kein Entkommen. Falls doch, dann nur um den Preis der Sünde, denn das zehnte Gebot sprach: *»Du sollst nicht begehren deines Nächsten Weib.«*

Von Frauen hielt Samson sich weiterhin fern. Er setzte bei Wesel über den Niederrhein und wanderte wochenlang flussaufwärts, einen unfehlbaren Kompass im Kopf, bis zur Mündung des Neckars. Keine Werkstatt konnte ihn nun vom letzten Ziel abhalten. Nichts war geeignet, es zu verdrängen.

Sami schleicht durch Esslingen. Er musste die Dämmerung abwarten, um nicht entdeckt zu werden. Vom Törlein der Weingärtner geht es ohne Eile zum Rathaus hinunter; niemand soll ihn ansprechen, jede fremde Neugier ist unerwünscht. Bereits am Platz zwischen den Kirchen Sankt Georg und Sankt Dionys wird sichtbar, dass man das alte Katharinenspital nicht mehr braucht: Lose Quader liegen herum, Putz bröckelt, Holz fault. Sankt Katharina hemmt jeden Fortschritt – weg mit dem Bau.

Aber der Alptraum von Metz bleibt ein Trugbild, Gott sei Dank. Kein Krieg hat am Neckar getobt, weshalb auch hätte Napoleon Bonaparte im Königreich Württemberg einfallen sollen? Dieser Machtmensch greift doch eher nach Russland und frisst Indien samt China auf. Man munkelt von tollen Plänen und weiß nicht, welche Beute der Kaiser zuerst verspeist oder wer mit ihm marschiert. Sami jedenfalls mag die Stadt seiner Geburt betrachten, wie er will, alles fügt sich von selbst zu einer freundlichen Komposition: Form und Farbe, Klein und Groß, Schmal und Breit, Hoch und Tief.

Das Ergebnis heißt Esslingen wie seit jeher. Johann Samson Wilhelm Mayer ist angekommen.

Als Sankt Dionysius mit seinem doppelten Turm hinter ihm liegt und er schon den Arm des Rossneckars ahnt, fällt dem Heimkehrer auf, dass viele Gassen proper wirken: In keiner Rinne stinkt Schmutz. Wenn sein Freund *das* noch erlebt hätte, denkt Sami, Armand Kern hat Esslingen immer ein dreckiges Nest genannt (trotz früherer Nobilität, sie liegt allerdings lange zurück). Diesen Zustand hatte auch der 1809 von Neuenbürg bei Pforzheim nach hier versetzte Oberamtmann Johann Christoph Gottlob Seeger getadelt und ihn abgestellt. Was aber Sami noch nicht wissen kann.

Und jetzt?

Bei den Eltern darf er sich so spät nicht blicken lassen, es hat eben neun Uhr geschlagen. Bleibt also bloß die Nacht unter freiem Himmel, auf einer Parkbank der Maille, wo sonntags bei gutem Wetter *en famille* promeniert wird. Hoffentlich wacht dort kein Büttel. Sonst würde er das Wanderbuch öffnen, von Frankreich berichten und sein heutiges Ziel nennen müssen: Nummer 116 im Kataster, Jacob Wilhelm Mayers Haus vor dem Wolfstor samt Werkstatt.

»Schau her«, hieße es dann, »der verlorene Sohn ist da. Wo war man denn alle Jahre, Gesell? Beim fahrenden Volk vielleicht? Lasst sehen: Stuttgart, Calw, Nagold, Rottweil, Freiburg, Köln, Straßburg, Metz und Amsterdam. Ihr seid ja tüchtig gewandert. Zieht es Euch jetzt zum warmen Ofen?«

Während Sami die leere Bank besetzt und spürt, wie es kälter wird, nagen Zweifel an ihm. Leben Vater und Mutter noch, weshalb kam keine Antwort auf seine Briefe? Sind Frau Paulina und Meister

Jacob gestorben – sie vor Gram und er im Grimm – oder hat Kupferschmied Mayer das treulose Kind aus dem Kopf entfernt, um es endgültig loszuwerden? Der einsame Gast knöpft sein Wams zu, dreht sich von links nach rechts, nickt ein, wacht auf und findet keine Ruhe. Erst der Sonnenaufgang bietet ein bisschen Trost.

Je mehr er sich an diesem Samstag dem Wolfstor nähert, desto schleppender wird sein Gang. Hundert Augenpaare scheinen zu glotzen, jeder Mensch im Quartier weiß offenbar, wer hier unterwegs ist. Sami setzt vorsichtig Fuß vor Fuß, als wäre das Pflaster vereist. Nur nicht stürzen!

»Der Ulmer«, murmelt Sami vor sich hin. Er glaubt den Nachbar seiner Familie erkannt zu haben, dessen Backstube an das Haus des Vaters grenzt. Aber hoppla: Meister Jacob ist ja längst tot. Auch die Meisterin (»d'Ulmere« aus entschwundener Kinderzeit) lüftet nicht mehr Kissen im Fenster oder schimpft, wenn es regnet und alles feucht wird. Sie starb kurz nach ihrem Ehemann. Jacob Ulmers Stelle nahm dann Leonhard Ramsperger ein, dem statt Brezeln oder Brot gute Stiefel gelingen. Daran erinnert sich Samson und hört ihn hämmern.

Ebenfalls nein, Ramsperger ist das nicht, Schuhmacher arbeiten leiser. Das Pochen als vertrauter Ton hallt aus der Werkstatt des Kupferschmieds.

Sami zögert. Er klopft an die Haustür und wartet: Neun vorbei, noch immer recht kühl.

Jemand stapft Stufe um Stufe treppab. Dann ächzt es wie zuletzt vor vier Jahren, im April 1807, an einem Freitag gegen sieben Uhr morgens. Warum schmiert niemand die Angeln? Wer öffnet und zeigt sein Gesicht?

»Jesus!«

»Mutter …«

Paulina Mayer, geborene Brinzinger, mahlt Zichorienkaffee und kocht ihn langsam, als wolle sie Zeit schinden. Pro Kanne zwei Löffel – so lautet das Maß, wenn man sparen will oder muss. Jetzt nimmt sie vier und braut starkes Getränk zur Feier des Tages, während Sami

Das staufische Wolfstor mit der Obertorstraße. Hier, wo Samson 1787 geboren wurde und aufwuchs, betrieb sein Vater Jacob Wilhelm Mayer im Haus Nummer 116 eine Kupferschmiede.

in der Küche am Tisch sitzt und nach Worten sucht. Schließlich fängt die Meisterin an:

»Du warst lange weg.«

»Wohl wahr.«

»Dein Vater hat dich manchmal erwartet.«

»Und Ihr?«

»Ich hab gebetet.«

Sami schaut zum Fenster, wo eine Fliege sich putzt. Gleich wird sie im Zickzack den Raum queren und auf einem klebrigen Leimpapier landen, das von der Decke hängt. Ihr Beobachter weiß, wie schwer es sein kann, sich aus einer Falle zu befreien. Ihm war es gelungen – mit Armand Kerns Hilfe.

»Gebetet«, wiederholt Samson Mayer. Er möchte Paulina trotz turbulenter Gedanken »Mama« nennen, doch etwas hält ihn ab: Wo pietistische Pfarrer predigen, zeigt man selten Gefühl. Deshalb schluckt der Sohn auch das »Du« und trinkt Kaffee, Becher für Becher. Die Mutter schenkt jeweils nach. Sie nimmt warme Milch vom Herd, die schon eine Haut hat. Was geht ihr durch den Kopf? Beide mustern einander, Paulina unsicher lächelnd und Sami ernst. Dann sind im Erdgeschoss Tritte zu hören. Jacob Wilhelm schlurft herum; ein halber Tag scheint zu vergehen, bis der Kupferschmied endlich die Küche betritt.

»Grüß Euch Gott, Herr Vater. Seid Ihr wohlauf?«

»*Was* soll ich sein?«

»Gesund.«

»Kann nicht klagen. Du auch, junger Mann?«

Er nimmt am Tisch Platz, winkt den Kaffee herbei und merkt erst dann, wer neben ihm hockt.

»Da sind wir also«, sagt Jacob Wilhelm Mayer.

Sami stimmt schweigend zu und wartet ab, was passiert, denn der Meister hat das Wort ergriffen wie stets. Mit dem Unterschied, dass Jacob Wilhelm nun verhalten lächelt. Zwar schaut er den Gast an, als sei dieser vom Tod erweckt worden, doch seine Freude ist offenkundig:

»Sollst essen, Bub. Hast bestimmt Hunger. Hol Schinken, Paula, und schlag sechs Eier in die Kachel. Ist unsere Stube geheizt? Hier wird ein Frühstück fällig, wenns recht ist. Nicht zu knapp und auch das Mittagsmahl reichlich. Wollen wetten, wer heute mehr schmaust, wir oder du.«

Vier Stunden später treibt die Familie im Meer der Erinnerung, es schwemmt drei Menschen von Ufer zu Ufer. Paulina allerdings lauscht nur und strickt ein wollenes Leibchen. Durch Esslinger Riesling befeuert, reden die Männer ohne Punkt oder Komma – Sami vom Wandern in Frankreich (ohne Cayeux-sur-Mer), Jacob von seiner Werkstatt und diversen Kunden. Ihr Zerwürfnis wird nicht gestreift, was den Sohn irritiert.

»Warum?«, wagt Sami sich zuletzt vor. »Weshalb redet Ihr nicht über unseren Zwist?«

»Christenpflicht«, antwortet Jacob Wilhelm, »man muss auch vergessen.«

Sami: »Ich hab Euch zwei Briefe geschrieben, einen langen aus Straßburg und einen kurzen aus Metz.«

»Nichts ist gekommen«, winkt der Vater ab und erzählt weiter. »Letzten Sommer«, sagt er stolz, »hab ich nach dem Brand im Zeughaus die Feuerspritze parat gehalten. Acht Stunden lang zwischen Abend und Morgen! Meine Arbeit war 30 Kreuzer wert. Die Schmiede bringt etwas ein, aber mit dir als Gesell könnt sie bald flinker laufen. Bist du bereit? Ich zahl nach Tarif oder mehr. Allein der reparierte Waschkessel des Türmers von Sankt Dionys hat neun Gulden und 43 Kreuzer erbracht, manchmal freilich gibts auch Probleme. Im letzten August ...«

Sami gähnt. »Lasst mich, Herr Vater. Morgen sehen wir weiter.«

»Hast recht.«

Während Samson seine alte Kammer unter dem Dach betritt, brabbeln die Eltern einen Stock tiefer und scheinen kein Ende zu finden. Doch was verhandelt wird, bleibt dunkel wie das schlafende Haus.

In dieser zweiten Esslinger Nacht seit seiner Rückkehr träumt Sami davon, dass Jacob Mayer, riesengroß, ihn durch die Werkstatt scheucht und er dem Zorn des Kupferschmieds ausgesetzt ist. Johann Samson Wilhelm habe keinen Pardon verdient, brüllt der Vater und schlägt zu: Hier kriegst du dein Zeugnis, lass dich *nie* wieder blicken!

Ein Ruck – wo bin ich? Daheim im Bett. Wie bei einem Erdbeben, denkt Sami und empfindet Furcht. Es brachte weit entfernt den festen Boden aus der Fasson, doch selbst hier spürt man noch seine Wirkung.

Plötzlich wird ihm bewusst, dass er etwas vergessen hat. »Das Geld«, tickt es in seinem Kopf, »du musst den Lohn deiner Walz sichern. Niemand darf ihn entdecken, deine Eltern schon gar nicht.« Rasch öffnet er die vordere Naht des über dem Nachtkasten hängenden Hemds und klaubt alle Münzen heraus: Gulden und etliche Goldfrancs. Sie werden hinter eine lockere Bodenleiste gesteckt, so fällt nichts auf.

Große Erleichterung! Sami denkt mechanisch *mon Dieu* und kann endlich ungestört schlafen.

Am 1. Januar 1811 stirbt in Kirchheim unter Teck Franziska von Hohenheim, die Witwe des Herzogs Carl Eugen, sein geliebtes »Franzele«. Sie hatte auf den früheren Despoten mäßigend eingewirkt und sich Respekt verdient. Ende Mai reist König Friedrich I. nach Ulm, er will Albrecht Berblingers Fluggerät sehen. Noch ehe der Schneidermeister es vorführen kann, kehren Majestät nach Stuttgart zurück. Berblinger fällt tags darauf wegen widriger Winde samt dem Apparat in die Donau und wird zum Gespött. Erfolgreicher ist die Braunschweigerin Wilhelmine Reichard: Sie erreicht mit einem Gasballon rund 24 000 Fuß (zirka 7000 Meter) Höhe, stürzt ab und überlebt den Unfall. Vor der dänischen Westküste stranden zwei Segler, 1300 Menschen kommen um. Mit dem Bau eines Stahlwerks in Essen beginnt Friedrich Krupps Karriere als Industrieller. Österreich erlebt einen Staatsbankrott.

Auch Esslingens Kämmerer muss zwangsläufig knausern. In jeder Wirtschaft wird diskutiert, ein Argument folgt dem anderen ohne Ergebnis. Nur darin stimmt man überein, dass die Großkopfeten tun, was ihnen passt. Ganze 130 000 Gulden haben ein Jahr zuvor den städtischen Haushalt beschwert, so viel als Minus ist skandalös. Heuer kommen weitere 2000 hinzu: Wo endet der finanzielle Galopp? Das Brücken- und Pflastergeld muss heraufgesetzt werden, die Kriegssteuer steigt und wird umgelegt, was vor allem den Weingärtnern schadet. Sie dürfen besonders schnell blechen.

»Als Wengerter tät ich *keinen* gotzigen Rebstock mehr setzen«, hört Sami im »Lamm« am Rossmarkt. »Man lässt sie angeblich sofort drei Viertel zahlen. Wir erleben noch, wie sauer ihr Elferwein schmeckt!«

Da wäre ich besser links des Rheins geblieben, denkt Samson Mayer und schlürft eine lauwarme Suppe. Aber was solls, hier spielt die Musik und nirgendwo sonst. Vielleicht findet er schon heute Fortunas Schatz wie der antike Jason, von dem Rektor Herwig im Pädagogium berichtet hat? Es muss sich ja nicht um Kolchis am Schwarzen Meer handeln, wo ein göttlicher Widder sprechen und fliegen konnte. Jason stahl dessen »Goldenes Vlies«, Friedrich August Herwig aber belebte den historischen Helden. Er rief seiner Schulklasse zu: Nehmt ihn zum Vorbild, seid mutig!

Sami vergaß das nie.

»Sind bei Euch noch zwei Plätze frei?«

Ein grauhaariger Mann steht am Tisch, neben ihm ein Mädchen im hochgeschlossenen Kleid mit schwarzem Kragen.

»Bitte sehr.«

Steife Haltung hier und scheue Miene dort – so sitzen beide jetzt über Eck. Nachdem der Graue vergeblich »was trinkst du, Kind« fragte, bestellt er zwei Achtel Silvaner und zahlt sofort. Seine junge Begleiterin hat eine helle Haut (das fällt Sami spontan auf), grüne Augen und fuchsrote Locken. Ihre Gestalt ist biegsam, sie passt schlecht zur eher groben Klientel des Gasthofs von Friedrich Feil: zu den Bier um Bier trinkenden, paffenden und Witze reißenden Männern jeglichen Alters.

»Wen hab ich vor mir, wenns erlaubt ist?«, versucht Sami ein Gespräch zu beginnen. Er zeigt sich damit als gut erzogener Mensch und will Punkte sammeln, denn die Jungfer mit ihrem Meerblick hat es ihm angetan. Wie alt sie wohl sein mag? Solche Leute sieht man nicht oft im Esslinger Milieu. Vielleicht stammt das Paar von auswärts und reist durch das Königreich Württemberg?

»Schulmeister Hausch aus Baltmannsweiler«, sagt der Mann. Die Replik klingt reserviert. Er liebt offenbar keine Konversation, doch Sami gibt nicht so schnell nach. Die Sätze sprudeln aus seinem Mund:

»Ich heiße Samson, bin gelernter Kupferschmied und schaffe bei Jacob Wilhelm Mayer am Wolfstor. Mein Herr Vater ist Obermeister des zünftigen Handwerks, er wartet die städtischen Feuerspritzen. Ich war vier Jahre lang auf der Walz, überwiegend im Reich Napoleon Bonapartes, und hab gutes Geld verdient. Weil man jedoch nicht ewig Altgesell bleiben möcht ...«

Hausch nickt wie ein Lehrer, dessen Hand demnächst eine Rüge ins Klassenbuch schreibt (»Samson Mayer hat episch vorgetragen«), doch er hält die Balance, obwohl seine Nerven schwach sind. Wer steckt schon den Tod der Ehefrau weg und unterrichtet weiter, als sei nichts geschehen? Ohne Christianas Beistand wäre das Leben katastrophal.

»Schön«, knüpft Matthias Hausch etwas zweifelnd an Samsons Rapport. »Entschuldigt uns jetzt. Mein Kind und ich haben noch viel zu tun vor dem Rückweg nach Baltmannsweiler.«

»Im Schurwald seid Ihr daheim, natürlich. Wurde dort nicht anno dazumal nach Gold oder Silber gegraben?«

»Larifari. Man hätte Steine vom Feld klauben sollen. Davon gibts reichlich. Komm, Christiana.«

Christiana? Ganz und gar unbekannt.

Sie hilft dem Vater beim Aufstehen. Kurz trifft ihr Blick jenen von Sami, dann schweift er ab. Weil die Kellnerin des Lokals alle Lampen mit neuem Öl füllt und deren Dochte nur schwach brennen, stellt Christianas heißes Gesicht kein Risiko dar. Im Halbdunkel sieht man ohnehin wenig. Zum Glück, denkt das Mädchen, denn der fremde Mann könnte mich falsch einschätzen. Aber nein: Sami versteht und ist froh. Den Schmied wärmt eine stille Sympathie aus weiblicher Perspektive. Vorerst jedenfalls.

»Hab die Ehre, Herr Schulmeister, und gutes Gelingen, wertes Fräulein, was immer Ihr anfasst. Darf ich Euch vors Haus begleiten?«

»Macht keinen Umstand, Kupferschmied. Meine Beine sind noch stabil.«

Samis Höhenflug endet nach dieser indirekten Zensur. Er hockt allein am leeren Tisch, den Kopf gesenkt und so leise memorierend, dass niemand es hört:

»Christiana klingt zauberhaft. Der Name schmeckt süß und schmilzt im Mund. Wann darf ich ihn wieder verwenden? Wo und bei welcher Gelegenheit? Biete dem Schicksal nicht deine Stirn, Samson, sondern die Hand. Sei geduldig. Du bist jung und hast Zeit.«

6

IM SELBEN JAHR, am 25. März 1811, hatte der französische Astronom Honoré Flaugergues durch sein Fernrohr geschaut und einen Kometen entdeckt. Auch weitere Sternsucher nahmen ihn wahr, bald wurde in ganz Europa mehr oder minder laut vor einer kommenden Katastrophe geredet. Dieses zunehmend helle Phänomen erschien den Warnern als böses Omen. Krankheit, Krieg, Feuer und Hungersnot würden die Menschheit geißeln, sagten sie – wir haben es immer gewusst, aber kein Mensch hat uns geglaubt, Gott straft das Volk demnächst und ruft zur Buße. Andere beobachteten fasziniert, was sich am Himmel vollzog.

Vom unabwendbaren »Großen Krieg« des französischen Kaisers spricht man auch Anfang 1812 im Königreich Württemberg. Erst heimlich, dann offen. Zwar kann Napoleon hier mit Sympathisanten rechnen (sie nennen ihn ein Genie), doch die Skepsis schwäbischer Dickköpfe bremst manchen Schwung. Johann Samson Wilhelm Mayer steckt vor solchem Hintergrund in einem Dilemma: Ihn hat das Wandern durch Elsass und Lothringen vom inneren Druck befreit, seinen Horizont erweitert und den Charakter geformt. Stark ist er nun, doch kein Armand ruft nochmals zum Widerstand. Sami muss sich schon selbst profilieren. Er wählt den Kompromiss, das liberale Bürgertum, und landet weich.

Die im Vorjahr gegründete »Liebhaber-Harmonie-Gesellschaft zu Eßlingen« pflegt musikalischen Frohsinn und nimmt ihn gern auf. Sie hat noch keine Satzung, was nachgeholt und durch Samis schöne Kurrentschrift beurkundet wird. Zeile für Zeile, mit folgendem Vorbericht:

»*Da unsere Harmonie-Gesellschaft von ihrem Entstehen an bis dato ohne schriftliche Ordnung und Gesetze den besten und ordnungsmäßigsten Fortgang gehabt hat, so haben wir uns entschloßen, ihr einige Annehmlichkeiten zu geben und ihr Dasein auch für die Zukunft durch eine schriftliche Ordnung zu führen.*« Reguläre Mitglieder, heißt es weiter, hätten »*von itzt an einen Gulden in die Kasse zu bezahlen*«. Man habe sich »*ohnfehlbar*« zu den Übungsstunden einzufinden. Nach dem Jahrestag am 27. Juli könne »*durch Musik und andere anständige Ergötzlichkeiten ein vergnügter Abend veranstaltet werden*«. Nicht zuletzt solle »*bei der Gesellschaft eine förmliche Gleichheit sein, und besonders bei Zusammenkünften jedes steife Wesen verbannt sein, damit nicht Überdruß und Langeweile sich einschleichen kann*«.

Die Vereinsbrüder haben den Stadtmusikus Wilhelm Mayer zu ihrem Rechner gewählt; er weiß mit Geld umzugehen und ist penibel, was auch für Mayers Namensvetter Johann Samson Wilhelm gilt. Dessen musikalisches Talent wird zwar von manchen Herren bezweifelt, doch auf Harmonie zwischen ihnen und ihm können sie bauen. Der Dirigent übrigens rät bald zum Erwerb einer Basstuba. Dies erfreut Sami spontan, denn blankes Blech gefällt ihm und macht etwas her. Ein gewisser Glanz blendet ja nicht, sondern poliert das Herz.

Ach ja, dieses Instrument. Sein neuer Besitzer hatte nach dem Abschied vom Pädagogium jahrelang einen Halt vermisst; er findet ihn jetzt nach und nach mit den tiefen Stößen der Tuba, die wie das Pendel großer Uhren für Regelmaß sorgt: eins-zwei-drei bis zum Ende des Stücks …

Samis erste Schritte im Milieu der Esslinger Bourgeoisie sind vielversprechend. Er ist seit dem 10. März 1812 volljährig und gilt als solide, sein Ruf lässt nichts zu wünschen übrig. Immer mehr Leute begegnen ihm, deren private oder geschäftliche Position das Leben erleichtern kann. Eine vor diesem Hintergrund angelegte Liste sieht vorzeigbar aus:

Carl David Friedrich Seeger (Ratsadvokat und Oberbauverwalter), Christian Gottlob Steudel (Tuchfabrikant), Theodor Friedrich Seefried (Handelsmann), Doktor Johann Christian Däubler (Arzt und Geburtshelfer), Karl Müller (Stadtkassier), Christian Leberecht Koch (Handlungs-Vorsteher und Mitglied des Stadtgerichts), Christoph Straub (Schulmeister), Johann Georg Frech (Chorleiter), Christian Friedrich Schönfeld (Zeichenlehrer), Gottlieb Ferdinand Hiemer und Johann Tobias Grünzweig (Kaufleute), Gottlieb Friedrich Weitbrecht (Konditor), Ferdinand Ludwig Nagel (Forstmeister), Carl Friederich Näher (Silberarbeiter und Stadtrat), Johann Gottfried Sauter (Uhrmacher), Johann David Kodweiß (Zinngießer), Paul Fischer (Mechanikus), Abraham Bader (Schlosser), Johannes Döhm (Schuhmacher), Johann Leonhardt Geisel und Johann Michael Marz (Gastwirte), Johann Adam Senger (Küfer-Obermeister), Carl Christian Teubner (Buchbinder), Johann Jacob Hägele (Weingärtner), Johann Martin Landenberger (Messerschmied), Doktor Friedrich Kaufmann (Notar) und Christian Friedrich Fuchs (Bäcker).

Speziell mit Fuchs wird Samson Mayer etwas verbinden, doch die Zeit dafür ist noch nicht reif. Wohl aber steht seit Monaten ein Termin bei Doktor Kaufmann an, denn in Samis Kammer sind nach wie vor die während der Walz gesammelten Münzen versteckt: Gulden und Francs als Basis künftigen Wohlstands, auf den man hoffen muss. Jemand soll also Samis Gold sichern, weil es auf keinen Fall im Elternhaus bleiben darf. Er bespricht sich mit dem Notarius; dieser nimmt drei Prozent je Jahr und zahlt ein Prozent Zinsen, so dass Samis Last sich auf zwei vom Hundert beläuft. Die Lagerung in Friedrich Kaufmanns Kanzlei macht mich nicht arm, rechnet der Klient aus, Krankheit könnte schon wesentlich teurer sein – und am teuersten schlägt mein Tod zu Buch.

Samson atmet auf, denn momentan treibt sich ein Ganove namens Rouet im nahen Schurwald herum und lässt das alarmierte Kommando des Infanterieregiments Prinz Friedrich aus Ludwigsburg mehrmals ins Leere laufen. Wenn dieser Räuber nun Esslingen heimgesucht und Jacob Mayers Sohn um sein erspartes Geld gebracht hätte? Nicht auszudenken. Zum Glück ruht es jetzt unantastbar in Doktor Kaufmanns Tresor.

1812 wird von einem Attentat auf den britischen Premier Spencer Perceval berichtet. In England nimmt die erste Zahnradbahn den Betrieb auf, sie dient zum Transport von Kohle. Jacob und Wilhelm Grimm publizieren ihre gesammelten »Kinder- und Hausmärchen«. Mayer Amschel Rothschild stirbt in Frankfurt am Main. Dieser deutsch-jüdische Bankier gilt als Begründer seiner Dynastie und hatte sich ebenso intensiv wie erfolgreich für die Emanzipation örtlicher Glaubensgenossen eingesetzt.

Der Herbst meldet sich an, die Weinlese hat begonnen und verspricht einen guten Jahrgang. Doch andere Nachrichten lähmen auch am Neckar den Optimismus:

Kaiser Napoleon I. hatte 600 000 Soldaten gesammelt, unter ihnen nur ein Drittel Franzosen, und war seit dem Frühling 1812 ostwärts marschiert. Er wollte einem erwarteten Angriff Russlands zuvorkommen, Zar Alexanders Streitkräfte vernichten und nicht zuletzt Macht demonstrieren. »Vive l'Empereur« hieß es so laut wie selten, als er am 23. Juni die Memel querte. Napoleon Bonapartes *Grande Armée* (dreigeteilt, allein die Feldartillerie hat 800 Kanonen) ist ein buntes Gemisch, dem auch zahlreiche Württemberger angehören. Sie wurden ausgehoben, weil Bonapartes Vasallen »Kriegsfolge« leisten müssen. Esslinger Familien blieben davon nicht verschont, denn im Reich des dicken Friedrich I. wurde so mancher Bürger mobilisiert, man spricht von 15 800 Mann mit 3400 Pferden.

Sami, als rechte Hand seines langsam alternden Vaters, kann jedoch weiterhin hämmern. Kupferschmiede werden stets gebraucht.

Jacob Wilhelm Mayer hält den »Schwäbischen Merkur« zusammen mit sechs Zunftkollegen, weil ein gemeinsames Abonnement billiger kommt. Der Sohn profitiert davon; er weiß oft vor anderen Leuten, worüber die sich bald ihre Köpfe zerbrechen werden. Sami hat seit dem Frühjahr das Lokal gewechselt und sitzt jetzt nicht mehr im »Lamm« am Rossmarkt wie bisher, sondern im besser erreichbaren »Goldenen Adler« hinter dem Wolfstor, den er von früher kennt. Dessen Wirt ist auf seiner Liste verzeichnet und wurde ihm empfohlen, Johann Michael Marz wiederum schätzt den Schmied als ebenso ruhigen wie solventen Besucher.

Zum Freundeskreis zählt Christian Friedrich Schönfeld. Der Kunstmaler hat Sami kürzlich gefragt, ob er ihn porträtieren dürfe. »Ich bitte darum«, war die Antwort. So entstand also in Schönfelds Schule, wo Lehrbuben und Gesellen mit freier Hand zeichnen lernen, eine Skizze. Sie wird später als Medaillon auf Elfenbein gemalt und stellt Johann Samson Wilhelm Mayer im Profil dar:

Das Haar onduliert, aber nun dunkler samt angedeuteten Koteletten. Der Mund etwas schmollend, die Nase leicht höckrig, das kleine Kinn von einer Halsbinde *à la mode* gestützt. Samis Blick ist entspannt und sucht die Ferne. Seine Wangen sind weich, sie wirken fast feminin. Nichts deutet auf den Alltag des Handwerkers hin.

Der mit Hitze und Glut vertraute Gast heizt beim Dämmerschoppen im »Adler« viele Abende an. Wenn eine Diskussion lahmt oder stockt, zitiert Sami gern den Merkur, denn das Stuttgarter Blatt teilt Napoleons Fortschritte beim Feldzug gegen Alexander I. Pawlowitsch Romanow mit. Der Zar scheint nach und nach aufzugeben, weshalb Napoleons Stern desto strahlender funkelt. Er, sagte Sami noch Ende August über Bonaparte, habe Smolensk in Brand geschossen, und einen Monat später: Moskau sei schon zerstört. Beides erregte allerdings Widerspruch. Die frankophile Partei ließ den französischen Kaiser hochleben und rühmte dessen »Friedenslust bis zuletzt«. Andere sahen in ihm eine Bestie und orakelten:

»Der wird sich noch wundern.«

Als Moskau brennt, wird es stiller am Stammtisch. Kunstmaler Schönfeld erzählt, ein Stuttgarter Landsmann begleite Napoleon, Oberleutnant Christian Wilhelm Faber du Faur (»mein Kollege«) fülle sein Skizzenheft Tag für Tag. Jedes Geschehen zeichne und dokumentiere er. Der junge schwäbische Offizier Friedrich Kausler halte zudem die Fakten fest, Stunde um Stunde. »Dann sehen wir ja hinterher«, schließt der Pädagoge, »was man ernst zu nehmen hat und was nicht. Wisst ihr übrigens, dass Napoleon Bonaparte einen weißen Araber reitet? ›Marengo‹ galoppiert fünf Stunden lang ohne Halt und schafft 17 Meilen.«

»Angeblich! Wenn sein Herr demnächst aus Russland verschwindet, muss Marengo zulegen. Man kennt das doch: Die Prominenz kehrt als Erste um …«

Während dies tatsächlich geschieht, weil in den Ruinen Moskaus kein Winterquartier eingerichtet werden kann und Kälte wie Hunger der Großen Armee zusetzen, hockt man im Königreich Württemberg am warmen Herd. Mag es draußen, weit vom Schuss, drunter und drüber gehen – schlimmstenfalls leiden die ärmsten Esslinger, und selbst sie sind versorgt: Von Zeit zu Zeit bitten Bürger um milde Gaben für Holz aus dem städtischen Magazin, damit kein Mensch friert oder der eisigen Witterung zum Opfer fällt. Vor dem Christfest 1812 wird wiederholt beim Gottesdienst und täglich in stiller Kammer gebetet, doch die Zahl der im fernen Russland vermissten Landsleute steigt dramatisch. Niemand kennt den Ort ihres Sterbens. Wer wider Erwarten heimkehrt, findet oft lange keine Worte für das Desaster.

Erst als alter Mann schreibt der frühere Wachtmeister Benedikt Peter aus Wellendingen bei Rottweil seine Erinnerungen an den furchtbaren Fehlschlag auf. Dort finden sich Reminiszenzen vom Rückzug wie diese:

»Ich hatte […] *nur noch Fetzen von Stiefeln an; so mußte ich solche mit Stricken an die Füße binden und alle physische und moralische Kraft zusammennehmen, um das Weinen nicht aufkommen zu lassen. Hätte ich mich davon überwältigen lassen, so wäre es um mich*

geschehen gewesen. Denn wo das Selbstvertrauen aufhörte, wäre bald der Wahnsinn gefolgt. [...] Nur vier Stunden war es Tag und auch diese kurze Zeit nicht immer hell; immer war man in dicke Nebel und Schneegestöber eingehüllt, und die sumpfigen Gegenden und dichten finstern Nadelhölzer gaben dem Marsch das Bild eines schmerzhaften großen Leichenzugs.«

Der 1785 geborene Sohn des Landmessers Matthias Peter wird später nach Esslingen ziehen, wo er die Gaststätte »Zum Goldenen Löwen« in Pacht übernimmt, und Anfang Januar 1863 sterben. Seine sechs per Diktat beschrifteten Hefte gelten längst als wertvolles Zeugnis einer heillosen Zeit.

Es sind Kummergestalten, die vor Alexanders wilden Kosaken geflüchtet sind und oft wie Gespenster wirken. Sie rauben Sami den Schlaf. Aus Stuttgart hört man, dass Faber du Faur dabei sei; er habe sich gerettet, heißt es, und wolle seine Zeichnungen publizieren. Offenbar sollen alle Schrecken des Kriegs schonungslos dargestellt werden. Was Napoleons zynische Haltung bestätigen würde, dessen Spruch *»In Frankreich und Europa regiere ich nur durch die Furcht, die ich einflöße«* von Haus zu Haus eilt. Am Neckar wie anderswo.

Das Gros der Viertelesschlotzer im »Goldenen Adler« spendet jetzt Beifall, wenn Samson Mayer den jüngsten Zweizeiler deklamiert: *»Mit Mann und Roß und Wagen / hat sie der Herr geschlagen.«*

Aber auch ein anderes Thema macht mobil. Die Stadt hat für den neuen Oberamtmann Johann Karl von Pistorius aus Leonberg (der Johann Christoph Gottlieb Seeger ersetzt) ein Festessen veranstaltet, dessen Speis und Trank ganze 88 Gulden kosteten. Stuttgart jedoch erlaubte nur 30, mehr durfte nicht ausgezahlt werden. Pistorius wurde kürzlich mit dem Ritterkreuz des Württembergischen Zivilverdienstordens bedacht und zugleich geadelt. Ist Esslingen ihm deshalb den Luxus schuldig?

»Hört, hört«, zischt das Publikum. »Sei prominent, dann läufts von selber. Oder nicht, wenn du Pech hast.«

Was man kurz vor Weihnachten kaum ahnt, ist die Bilanz des napoleonischen Feldzugs: Am 14. Dezember 1812 erreichen 28 000 halb erfrorene, hungrige und kranke Soldaten das westliche Ufer der Memel, nicht wenige sind traumatisiert. Vier Tage später trifft Kaiser Napoleon I. samt seinem weißen Hengst in Paris ein. Er lässt sofort neue Truppen ausheben, denn Preußen will sich mit Russland verbünden, vor dem Hintergrund eines Neutralitätsvertrags droht der nächste Krieg. 600 000 Mann waren sechs Monate zuvor in Richtung Moskau marschiert. Insgesamt 50 000 sollen dem katastrophalen Konflikt entkommen sein, auf württembergischer Seite werden 1000 von 15 800 gezählt.

Auch durch Esslingen wankt das Elend. Wer ein steinernes Herz hat, wendet sich ab.

»Memento mori«, sagt Samson und erinnert dankbar den Rektor August Friedrich Herwig, der ihn einst von Cäsar zu Cicero begleitet hatte. Herwigs Unterricht trug Früchte …

Schon aber donnert es hinter dem Horizont. Ein zunächst noch schwaches Wetterleuchten kündigt die Lösung vom »wel-

Johann Samson Wilhelm Mayer als junger Mann. Dieses Medaillon (Öl auf Elfenbein) entstand 1813, kurz vor seiner Begegnung mit Christiana Agatha Hausch aus Baltmannsweiler.

schen Joch« an. Was bedeutet das für Württemberg? Dort handelt man meist nach der Devise »No nix Narrets«. Mögen andere Kämpfer die Kastanien aus dem Feuer klauben und sich alle zehn Finger verbrennen. Ähnlich denkt Sami, obwohl ihn die Not humpelnder Invaliden schmerzt. Sie haben ihr Bestes für ein Wagnis gegeben und knapp überlebt, man muss ihnen helfen. Deshalb geht er, der verschont blieb, von Haus zu Haus und sammelt: Jeder Kreuzer ist willkommen, vergelts Gott.

Samis Vater fühlt sich im Winter von 1812 auf 1813 schon morgens schwach, sieht den schlechten Geschäftsgang als Ursache und leidet. Seine Stimmung ist miserabel, obwohl das Bürgermeisteramt ihm ab und zu kleine Aufträge gibt. So durfte er einen Kirchturm reparieren oder als Feuerspritzen-Inspektor schadhaftes Material ersetzen, was mit insgesamt elf Gulden entlohnt wurde. Doktor Däubler, der Jacob Wilhelm Mayer genau untersucht, findet nichts Ernstes. Eventuell zu viel Säure im Magen, meint er, verordnet Haferbrei und rät zu Spaziergängen. Wie steht es mit dem Gewicht? Spuckt er morgens beim Husten ein bisschen Blut? Wenn nicht, scheidet Schwindsucht aus.

Doch Mayer ist misstrauisch und sagt, sein Vater Georg Wilhelm sei nach einem Blutsturz gestorben. Vielleicht habe er dieselbe Krankheit im Leib.

Der »Goldene Adler« wetzt den Schnabel. Im Lokal an der Küfergasse dreht sich das tägliche Leben zwar nach wie vor um Riesling, Esslinger Bier und speckige Karten. Wer aber ein französisches Blatt dem deutschen Bild vorzieht und beim Schafkopf nicht »Herz«, sondern *cœur* ruft oder gar *trèfle* statt »Kreuz«, wird scheel beäugt. Gaigel hat Konjunktur, auch wenn der König den Unter noch immer sticht. Parallel dazu diskutieren die Leute jetzt lauter über die Politik. Geht es abends manchmal allzu derb her, winkt Johann Michael Marz dem Schankkellner Alfred. Dieser Mann hat schon manchen Gast abserviert.

Sami lauscht in sich hinein. Er glaubt den ersten Hauch jenes Wirbels zu hören, der Kaiser Napoleon Bonaparte stürzen soll, und ist bewegt – nicht zuletzt im Zusammenhang mit seiner eigenen Biografie. Am 14. Juli 1789 fegte ein heißer Wind durch Frankreich. Wird der nun erneut blasen, fragt Sami sich selbst, und Napoleons Fahne zerfetzen? Rasch gedruckte deutsche Flugblätter haben dies angekündigt. Theodor Körner aus Dresden, viereinhalb Jahre jünger als Samson, hat einen Weckruf geschrieben. Den Versen des jungen Dichters mangelt es nicht an Pathos:

»Frisch auf, mein Volk! / Die Flammenzeichen rauchen, / Hell aus dem Norden bricht der Freiheit Licht [...] */ Der Freiheit eine Gasse! / Wasch die Erde, / Dein deutsches Land, mit deinem Blute rein!«*

16. August 1813. Im Schutz seiner nächtlichen Kammer sitzt Sami, liest atemlos Körners brennenden Text (der ihm beim Heimweg vom »Adler« zur Werkstatt zugesteckt worden war) und zweifelt: Ist Rebellion erlaubt? Steht man nicht besser abseits und lässt Jüngere kämpfen, oder zeigt sich ein Kompromiss? Immerhin hat mir mein Schicksal geraten, den französischen Werber im Café hinter der *Porte des Allemands* zu ignorieren. Metz vor vier Jahren, fatal! Ich wäre längst tot und in Russland verscharrt.

Mit solchen Gedanken kriecht Sami unter das Federbett. Er schließt die Hände um beide Ohren und seufzt. Der Schlaf will nicht kommen.

Zehn Tage später stirbt Theodor Körner, knapp zweiundzwanzigjährig, als Mitglied des Lützowschen Freikorps im Gefecht gegen napoleonische Truppen. Er war zuvor schwer verwundet worden. Sein letztes Sonett »Abschied vom Leben« drückt Vollendung aus: *»Gott, wie Du willst! / Dir hab ich mich ergeben.«*

Wenig davon dringt nach Esslingen, wo die Spatzen am Pferdekot picken und jeder Erwachsene trotz aller Turbulenz in Europa werkelt. Doktor Däublers Medikation hat dem kranken Schmied Jacob Wilhelm Mayer geholfen; warmer Brei morgens und frische Luft abends wirken entkrampfend, weshalb auch der Haussegen nicht mehr schief hängt. Frau Paulina kann mit Mayers Leibgericht Ehre einlegen, ihr Kraut weckt wieder Appetit. Ende Oktober jedoch bereitet das Schicksal etwas anderes zu. Erst köchelt ein stiller Verdacht, dann schellt der städtische Amtsdiener die Nachricht offiziell aus:

Bei Leipzig fand eine Völkerschlacht statt. Preußen, Österreicher, Russen und Schweden siegten nach drei blutigen Tagen über Napoleon. In den Zeitungen wird gemeldet, dass 600 000 Soldaten beteiligt waren und 92 000 getötet oder verletzt worden sind. Die »Heilige Allianz« triumphiert, der französische Kaiser ist erledigt, er zieht sich mit dem Rest seiner Armee zurück.

»Freiheit! Nieder mit Bonaparte!« So ruft man hinter ihm her.

Das Jahr 1813 ist nicht nur wegen Napoleons Niederlagen wahrhaft historisch. Karl Freiherr von Drais aus Karlsruhe erfindet den »Selbstfahrer« mit vier Rädern und Kurbelwelle. Als erster Europäer sieht Jean Louis Burckhardt, alias Sheikh Ibrahim, die fast völlig im Sand begrabene ägyptische Tempelanlage von Abu Simbel am Nil. Goethe schreibt das Gedicht »Der Totentanz«. Münchens Isarbrücke wird durch Hochwasser zerstört, 100 Schaulustige ertrinken. In Berlin findet Ende Mai die letzte öffentliche Verbrennung statt: Ein Mann und seine junge Geliebte werden zuvor unter Mützen erdrosselt.

7

HEUER SCHNEIT ES FRÜH. Kaum war im Spätsommer der letzte Wein am Neckar reif, schlug die Witterung von einem Tag auf den anderen um; viele Wiesen knistern vor Kälte, man rechnet mit einem harten Winter. Aus Russland sind Scharen schwarzer Vögel westwärts geflogen und in Württemberg eingefallen. Sie hatten sich am Nachlass des Großen Kriegs zweier Herrscher satt gefressen und sind wieder hungrig, denn alle Leichen wurden inzwischen bestattet (ob Freund oder Feind, da gilt keine Trennung mehr). Hunderttausende liegen nun anonym unter dem Boden. Wenn das nächste Jahr ihn wieder wärmt, müssen russische Muschiks sorgsam pflügen, sonst legen sie die Zeugen der Barbarei frei. Dann klagt Knöchernes an.

Johann Samson Wilhelm Mayer bleibt davon unberührt. Seine Phantasie schafft es nicht, das ferne Drama nachzuerleben oder mit trauernden Witwen und Waisen zu leiden. Statt dessen bastelt der Schmied ein privates Idyll, in dessen Zentrum die Jungfer Christiana Hausch aus Baltmannsweiler auf ihn wartet und Anlass zur Hoffnung gibt. Sie lächelt, ihr rotes Haar ist gelockt, kein strenger Vater verhindert ein Rendezvous. Diese Vision wiederholt sich nachts immer häufiger, aber auch am Tag kommt Sami kaum von ihr los. Wie soll er ohne Christiana Weihnachten feiern und im neuen Jahr glücklich sein?

Warum geht das Schicksal vorbei, ohne zu klopfen?

Der Kern seiner Sehnsucht ist Sami noch nicht bewusst. Er möchte mit dem erwünschten Eheweib ein Heim bauen, gesunde Kinder sind obligatorisch; die sollen besser leben als ihr Herr Papa und ihm vertrauen. Vor allem geht es darum, dass sie ein warmes Nest vorfinden. Deshalb hat Samson Anfang November den Notar aufgesucht und ihn gebeten, beim Kauf eines kleinen Hauses in der Küfergasse zu assistieren. Es wirkt weder schadhaft noch abgewohnt und kostet 500 Gulden bar auf die Hand. 450 kann Kaufmanns Klient bezahlen, weitere 50 stiftet Jacob Wilhelm Mayer »um des lieben Friedens willen, und damit du bei mir in der Werkstatt bleibst«. Dazu zählt, dass Sami wie bisher nach dem Totensonntag drei Tage lang stehend friert, weil der traditionelle Katharinenmarkt nicht ohne Mayers Kannen oder Siebe auskommt. Auch bauchige Bettflaschen sind nun gefragt.

»Kupferzeug, Kupfer!«, ruft Samson beim Esslinger Markt. Dort werden irdene Häfen verschiedener Größe und Porzellan mit oder ohne Sprung verkauft, getragene Kleider, goldener Honig aus eigener Imkerei und Malzbonbons. Ein sich zu den Tönen der Schalmei drehender Tanzbär sorgt für Verwunderung, zwei fremde Gaukler treten auf. Sogar eine dunkelhäutige Handleserin bietet ihre Dienste an, wird jedoch kaum beachtet. Man hält auch in Esslingen Distanz, wenn das fahrende Volk unterwegs ist.

»Wohlfeil für jede Köchin«, fügt Mayer hinzu. »Nicht teurer als gestern! Kommt her, schaut selbst!« Er knetet die klammen Finger und wartet auf Zuspruch.

Da schlägt der Blitz ein.

Christiana steht vor ihm: Feines Gesicht, helle Haut, meergrüner Blick, schmale Gestalt. Ihr dunkler Mantel ist knielang, der blaue Schal doppelt um den Hals geschlungen, ein Fellmuff birgt beide Hände. Das Mädchen (ohne Hut oder Kopftuch) atmet wie nach einem Dauerlauf. Die Brust hebt und senkt sich.

»Fräu... Fräulein Hausch«, stottert Sami.

Sie antwortet ohne Verlegenheit: »Stimmt schon, das bin ich. Christiana Agatha.«

»Kein Traum?«

»Ihr seht es mit offenen Augen, Herr Mayer.«

Die Tochter des Lehrers schaut ihn so selbstbewusst an, dass Sami sich fragt, ob nicht die Grenze der Schicklichkeit überquert sei. Adam tut immer den ersten Schritt, für ihn wurde Eva erschaffen. Er geht neben ihr und bei Gefahr voraus. Aber diese junge Frau ignoriert Gottes Plan. Was soll man bloß davon halten?

»Schnell«, flüstert Christiana, »ich muss fort. Welcher Zufall, Euch hier zu begegnen, oft läuft man ein Leben lang aneinander vorbei. Wenn mein Vater das wüsste! Er mag keine Heimlichkeit und spricht seit Mutters Tod von der Angst, mich zu verlieren.«

»Wo treffen wir uns?«, unterbricht Sami ihre hastige Rede. »Und wann?«

Christiana sagt: »Am Pfeffertag, gegen Ende des alten Jahrs. Um zwölf Uhr bei Sankt Dionys.«

»Zwischen Kirche und Speyerer Pfleghof. Wenns aber schneit oder regnet?«

»Dann im Chor.«

Die Zeit bis zum Weihnachtsfest 1813 dehnt sich. Würde nicht das neue Haus an der Küfergasse (neben aller Arbeit für Vaters Werkstatt) seine letzte Kraft aufsaugen, wäre Sami schon ohne Pflichten erschöpft. Was immer angepackt und wie schwer auch geschuftet wird, stets spitzt Christiana ihren Mund und lächelt. Wo er geht oder steht, ist Hauschs junge Tochter anwesend. Sie folgt ihm als Fee bis in seine Kammer, wo Samson jetzt beim flackernden Talglicht hockt und alte Sätze liest. Im Zusammenhang mit Holland hat er einst während des Wanderns notiert, dass dort etliche Mädchen hübsch seien, aber gleichzeitig »etwas derb«.

Derb? Ach, meine zarte Christiana!

Ich zerreiße das Heft, denkt Sami, und führe vom kommenden Jahr an ein veritables Journal, private Chroniken sind jetzt modern. Sie zeigen, was hinter dir liegt und worauf du hoffst. Du nimmst sie eventuell öfter zur Hand, lernst aus Fehlern und zeichnest rückblickend deinen Lebensgang nach. Ziehst vielleicht aus dem einen oder anderen Knick die Konsequenz?

Indes: Diese Haltung ist fast von gestern. Journale waren gegen Ende des 18. Jahrhunderts beim gebildeten Publikum populär; es ging den Herren und etlichen Damen meist um Selbsterkenntnis, was auch der frühe Pietismus aktiv vertrat. Dessen Protagonisten August Hermann Franke, Philipp Jacob Spener und Nikolaus Ludwig von Zinzendorf publizierten sogar ihre Tagebücher: »Aufklärung« hieß die Devise, nicht zuletzt im Herzogtum Württemberg, dessen Herrscher Carl Eugen 1793 gestorben war. Seine fromme Witwe Franziska von Hohenheim alias »Franzel« pflegte das Andenken ihres »Papale«. Sie hatte Durchlaucht halbwegs erfolgreich zur inneren Einkehr bewegt.

Jacob Wilhelm und Paulina Mayer feiern Jesu Geburtstag am 24. Dezember 1813 wie bisher, doch das Fest wird leicht gestört. Als der Obermeister nach dem Kirchgang die Bibel holt und nochmals Lukas 2,10 mit dessen Spruch »*Siehe, ich verkündige euch große Freude*« zitiert, fängt Samsons Kinn zu zittern an. Er sieht wieder Napoleons traurige Opfer vor sich und im Kontrast dazu jenes blühende Leben aus Baltmannsweiler, das ihm winkt. Kein Mensch weiß, warum Gott oft im selben Moment straft und fördert.

Gibt es Dich, Herr, überhaupt?

Samis Eltern wäre die Frage suspekt. Erst recht zu Weihnachten, wenn das Christentum dankt und lobpreist. Deshalb bleibt ihr Sohn still und lauscht lieber den Glocken von Sankt Dionysius, die Frieden auf Erden versprechen. Aber auch ein baldiges Wiedersehen mit Christiana Agatha Hausch.

Kurz vor Silvester hüpfen Buben oder Mädchen von Haus zu Haus, kitzeln lachende Leute mit Zweigen und wollen wissen: »Schmeckt mei Pfeffer?« Am »Tag der unschuldigen Kinder« wird ihnen etwas Süßes geschenkt, Bonbons sind die Regel. Dieses Ritual soll im neuen Jahr Glück und Fruchtbarkeit sichern, ein gutes Omen nicht zuletzt für Verliebte. Christiana hat vielleicht deshalb den Pfeffertag als Termin bestimmt und Sami zur evangelischen Stadtkirche gebeten, dem Ort seiner Konfirmation. Schon morgens aber leert Petrus seinen Unmut über Esslingen aus – es regnet, es schüttet, es gießt.

Zwei feuchte Figuren stehen am Altar von Sankt Dionys. Zwar wagen sie keine Umarmung, doch ihre Hände finden sich. Jetzt müsste ein Organist zum Introitus in die Tasten greifen …

Schwungvoll fängt Samson an. Er taucht die Feder ins Tintenfass und fügt erste Sätze aneinander:

»Chronisches Journal meines Lebens / vom Jahre meiner / Verheyrathung an beschrieben / von / J. S. Wilhelm Mayer / Kupferschmid / 1814.

(Decbr). Im Jahr 1813, kurz vor dem Pfeffertag, lernte ich die Tochter des Schullehrers aus Baltmannsweiler kennen. Sie gefiel mir so, daß ich Anstalten machte sie zur Frau zu bekommen.

Den 20. Januar 1814 erhielt ich die Einwilligung von ihr und ihrem Vater. Ich nahm von ihr einen Ring mit, um einen danach kaufen zu können; so gieng ich vergnügt und von meiner Lieben gesegnet nach Haus. Den 21. erzählte ich meinem Vater, wieviel ihr der Vater

Heyrathsgut geben wolle. Den 22. verlangte mein Vater jenen Ring. Er müsse ihn zurück schicken, indem aus ihrer Verbindung nichts werde. Ich würde unglücklich sein, weil ihr Vater ihr zu wenig geben wolle und sonst noch viele Unannehmlichkeiten dabei wären. [...] *Ich gieng in der Verzweiflung zum* [Bäcker] *Fuchs und schrieb meiner Lieben den traurigsten Abschiedsbrief. Dann gieng ich nach Haus und legte mich ins Bett, denn ich konnte den ganzen Tag nichts eßen.*

Den 23. Januar früh gieng ich zu meinem Vetter Paul Kaufmann, welchem ich die ganze Sache steckte. Nachts kam er zu uns und brachte es bei meinem Vater so weit, daß er mir sagte, ich könne morgen nach Baltmannsweiler und sagen, daß er zum Verspruch [Verlobung] *kommen wolle. Den 24. morgens 8 Uhr war ich schon bei meiner Lieben. Sie empfieng mich freundlich, aber der Vater sah sehr bedenklich aus. Er wollte sich nicht wieder zum Jawort bewegen laßen. Endlich brachte ich es zuwege, daß ich den anderen Tag zum Verspruch kommen durfte. Bis Mittag war ich wieder zu Haus, dann besorgte ich Ring und Ohrenringe und Schlitten zur morgigen Abreise.*

Den 25. fuhren mein Vater, Paul Kaufmann und ich zu ihr, wir versprachen vor Gott und der ganzen Gegenwart, uns ewig und treu zu lieben. Meine Braut und ich waren ganz glücklich. [...]

Den 1. Februar feierte meine Braut Christiana Agatha Hausch ihren 18ten Geburtstag. Den 2. besuchte ich sie mit meinem Vater und brachte ihr ein kleines Angebinde. Die unangenehmste Nachricht erfuhr ich unterwegs, nämlich daß meine Braut von unverschämten Banden gröblich angepackt worden sei, wobei ihr ein Ohrring ausgerißen wurde. Namentlich war mir der sogenannte Salzmichel von Hohengehren [bei Baltmannsweiler] *bekannt.«*

Man wird zum Spielball solcher Subjekte, denkt Sami und schwört, dass er seine künftige Ehefrau nie mehr allein lassen wird. So jung, wie sie ist! Mitte Februar 1814 berichtet der Verlobte vom öffentlich proklamierten Aufgebot und ergänzt gegen Ende des Monats:

»Den 27. machte ich mit meiner Lieben eine Reise nach Stuttgart, bei welcher mir der Tag unter Vergnügen dahinfloß; wir kamen abends

8 Uhr ermüdet nach Haus. Allein die süßeste Ruhe in einer der schönsten Nächte stärkte mich von der Beschwerde meiner Reise.«

Was sagte Christiana dazu? Sie wird nicht erwähnt. Wohl aber Johann Samson Wilhelm Mayers 27. Geburtstag am 10. März:

»Ich war da besonders vergnügt, weil ich an eben diesem Tag die königliche Erlaubnis zu meiner Heyrath erhalten hatte. Den 19. April war meine Hochzeit. Ich wurde von dem Herrn Vikar des Pfarrers Bernhard Gottlieb Denzel kopulirt [getraut]. *Danket dem Herrn, denn er ist freundlich, und seine Güte währet ewig! Nach der Kirche fuhren wir ins ›Lamm‹* [Esslinger Gasthaus], *wo wir bei Musik* [...] *den schönsten Tag, der durch das angenehmste Wetter verherrlicht wurde, durchlebten.«*

Diskretion deckt die Hochzeitsnacht, weil Intimes privat bleibt. Es öffentlich zu bekennen wäre degoutant. Zwei junge Leute umarmen sich deshalb still in der halbdunklen Kammer von Samis Elternhaus und lassen der Natur ihren Lauf. Lust ist ein Fremdwort, darüber spricht man nie. Selbst das Tête-à-Tête fällt vorsichtig aus. Egal ob daheim oder sonstwo:

»Den 20. fuhren wir nach Baltmannsweiler, wo wir bis zum 22. blieben. Allein diese Zeit wünschte ich lieber mit Schlafen zugebracht zu haben, denn in meinem Leben quälte mich die Langeweile nicht so als damals.«

Langeweile? Während Sami dies zu Papier bringt, hat Napoleon I. abgedankt. Paris war am 31. März 1814 durch alliierte Truppen eingenommen worden, der Senat hatte das Ende des Kaisers verkündet. Bonaparte muss umgehend ins Exil auf die mediterrane Insel Elba reisen, wohin er verbannt worden ist, Ludwig XVIII. aus dem Haus Bourbon folgt ihm als König. Nichts davon berichtet Mayer junior zur selben Zeit. Auch der Brief seines Patenonkels Johann Tobias aus Göttingen, den er Mitte April aus Göttingen erhalten und wegen des selbst gezeichneten Stammbaums sicher beachtet hat, bleibt unerwähnt.

»Den 30.«, schreibt Samson, *»gab es einen starken Reifen* [Frost], *der die schönste Hoffnung auf viel Wein und alle Gattungen Obst verei-*

telte. Den 1. Mai gab es ebenfalls ziemlich Eis. Der Wein vom Jahr 1812 kostete damals 3 bis 4 Louisdor der Aymer [ein Eimer = gut 300 Liter], *der Most 10 bis 15 Gulden, der Laib Brod 18 Kreuzer. Den 12./13. gab es wieder Eis, welches den Rest vollends zu nehmen droht. Die Gersten Äcker sind gelb, die meisten Kartoffeln und Welschkorn* [Mais] *sind weg. – In der Asseßor Benzischen Auktion kaufte ich eine hohe Commode um 22 Gulden 6 Kreuzer.*

Den 19. May begrub man den alten Gottlieb Ludwig Falch, Spitalküfer, wo ich für meinen Vater mit der Leiche gieng. Mein junger Kanarien Vogel, den ich vor einigen Tagen von Herrn Kodweiß [Zinngießer] *für 1 Gulden 30 Kreuzer kaufte, ist munter und gesund. Die Nacht begann ich so, daß ich Gott bitte, daß er mich nie wieder eine ähnliche erleben laßen wolle.«*

Es bleibt ungewiss, ob Sami mit Christiana gestritten hatte. Oder plagte ihn im Wonnemonat das Zipperlein? Sorgen sind jedenfalls virulent:

»Den 31. war ich und mein Weiblein in Baltmannsweiler, wo wir so zu sagen ein wahres Lazareth antrafen, denn Alt und Jung liegt krank an den Rothen Flecken [Masern]. *30 bis 40 Kinder sind ohngefehr in 3 Wochen gestorben. Ich kaufte meines Herrn Schwiegervaters Zwölfer Wein, den er in Beutelsbach liegen hat, den Aymer um 33 Gulden.*

Den 1. Juni war Mayenfest, welches auf dem untern Schelzwasen sehr lustig gefeyert wurde. Wir wirthschafteten dabei und hatten eine Losung [Gewinn] *von etlich 20 Gulden. Den 2. kaufte ich wieder einen Kanarien Vogel von Kodweiß für 1 Gulden 8 Kreuzer, welcher ein Glattkopf ist.«*

Was geht anderswo vor? Im fernen Südamerika bekommt Chile eine neue Regierung, bleibt aber bei Spanien. Das renommierte Blatt »The Times« wird 1814 erstmals per Schnellpresse gedruckt, Friedrich Koenig aus Eisleben hat sie entwickelt. Der Kufsteiner Schneidermeister Josef Madersperger erfindet eine Nähmaschine, sie ahmt Bewegungen menschlicher Finger nach. Ein Großbrand zerstört die bayerische Stadt Tirschenreuth bis auf vier Häuser. Johann Gottlieb

Fichte stirbt, von dem Erzieher und Philosophen stammt der Satz: »Jedes Schreckbild verschwindet, wenn man es fest ins Auge faßt.«

Davon könnte auch Samson profitieren. Er schreibt:

»Den 14. morgens hatte meine Gattin einen außerordentlichen Blutverlust, welcher mit den größten Schmerzen begleitet war (man hält es für eine Art von Abordation [Fruchtabgang], *andere deuten auf eine Schwangerschaft). Sie machte sich nicht viel daraus, allein nach dem Eßen mußte sie ins Bett. Allgemeine Schwäche mit Kopfweh und Übelkeit nahmen so stark zu, daß sie nachts zu phantasiren anfing. Ich gieng zum Herrn Doktor Däubler; er verordnete ihr eine abführende Arzney, welche vollkommene Dienste leistete.* [...] *Sie befand sich ordentlich: der Blutabgang läßt nach. Den 16. wieder neue Schwäche. Der Herr Doktor kommt, er verordnet etwas zum Einreiben auf dem Bauch. Der Siebmacher Christian Gottlieb Berkemer behauptet, die Krankheit werde mit einem Buben enden.«*

Fieber wie Schmerz plagen Christiana. Dr. Johann Christian Däubler therapiert weiter, Laxativ und ein stärkender Absud sind die Mittel seiner Wahl. Schließlich trägt der Ehemann in das Tagebuch ein:

»Den 17. Juni. Am Mittageßen fand sie mehr Geschmack als sonst. Den 22. gieng mein Weibchen das erstemal wieder aus, um den Einzug des aus dem Feld kommenden Dragoner Regiments Kronprinz zu sehen. Sie befindet sich übrigens ganz wohl.«

Samsons Erleichterung ist verständlich, doch zehn Tage später ziehen Wolken auf. *»Den 26. Juni«*, wird notiert, *»hatte ich viel zu leiden wegen einer unzeitigen Eifersucht meines Weibchens. Sie war so unwirsch, daß ich nachmittags allein spazieren gieng, um mich zu zerstreuen. Nachts sagte ich ihr die Meinung sehr streng; sie gab der Vernunft Gehör, bat um Verzeihung und versprach allgemein beßer zu werden. Der Allmächtige unterstütze es mit seinem Seegen und bewahre jeden Biedern vor ähnlicher Pein!«*

Ein Bummel durch Esslingen ist populär. Zwei Jahrzehnte zuvor jedoch stellte Pfarrer Philipp Ludwig Hermann Röders »Lexikon von Schwaben« andere Sitten fest. Außerhalb eigener Gärten promenieren? Auf gar keinen Fall. *»Des Abends der kühlen Luft und des schönen Mondenlichts zu genießen«* sei *»ein großes Vergehen gegen die alt reichsstädtischen Sitten, die hier noch auf das strengste beobachtet werden müßen.«* Selbst sonntags, wo doch die Geschäfte ruhten, treffe man selten Leute am Neckar an. Wehe dem Ruf eines hiesigen Frauenzimmers, das sich nach neun Uhr abends dort blicken lasse, auch wenn ein halbes Dutzend alter Mütterchen es begleiteten: *»Hundert Lästerzungen würde ein solcher Schritt in Bewegung setzen.«*

Vorüber, vorbei. Wie der Zwist mit Christiana …

»Den 4. Juli mußten mein Weibchen und ich nach Baltmannsweiler, um das Inventarium zu unterschreiben, welches die Woche vorher verfertiget wurde. Wir fanden unseren Vater nicht zum Besten gestimmt, indem er nicht nur neue Gefälligkeiten gänzlich abschlug, sondern auch bei alten Versprechungen sein Wort immer zurückzuziehen versuchte. […] *Mit feierlichem Ernst legte ich ihm einige Worte ans Herz. Sie giengen tief und er wurde beßer, so daß er uns entdeckte* [verriet], *seine Magd habe uns bei ihm verläumdet. Wir brachten es so weit, daß er uns für ein Tausend Gulden Schuldscheine ohne Zins zu bezahlen übergab, indem wir ein Haus zu kaufen gesonnen sind. Gott leite unser Geschäft und schenke Weisheit!*

Den 6. kam mein Schwiegervater nach Eßlingen. Er besah mit uns das Weitbrechtische Haus, welches uns aber nach seinem Preis nicht recht gefallen wollte; nemlich zu 2800 Gulden. Es gefiel ihm hier so, daß er zwei Mal über Nacht blieb.

Den 10. Juli 1814 durchlebte ich einen ganz verdrießlichen Sonntag. Der Tag war schön und heiß: Vormittags zog ich mich nicht an, denn ich hatte die Zeit mit Rechnen zuzubringen. Nachmittags hatte ich zu warten bis mein Weibchen angezogen war, es wurde also 4 Uhr bis ich mit ihr spazieren gehen konnte. Sie war unter dem Anziehen so außerordentlich unwirsch, daß (wenn ich nicht nachgegeben hätte) ich die größten Händel bekommen hätte. Nach dem Nacht Eßen gieng ich mit ihr auf die Maille, um die Retraite Musik [Zapfenstreich der Kavallerie] *anzuschauen, da war der Teufel völlig los. Viele Frauenzimmer, die da spazieren giengen, waren ihr Dornen in den Augen. Kurz: Sie quälte mich auf die unverschämteste Art mit Eifersucht, daß ich glaubte aus der Haut fahren zu müßen.*

Den 11. machte sie noch ein Gesicht. Ich stellte ihr die Sache in der fürchterlichsten Gestalt vor, sie wollte immer noch recht haben. Endlich gab sie nach, sah es ein und versprach Beßerung. Gott unterstütze ihren Willen mit seiner Kraft! Den 15. gieng ich nach Beutelsbach, Schnaith und Eichelberg um meine Schuldner zu zitieren.

An Jakobi [Markt zum Beginn der Ernte am 25. Juli] *hatten wir nicht feil gehabt* [Kupferwaren verkauft]. *Ohne Vergnügen durchlebte ich den Gedächtnistag alter Glückseligkeit. Den 26. war Bürgerball im ›Lamm‹, wo ich auch versprochen hatte hinzukommen. Nachmittags gieng ich ein wenig spazieren, welches meinem Weibchen nicht recht war. Als ich abends um 7 ¼ Uhr nach Haus kam, machte sie ein Gesicht und begegnete mir wieder mit ein wenig Unverschämtheit; ich wurde bös und sagte ihr meine Meinung. So blieb ich folglich auch vom ›Lamm‹ weg.*

Den 27. nachmittags 4 Uhr fiel ein Maurer von Neuhausen auf den Fildern in der Hintern Kirch [Franziskanerkirche Sankt Georg] *von der höchsten Höhe durch das Getäfer, welches durchbrach, auf die Stühle herab. Er zerbrach den linken Arm und Fuß, ohne daß etwas im Leib verletzt geworden sein mag, und starb um 6 Uhr. War alt 20 Jahr, hieß Cornelius. Während ich bei dem Sterbebette des Unglücklichen war, riß mir mein Weib ein Blatt aus diesem Tagebuch, worauf die Jakobi Geschichte nebst dem großen Waßer, welches durch 3tägigen Regen entstund, geschrieben war: Das Waßer war am 17. dieses Monats am höchsten. Es bespülte auf dem Oberthorwasen die Kiesmauer und den Wall.«*

Samson ist nach wie vor schlecht gelaunt. Er spricht noch kein Wort mit Christiana Agatha. Sie wiederum scheint zu sticheln, *»und so kamen wir nach und nach weiter, daß sich meine Eltern drein legten – so durchlebte ich in meinem Leben keinen Tag. Der Gott des Frie-*

dens kam aber mit seiner Hilfe. Ewig Lob und Dank sei dem gesagt, der Götterfrieden den Ehen stiftet!«

Kaum ist jedoch dieser Sturm verebbt, folgt das nächste Unwetter, denn Schullehrer Hausch schießt wegen finanzieller Querelen in Samis Richtung. Während eines Besuchs in Baltmannnsweiler wird getobt:

»Er schimpfte und schmollte so ungeheuer, wie man es von einem gebildeten Mann nie zu erwarten hätte. Er lief davon, wir sahen ihn nicht wieder. Wir merkten deutlich, daß er ganz von seiner Jungfer Magd aufgehetzt und eingenommen sei. Dies war wieder ein Tag neuen Kummers. Den 3. August erhielt ich einen Brief von ihm, welcher der ungereimteste seiner Art ist. Er wirft mir Zweideutigkeiten vor, die ich ihm geschrieben haben soll, wovon nicht der geringste Sinn vorhanden war. Ich schrieb zurück und entkräftete jede seiner Beschuldigungen; ich war höflich gegen ihn, aber desto treffender sprach ich von seiner Magd. Was aus dem Ganzen entspringt, wird die Folge lehren. Ich erwarte alles mit Geduld.«

»Wir müssen Geduld haben«, sagt Ernst Gottlieb von Steudel zu Caroline Mayer. »Vielleicht geht es ja mit Eurem Mann trotz des eher bedenklichen Zustands wieder bergauf. Zwar stolpert sein altes Herz, und er atmet schwer, doch manchmal geschehen Wunder.«

»Wirklich, Herr Oberamtsarzt? Samson isst doch nichts mehr. Zum Trinken mag ich ihn immer weniger zwingen. Und dann manchmal diese Verwirrung im Kopf …«

Neben Caroline steht das Luisle, die während Johann Samson Wilhelm Mayers dritter Ehe geborene Tochter. Hinter dem vierzehnjährigen Mädchen lugen mit Reinhold und Rudolf zwei Buben hervor. Luise trägt wie ihre Mutter ein graues Hauskleid mit Schürze, die Füße stecken in derben Schuhen. Der noch kindlich wirkende Reini ist nur wenig jünger als sie. Er geht seit sechs Jahren zur Schule und versteht, dass sein Vater irgendwann abreist (so wurde es ihm erklärt), doch für welchen Ort sich der Herr Papa entschieden hat, bleibt ungewiss.

Reinhold weiß immerhin, dass schon fünf kleine Geschwister im Paradies jubilieren: Amalie Eleonore, Marie, Florentin und Gotthilf flogen davon, Heribert folgte heuer nach. Das blasse Kind durfte Reini betrachten, dann schob man den kleinen Sarg auf einem Karren zum neuen Friedhof unter der Ebershalde: dorthin, wo Samson Mayer sich um die Gräber kümmert, wo er Blumen pflanzt oder Unkraut zupft. Nein, denkt Reinhold, Papa bleibt bei uns und wird wieder gesund.

Caroline erschrickt, weil Samson laut hustet. »Dieses Brodeln«, klagt sie. »Kann man denn gar nichts dagegen tun?«

»Sitzen, wenn möglich«, antwortet der Arzt. Dann murmelt er: »*Cachexia, Debilitas, Senium*. Gefahr von *Pleurisie*.«

»Wie bitte?«

Ernst Gottlieb von Steudel nimmt Mayers Ehefrau sanft beiseite, so dass niemand außer ihr seine Diagnose hört:

»Kräfteverfall, Brustkrankheit, Altersschwäche. Eine Lungenentzündung droht. Seid stark und macht Euch aufs Ende gefasst. Wir haben hier keine bleibende Stadt.«

»Sondern die künftige suchen wir. Aber was nutzt ein Bibeltext, wenn mein Ehemann stirbt? Ohne ihn ... Du lieber Gott!«

Samson Mayer hat das Haus am Esslinger Klösterle verlassen, ohne dass jemand es sah. Sein magerer Körper liegt im Bett wie bisher, während die Seele zu wandern beginnt. Im Bruchteil einer Sekunde durchquert sie Raum und Zeit auf der Suche nach den geflohenen Söhnen, doch ihr Vater findet weder Adolf noch Gustav. Sein Innerstes spürt keinen Hauch des einen oder anderen Revolutionärs. Ergib dich in dein Schicksal, mahnt Gott, und hadere nicht.

»Schaut her«, sagt Caroline zu ihren drei Kindern, »unser Patient ist eingeschlafen. Weckt ihn nicht auf.«

»Ein gutes Zeichen«, fügt Doktor Steudel hinzu und kontrolliert Samsons Puls. »Wenn keine Krisis kommt, können wir sorglos Weihnachten feiern.«

8

GUT ZWANZIG SEITEN des Anfang Januar 1814 begonnenen Tagebuchs hat Johann Samson Wilhelm Mayer schon gefüllt. Nicht unbedingt zu Christianas Freude. Denn die junge Ehefrau, Tochter des Lehrers Hausch aus Baltmannsweiler, ist oft eifersüchtig – sogar auf das »Chronische Journal«. Eventuell kritisiert sie den Text wohl auch deshalb, weil er manchen Streit mit dem Schulmeister schildert. Christiana Agatha und ihr Vater sind aus demselben Holz geschnitzt: Der Apfel fällt nicht weit vom Stamm. Doch Samson schreibt ungerührt:

»*Den 13. August liefen uns mehrere Personen von Baltmannsweiler ins Haus, welche die Neuigkeit brachten, daß unser Schwiegervater am morgigen Samstag mit seiner Jungfer Magd ausgerufen werde. Mein Vater und ich giengen sogleich hin und fanden alles bestätigt. Als mein Vater etwas von Schicklichkeit und Ehre sprach, wurden Seine hochwürdige Schulmeisterheit so zornig, daß sie ihm die größten Grobheiten machte.* [...]«

Worum dreht sich Hauschs Ärger? Christianas Mitgift und ein unverzinstes Darlehen bringen ihn als Geldgeber mehrfach in Rage. Jener Punkt also, an dem der Spaß endet:

»*Am 15. früh gieng ich zu ihm hinaus, um dasjenige schriftlich auszuwirken, was er versprochen hatte. Er willigte endlich ein. Ich hielt um etwas mehr an, aber er wurde darauf so hitzig, daß er mir mit den größten Flüchen begegnete und mich die Stiege hinabzuwerfen drohte; indem ihm alles eins wäre, ich könne anfangen was ich wolle.*«

Vor diesem Hintergrund rafft Sami sich auf. Er kündigt per Brief juristische Schritte an, was die Situation dramatisiert:

»*Kaum hatte er dies erhalten, so schoß er daher wie ein wüthender Hund, der seinen giftigen Speichel auf dem Boden hin vertröpfelt. Ich gab ihm kein Haar nach, und wenn er noch so arg tobte. Endlich wurde er etwas besänftigter und unterschrieb zulezt alle meine Punkte. Für jetzt bin ich zufrieden und überlaße alles der Vorsehung. – Den 31. Au-*

gust wurde mein Schwähr [Schwiegervater] *morgens 6 Uhr in der Stille mit seiner Dulzinea kopulirt; wir erfuhren es den anderen Tag, denn er hatte uns nichts davon zu wißen gemacht.*

Den 1. September 1814 erhielt ich meine 2 Scheffel Dinkel [355 Liter], *die er mir bei meiner Hochzeit geschenkt hatte. Das Obst wird sehr schön verkauft. Die Ernte war ziemlich gut. Der alte Most gilt 30 bis 32 Gulden, der neue Dinkel 5 Gulden und 12 bis 15 Kreuzer.«*

Solche Notizen verblassen jedoch, weil Samson Mayer am 5. September meldet:

»Seit einigen Tagen mutmaße ich einen Umstand, der, wenn er begründet sein wird, mich in eine nicht geringe Freude versetzt. Nemlich mein Weibchen vermißt eine Unpäßlichkeit, durch welches gewöhnlich eine Schwangerschaft angekündigt wird. Ich erwarte es mit Geduld und bitte Gott, daß er uns seinen Seegen spende.

Den 13. nahm ich des Metzgerfischers Haus in der Beutaue [malerisches Wengerterviertel in der Esslinger Altstadt] *in Augenschein. Ich hatte Lust es ihm abzukaufen. Für die Hälfte, den oberen Stock, den untern Theil, par terre auch das übrige alles halbirt, verlangte er 1100 Gulden. Ich bot 1000 Gulden und blieb dabei.*

Den 18. war Kirchweih in Baltmannsweiler. Mein Herr Schwähr war so galant, uns nicht einmal dazu zu inventieren [einzuladen]. *Das Obst gilt von 40 Kreuzer bis 1 Gulden 12 Kreuzer, das Pfund Brod 16 Kreuzer. – Es bestätigt sich immer mehr, daß mein Weibchen schwanger sein dürfte. – Man spricht stark davon, wieder reichsstädtisch zu werden. – Den 21. war mein Vater, mein Weib und ich in Baltmannsweiler. An dem Schulhaus giengen wir vorbei, ohne einen Tritt hinein zu thun.«*

Apropos Reichsstadt: Hängt Mayers Vermutung mit den vor drei Tagen in Wien begonnenen Gesprächen zusammen? Dort diskutieren Fürsten und Staatsmänner über eine Neuordnung Europas, was sich bis zum Sommer 1815 hinziehen wird. Der »Wiener Kongress« unter Leitung des österreichischen Außenministers Clemens von Metternich soll die Zustände vor 1792 wiederherstellen (als in Paris noch ein König herrschte). Man möchte zugleich einige durch Napoleon geschaffene Fakten respektieren und Frankreichs erneute Expansion für alle Zukunft stoppen.

Was kommt hinzu? Das feudalistische Bollwerk, dessen sogenannte Heilige Allianz mehrerer Staaten schon während der Leipziger Völkerschlacht erfolgreich war, soll langfristig jede Revolution verhindern.

Nichts davon wird in Samsons Journal erwähnt.

»Den 2. October hatten wir einen sehr starken Reifen. Das Welschkorn wird ziemlich erfroren sein. Den 11. hatte es Eis im Neckar und auch in den Häusern, viele Erdbirn [Kartoffeln] *sind in der Erde erfroren, die Weinberge sind total hin. – Die Schwangerschaft meines lieben Weibchens ist gegründet, denn schon wird es ein wenig sichtbar. Sie hat seit einigen Wochen wieder an Erbrechen und Übelkeit zu leiden. Der Allmächtige Gott wolle sie mit seinem Beistand stärken. – Den 15. schrieb ich meinem Schwähr von der Schwangerschaft meines Weibes und so, als wenn überhaupt nichts vorgefallen wäre; ich bin begierig, was ich für eine Antwort erhalte. Den 16. war ich in Sirnau* [heute Stadtteil von Esslingen südlich des Neckars] *mit meinem Weibchen, wo Kirchweih war: sie scheint sich zu beßern und wird mir täglich theurer. Bis zum 28. erhielt ich keine Antwort aus Baltmannsweiler. Heute schrieb ich wieder, und wenn da keine Antwort erfolgt zum letztenmal. Ein Türke oder ein Heide würde gerührt, wenn er so einen ähnlichen Brief bekäme.*

Das Lees [die Weinlese] *ist vorüber, keine Kelter wurde in der Stadt geöffnet. In Uhlbach zahlte man den Wein zu 5 bis 6 Louisdors, im Unterland zu 40 Gulden und darüber.*

Den 1. November erhielt ich wirklich eine Antwort von meinem Schwähr. Allein er hatte noch so viel raus, daß er uns wie die größten Schurken behandelt. Ich schrieb gleich wieder und warf alle Beschuldigungen auf ihn zurück. – Den 12. kaufte ich im öffentlichen Aufstreich [Versteigerung] *von den Erben des Marx Hegele 1 Achtel 5 Ruthen Grund am Oberthorgraben, angeboten für 102 Gulden, für 75 Gul-*

den. Bis dahin haben wir die schönste Herbstwitterung gehabt. – Der König Friedrich ist noch in Wien. Man sagt, wir sollen Bayrisch werden. – Am vergangenen Donnerstag war die alte Orgel von der Frauenkirche um 136 Gulden angeboten, sie wurde für 33 Gulden verkauft. Schulmeister Christoph Straub war so klug, sie hoch zu treiben und zu stolz, daran theil zu nehmen.

Den 28. hatten wir den ersten Tag Katharinenmarkt, die Witterung war regnerisch. An Geld wurde nicht mehr als 21 Gulden gelöst. Der Markt fiel so aus, daß die Zeitumstände unverkennbar sich zeigten. Denn allgemein ist der schreckliche Geldmangel.

Am 13. December morgens 5 Uhr giengen wir nach Stuttgart auf den Markt. Ich lief voraus um den Stand zu besorgen. Mein Weibchen fuhr auf dem Wagen, allein es bekam ihr so übel, daß es ihr wehe machte. Dies verursachte ihr beim erstenmal den Markt zu sehen ein schlechtes Vergnügen. – Am Heiligen Abend schickte ich meinem Schwiegervater ein paar Lebkuchen mit einem Briefchen von meinem Weib, der Inhalt war glückwünschend, aber kurz. Die Witterung ist ganz mäßig. Ein wenig Schnee und Eis, heute wieder Regen. Den 31. December: Bis dato habe ich noch keine Antwort von meinem Schwiegervater. Der Wein scheint sehr billig zu stehen, die Witterung ist wie im Herbst. Ich habe Hoffnung, daß wir ein geseegnetes Jahr an Wein und Obst bekommen. Der Herr gebe es! Ihm sei Dank, Lob, Preis und Ehr für das Gute, das Er uns in diesem Jahr gab. Er wolle uns auch im zukünftigen seinen Seegen geben. Amen!«

9

OB DIE HOFFNUNG DES KUPFERSCHMIEDS Mayer aus Esslingen wie eine Saat in guter Erde aufgeht und Frucht trägt, wird sich während der kommenden zwölf Monate zeigen. Privates Glück schloss das Jahr 1814 ab, auch wenn Christianas Vater nach wie vor grollt. Fern vom Königreich Württemberg hat Kaiser Napoleon Bonaparte angeblich seine Heimkehr nach Frankreich im Blick, ihm scheint die Verbannung auf Elba nicht zu gefallen. Wenn nicht alles täuscht, muss man mit ihm wieder rechnen.

Samsons »Chronisches Journal meines Lebens, zweiter Jahrgang« registriert am 1. Januar 1815 eine *»neblicht warme Witterung«*. Sechs Tage später erhalten Christiana und er überraschend Post aus Baltmannsweiler: *»Welch ein Wunder! Der beste und zärtlichste Brief, den je ein Vater an seine Kinder geschrieben hat. Wenn es ihm so ganz ernst ist, bin ich vollkommen zufrieden und danke Gott in meinem Herzen dafür.*

Den 15. giengen ich und mein Weibchen zu ihm. Er gab uns die Hand und sagte, daß das Alte vergeßen sein soll. Wir mußten über Nacht bleiben. – Am 18. machte mein Döde [Patenonkel] *Rieger ein Testament, worin mein Vater als Haupterbe eingesetzt ist. Der Sattler Obermeister leidet an einem Brustfieber und braucht den Doktor. Den 10. Februar starb er mittags 12 Uhr in einem Alter von 78 Jahr, 2 Monat und 28 Tag. Beinah 3 Wochen dauerte sein Leiden. Die letzte Nacht hatte ich noch bei ihm gewacht, seine übrigen Freunde besuchten ihn nicht. Als er tot war, schwärmte alles daher; besonders die Base Scheerer zitterte nach den Schlüßeln, um alles durchzusuchen. Nach der Leich* [Beerdigung] *wurde das Testament in der Oberamtei gleich erbrochen. Was fand sich?*

Die Scheererin erhält 200 Gulden, die Magd des Döde ihr Bett nebst 25 Gulden, das Übrige bekommt alles mein Vater. Da war Feueralarm! Die Kaufmannsfrau Fischerin fuhr daher wie eine Furie, sie zerschlug Gläser und fluchte als eine Wahnsinnige. Musikus Wilhelm Mayer beschimpfte meinen Vater, ich fuhr auf, der Schreiner Mayer zerriß mir mein Chemise [Hemd]. *Ein jeder von den Männern wurde schließlich um 3 Gulden 15 Kreuzer gestraft, die Fischerin aber um 2 Kreuzer. Scheerers glattes goldenes Ringelchen, das sich vorfand, machte mir mein Vater zum Geschenk.«*

Am 21. Januar 1815 hatte König Friedrich I. dem schwäbischen Volk eine Verfassung gegeben, die er als Beweis seiner Gnade ansah. Sie sollte ohne Diskussion akzeptiert werden. Doch Ihro Majestät wurden vom Widerstand überrascht: Speziell die Altwürttemberger pochten auf das bewährte Recht aus der Zeit vor 1806, weshalb ein bis zum Jahr 1819 dauerndes Hin und Her folgte. Es dürfte auch Samson in Esslingen nicht erfreut haben.

»Den 27. Februar. Mein Weibchen hat viel zu leiden an zu starken Kindsadern [Krampfadern]. *Auch im Leib hat sie Schmerzen. Ich denke, es wird bald losbrechen. Gott helfe, daß alles gut gehe! Den 10. Merz feierte ich meinen 28ten Geburtstag. Den 12. genoß ich mit meiner Lieben das Heilige Abendmahl.*

Den 13. liest man in der Zeitung, daß Napoleon die Insel Elba verlaßen hat und mit seiner Flotille nach Frankreich gesegelt sei. Man verspricht sich nicht viel Gutes davon. Der König Friedrich hat ihn als einen Rebellen und Aufrührer für vogelfrei erklärt. – Den 19. morgens, als mein Weib aufstehen wollte, bekam sie außerordentliche Leibschmerzen. Ich ließ die Hebamme holen; sie sagt, daß das Kind gestürzt sei und sich in einer guten Lage befinde. – Den 20. zog Napoleon mit großem Pomp in Paris ein. Ganz Frankreich hat sich für ihn erklärt. Alle Mächte sammeln die größten Armee Korps. Man vermuthet einen schweren Krieg.

1. April: Die Witterung ist äußerst angenehm. Pfersig, Pflaumen und Kirschen stehen in voller Blüthe. Bei uns werden 60 000 Mann Landmiliz aufs schnellste regulirt [aufgeboten], *alles macht sich auf Krieg gefaßt. – Mein Weibchen hatte heute Nacht starke Schmerzen, wenn sie nur bald glücklich entbunden wäre. – Den 3. ging ich nach Schnaith, um meine Schuldner zu verklagen. Der Amtmann war sehr gefällig, als ich ihm einstweilen mit einem großen Thaler ein Present machte.* [...] *Unterwegs hörte ich auch, daß mein Schwähr kränklich sei. Nach seinem letzten Brief hat er die veritable Schwindsucht.*

Unsere Truppen sind marschfertig. Napoleon ist ruhig in Paris. Er will keinen Krieg, wenn die anderen keinen wollen. Den 10. April: Die Verbündeten von Europa [Großbritannien, Österreich, Preußen und Russland] *laßen eine Macht von 995 000 Mann gegen Frankreich marschieren, wobei 4000 Kanonen sind.«*

Truppendurchzüge aus Bayern und Niederösterreich werden nun alltäglich. Der Esslinger Magistrat hatte deshalb das Quartieramt reaktiviert und die Magazine gefüllt, wozu eine Anleihe von 6000 Gulden nötig war. Wer irgend kann, nimmt Soldaten auf, was arme Bürger hart trifft, weil sie kein Geld haben.

Johann Samson Wilhelm Mayer indes schmiedet neue Pläne:

»Das Riegerische Haus will ich für mich übernehmen, mein Weib und alle guten Freunde rathen es mir. Den 16. April war die Erde ganz starr. Das schöne Blüthenfeld ist in ein sterbendes Trauerbild verwandelt, die Trauben sollen alle erfroren sein. Mein Weibchen liegt den ganzen Tag im Bett und ist mit Krampfschmerzen geplagt: die Kellerin [Maria Margarethe Keller, Hebamme] *sagt, es könne dieser Tage etwas Kleines geben. – Napoleon sammelt nun National Garden. Die Oesterreicher haben sich schon mit dem König von Neapel geschlagen, welcher Napoleons Sache ergriffen hat. – Mein Weib machte mir einige Vorwürfe in Hinsicht ihres Vaters, daß wir ihn zu unverschämt behandelt hätten. Ich fand, daß jemand von Baltmannsweiler ihr etwas ins Ohr geblasen hat.*

Den 1. May 1815: Heute sind 1 Tag und 2 Nacht vorüber, in denen mein liebes Weib mit dem schrecklichsten Krampf zu kämpfen hatte. Gleich nach 6 Uhr morgens gieng ich zum Doktor, er verschrieb Arzney und eine Salbe zum Einreiben. Gegen 10 Uhr stellten sich wirkliche Wehen ein. Der Stuhl [Gebärstuhl] *wurde zurecht gemacht, und Schlag 12 Uhr genoß ein gesunder Bub das erstemal den Anblick des Tageslichts im Zeichen des Waßermanns. Mein Weib hielt standhaft aus, sie und das Kind sind sehr wohlauf. Gott der Allmächtige wolle uns auch fernerhin in seinem Schutz behalten, wie er es bis daher an uns bewiesen hat!*

Den 2. schrieb ich einen Gevatterbrief [Gevatter = Taufpate] *nach Göttingen, hier in Eßlingen wird Herr Hofrath von Marchthaler mein Gevatter.* [...] *Das Kind trinkt an der Mutter, wodurch es sehr viel Grimmen* [Bauchschmerz] *erhält. Heute aß es Suppenbrühe und Brei.*

Am 4. May, dem Himmelfarths Tag, wurde mein liebes Kind zur Heiligen Taufe gebracht. Es erhielt den Namen Armand Tobias Wilhelm. Die Gevattern waren Herr Johann Tobias Mayer, Hofrath und Profeßer der Physik in Göttingen, Herr Armand Erhart von Marchthaler, Hofrath und Polizei Kommisair dahier sowie Jacob Wilhelm Mayer, Kupferschmid Obermeister und Großvater. Außerdem Frau Bürgermeister Honold und Frau Doktor Balz. Das Kind war bei der Taufe sehr ruhig. Wir waren alle sehr vergnügt, denn mit Kaffee und Wein, Biskuit, Kuchen, Brezel und Salzküchlein ließ man sichs recht wohl schmecken.«

Armand ... Bei dieser Entscheidung dachte Samson an seinen ertrunkenen Freund. Aber er behielt sie für sich. Im Journal heißt es alsbald:

»Frankreich ist aufgefordert Napoleon auszuliefern, wenn Friede bleiben soll. Die Witterung ist sehr fruchtbar. Den 10. erhielt ich einen schmeichelhaften Brief von Baltmannsweiler mit einem Bayrischen Thaler als Kindbett Geschenk. Seit einigen Tagen befinde ich mich nicht recht wohl und ließ mir von Siebmacher Berkemer ein Rezept machen. Es soll für alle schwindsüchtige Krankheiten gut sein: ›Schleim aus Quittensamen, dazu Sirup von der Klatschmohnblüte mit einer Mixtur aus Schwefelsäure und Weingeist‹. Berkemer rät, 1 Eßlöffel voll unter einen Schoppen Waßer zu mischen und nach Durst zu trinken. Der Allmächtige wolle mir Beßerung geben.

Den 18. klagte mein Weib über Verstopfung. Vetter Brinzinger von Zell [heute ein Stadtteil im Esslinger Osten] *war da; er verschrieb ein Wiener Tränkchen, welches ihr ordentlich Luft verschaffte: ›Blätter vom Sennastrauch, Rhabarperpulver und Mannasirup, alle Stund 2 Löffel voll zu nehmen‹. Den 20. ließ ich den Doktor kommen, indem mir mein Weib nicht wohl vorkam. Sie hat ein starkes Fieber, und er nahm sie aufs neue in die Kur.*

Schon vor drei Tagen abends paßierte Seine Königliche Hoheit, der Großherzog Karl Ludwig Friedrich von Baden, von Wien kommend durch hiesige Stadt. Es brach ihm eine eiserne Achse in der Oberthorstraße, bei welcher Gelegenheit ich die Ehre hatte, über einige Sachen von ihm gefragt zu werden. Es ist alles still. Wir haben Grenadiere im Standquartier.

Die Frau Doktor Balz schickte heute einen delikaten Kaiserkuchen samt einer Flasche guten Wein. Die Frau Hofräthin schickte einmal Mutschelknödel [aus geriebenem Weißbrot], *dann einen Eierkuchen mit Wecken. Mein Kleiner ist wohlauf.*

Den 25. May nachts phantasirte mein Weib. Ich holte Wegwart-Wurzeln und verfertigte sogleich den Habertrank, welcher ihr wohl bekommt. Der Doktor billigt ihn. Sie ist noch immer sehr schwach und ängstigt sich mit der Meinung von einem Schwindfieber [Tuberkulose].

Den 29. May fertigte ich die Hebamme ab. Man machte ihr einen Kaffee, dann gab ich ihr einen Kronenthaler bei einem Glas Wein. Mein Weib beßert sich, sie hat ihre Hitze verloren. – Die Witterung ist entsetzlich trocken, das Heu steht schlecht. Den 31. wurden mein Vater und ich mit Feuerspritze auf die Straßen beordert, um den Staub zu dämpfen, weil der Kaiser von Rußland durchpaßieren werde. Den 1. Juni wird die Straße mit Fäßern begoßen.

Soeben erhalte ich einen Brief von Göttingen: Die Gevatterstelle wurde mit dem größten Vergnügen angenommen; mein Herr Gevatter wünscht sehnlich, mich persönlich kennen zu lernen und überschickte 2 Ducaten. Abends halb 7 kam der Kaiser Alexander von Rußland hier an. Er wurde von unserem König in der Oberamtei erwartet, wo dann beide in das Königl. Staatsgefährt einstiegen und nach Stuttgart fuhren. Ich hatte Gelegenheit ihn sehr gut zu sehen.«

1815 fällt das Königreich Polen an Russland. Kapitän Otto von Kotzebue und der Schriftsteller Adelbert von Chamisso erforschen die im Pazifik liegenden Marshall- und Hawaii-Inseln. Franz Schubert vertont Goethes »Heidenröslein«. In Hamburg stirbt ein dichtender Journalist namens Matthias Claudius nach schwerer Krankheit, im Schloss Schönhausen bei Stendal kommt Otto von Bismarck zur Welt. Am 8. Juni wird der »Deutsche Bund« gegründet: 35 souveräne Fürsten und vier Freie Reichsstädte haben sich damit zusammengetan. Sie können aber nur beraten und beschließen. An Samson Mayer geht das vorbei, anderes ist offenbar wichtiger.

»10. Juni: Heute kaufte ich vom Schloßer Abraham Bader einen neuen Schraubstock 17 ¼ Pfund schwer um 6 Gulden und einen Schoppen Wein. Mein Bub bekam von meinem Vater einen silbernen Löffel als Pathengeschenk. Den 15. rückte meine Mutter mit dem Preis vom Riegerischen Haus heraus, nemlich 900 Gulden. – Den 17. verschrieb der Doktor die zweite Mixtur für mein Weib. Er sagt, wenn sie nicht streng einnähme, bekomme sie die Auszehrung [lebensbedrohlicher Gewichtsverlust]. *Sie liegt fast den ganzen Tag, ihr Fleisch ist völlig verzehrt.«*

Nachdem Napoleon I. zwei Schlachten gewonnen hatte, fügte ihm die europäische Allianz am 18. Juni 1815 bei Waterloo im heutigen Belgien eine vernichtende Niederlage zu. Dort profilierten sich als Heerführer der britische Herzog von Wellington und dessen preußischer Kombattant Gebhard Leberecht von Blücher alias »Marschall Vorwärts«. Samson Mayer schreibt dazu, die englische Armee solle 100 000 Mann stark gewesen sein, 30 000 Menschen seien getötet und 100 Wagen erbeutet worden. Damit ist Napoleons Herrschaft beendet. Ihm bleibt die Insel Sankt Helena im Atlantik als entlegener Ort der Verbannung, während man wieder Ludwig XVIII. von Bourbon feiert und »vive le roi« ruft. Frankreich steht kopf.

Am 27. Juni wird das Riegersche Haus besichtigt, Sami möchte es nun für 800 Gulden erwerben. *»300 Gulden will mir mein Vater als Heirathsgut daran abgehen laßen. Der Augenschein fand keine Schwierigkeiten. 14. Juli: Bis Montag fange ich an zu bauen. Den 18.: Meine Werkstatt ist bald fertig, seit gestern habe ich 2 Zimmergesellen. Mein Weib ist immer noch bedenklich. Sie will keine Medizin mehr nehmen, klagt über Schwäche und Schmerzen im Unterleib. Mein Kind ist ordentlich wohl. – 26. Juli: Die ganze Nacht über wurde sie mit dem* *eklichsten Husten gequält. Sie liegt den ganzen Tag, ihre Stimme ist heiser. Beinah kann sie nicht mehr schlucken vor Schmerzen im Hals, hat phantasirende Gedanken. Heute besuchte sie der Doktor wieder; er erklärt sie für verloren, indem sich ein Lungengeschwür* [Eiterbeutel in der Lunge] *angesetzt habe.*

Allmächtiger Gott, ich bitte Dich um Jesu Christi Willen, nehme sie noch nicht von mir und meinem Kind!

Den 27.: Mein liebes Weib ist schwer krank. Immer neue Unannehmlichkeiten. Bei meinem Bauen sind die Zimmerleute noch nicht fertig. Morgen wird an der Eß [Esse des Kupferschmieds] *angefangen. Den 28.: Mein Weib ist sehr schwach. Sie hatte einige mal starken Durchlauf, eine Art Nachlaß der Natur. Ich ließ den Doktor holen, er macht mir nicht viel Hoffnung. Morgen will er Blutegel an den Hals setzen. Überhaupt könne es schnell mit ihr gehen.*

Den 29.: Ich verliere sie, die Gute. O Gott, tröste mich! Ihre Kräfte nehmen ab wie eine Lampe.

Den 30. Juli: Die ganze Nacht war sie unruhig. Sie phantasirt, doch kennt und versteht sie jedermann. Keines von ihren Anverwandten besucht sie. O Dreieiniger Gott, verleihe mir Trost! – Der Herr Pfarrer Köstlin besuchte sie diesen Abend nochmals. Sie konnte nicht mehr sprechen, aber hörte und verstand alles. Sie gab immer zu dem, was wir beteten, durch Winke ihren Beifall [Zustimmung]. *Nach 6 Uhr bekam sie einigen Schweiß, ihr Puls stockte. Es war ¼ auf 8 Uhr, als sie in Gegenwart des Herrn Pfarrers ihre fromme Seele aushauchte. Sanft wie ihr Leben war ihr Hinschlummern. Alle Umstehenden sahen es deutlich, wie seelig sie verschied.*

Am 31. schlief ich die Nacht ziemlich beruhigt. Den 1. August schrieb ich nach Göttingen, meinem Herrn Gevatter die traurige Nachricht mitzutheilen.

3. August: Heute Vormittag 10 Uhr wurde der Überrest der lieben Seeligen zur Erde bestattet. Herr Pfarrer Köstlin hielt einen so ziemlich paßenden Sermon [Leichenpredigt]. *Vor der Rede wurde ein 4stimmiger Chor gesungen: ›Meine Lebenszeit verstreicht‹ und noch die Arie ›Wie sie so sanft ruhn‹, welches durch die Mithilfe des Herrn Musik-*

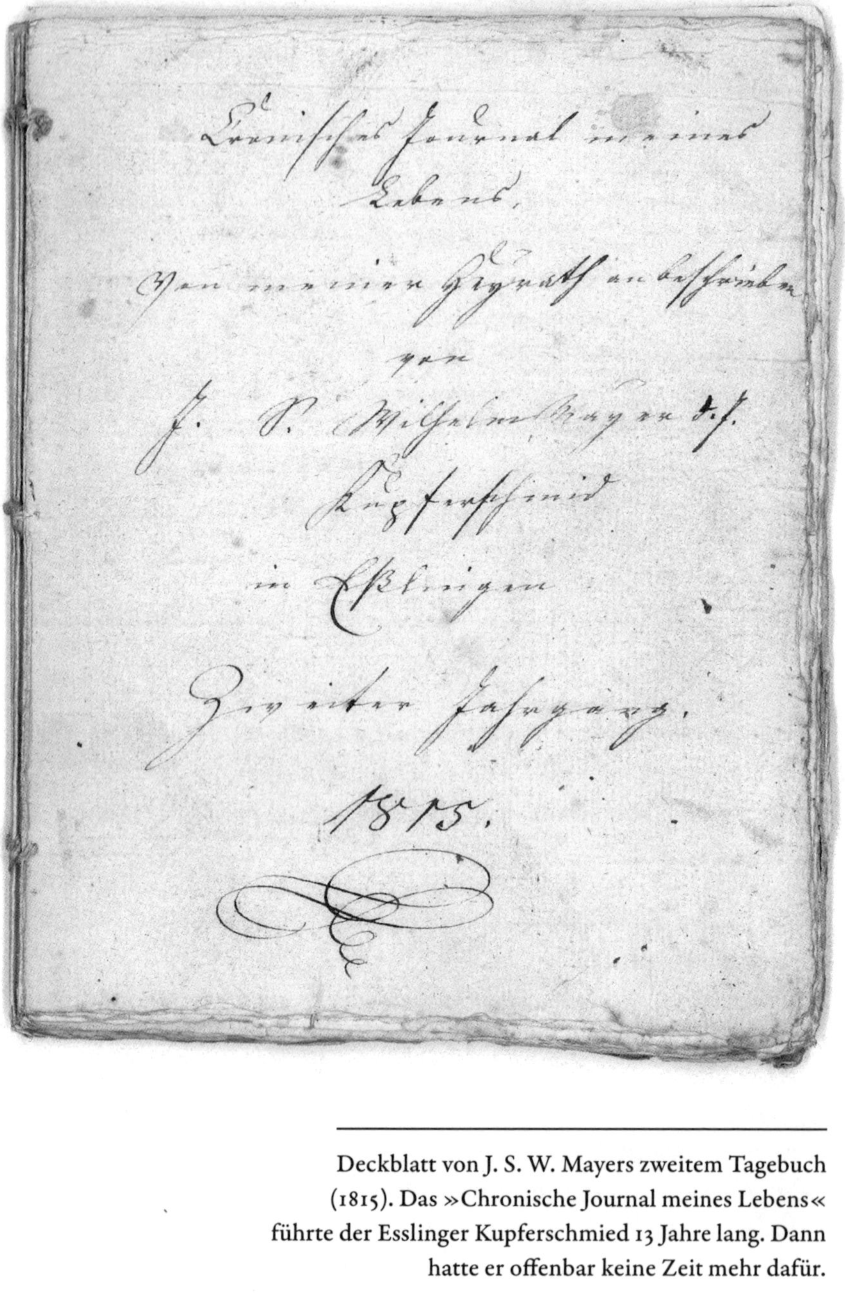

Deckblatt von J. S. W. Mayers zweitem Tagebuch (1815). Das »Chronische Journal meines Lebens« führte der Esslinger Kupferschmied 13 Jahre lang. Dann hatte er offenbar keine Zeit mehr dafür.

lehrers Frech sehr gut ausgeführt wurde. – Den 5.: Die Leute räsoniren über uns, mein seeliges Weib sei von meinen Eltern und mir schrecklich geplagt worden. Die Wahrheit wird auch da mit Gottes Hilfe die Verläumdung unterdrücken. […]«

Christiana Agathas Ehemann lässt im »Schwäbischen Merkur« vom 6. August 1815 einen Nekrolog publizieren, an dessen Schluss er pathetisch um Beistand bittet: *»Freunde! Weyhen Sie der seelig Verblichenen eine sanfte Thräne, sie war es werth. Tragen Sie die Liebe, die Sie der nun Vollendeten schenkten, auf mich und mein Söhnlein über.«*

Musterhaft sei Christianas Leben gewesen, vertraut er dem Journal an, als sie nach neunzehneinhalb Jahren im fünfzehnten Monat ihrer glücklichen Ehe starb. Das Tagebuch aber wird trotz aller Trauer weitergeführt.

»Den 11. August: Mein Bauwesen geht nach und nach vorwärts, es kostet rasend viel Arbeit. Vergangenen Mittwoch ließ ich wieder anfangen. Mein Kind ist Gottlob wohl bis auf Zahnschmerzen, die sich schon ziemlich einstellen. Die Witterung ist seit ein paar Monaten so, als sie nur im schlechtesten Sommer sein kann. – Der König hält nicht, was er geschworen hat. Er will als Alleinherrscher regieren und soll seiner Garde dieser Tage scharfe Patronen haben austheilen laßen.

Den 15. August erfuhr ich aus Baltmannsweiler, daß mein Schwiegervater sehr übel auf wäre, indem er alles ins Bett gehen laße. Den 30. in der Frühe kamen Leute in unser Haus und sagten, daß mein Schwähr gestorben sei. Ich ging nach Baltmannsweiler. Man sagte mir, daß er mich gerne gesprochen hätte, aber das Gesindel dort gab mir keine Nachricht davon. Soviel ich merke, ist heillos aufgeraumet worden, denn hinten und vorn ist nichts.

Am 1. September gieng ich allein zur Leiche, denn mein Vater fing Streit an. Alles guckte schehl [missgünstig] *auf mich. Der Pfarrer hielt eine Rede auf der Kanzel, allein so schlecht, daß es die Gänse nicht gefreßen hätten.«*

Wie das Federvieh findet auch Samson in Baltmannsweiler keine habhafte Kost, denn die Verwandtschaft des Lehrers Hausch gönnt ihm so gut wie nichts vom Erbe. Seine ehemalige Magd kann nur zur Herausgabe von zehn Ellen Stoff überredet werden. Selbst Samsons Notar Friedrich Kaufmann kapituliert vor dieser Phalanx geiziger Schwaben. Immerhin laufen Mayers Geschäfte gut. Am 5. September ist eine bestellte Braupfanne fertig, zehn Tage später liefert er einen Braukessel ab: *»Wiegt 347 Pfund, ist 2 Schuh 9 Zoll tief und 4 Schuh 2 Zoll weit«* [60 mal 27 und 120 mal 6 Zentimeter]. Je Pfund werden ein Gulden und sieben Kreuzer erlöst.

»Den 21. haben wir einen starken Reifen, daß alles bis ans Haus weiß ist. Welschkorn und Bohnen werden erfroren sein, indem alles noch weit zurück ist. Man bringt Holzaepfel aus Bayern, welche sehr schlecht sind, das Simri [knapp 14 Liter Hohlmaß bei Obst] *für 1 Gulden. Birnen von unserer Gegend werden für 2 Gulden bezahlt. Gestern erhielt ich einen Brief von Göttingen, sein Inhalt war voller Trost.«*

Samsons Onkel, der Hofrat und Professor Johann Tobias Mayer, schreibt einfühlsam:

»Werthgeschätzter Herr Vetter und Gevatter. Mit innigstem Bedauern erfuhr ich nach meiner Zurückkunft von einer kleinen Reise aus Ihrem geehrten Schreiben den Todt Ihrer geliebten Gattin. [...] *Sie können von der innigsten Theilname überzeugt seyn, da wir Sie durch Ihre Verbindung mit einem edlen und liebenswürdigen Mädchen für so glücklich hielten, und nun die traurige Nachricht erfahren mußten, wie von so kurzer Dauer dieses Glück für Sie war. Aber so ist es in der Welt. Wäre unsere Freude vollkommen, so hätten wir schon hier den Himmel. Aber den sollen wir ja erst erwarten. Wohl also denen, die in diesen bereits eingegangen, wohl den Geliebten, die durch Gott von uns abberufen worden sind.* [...] *Ich beharre in Freundschaft und Liebe, Ihr ergebenster Vetter und Gevatter Mayer.«*

Trotz solch schöner Zeilen ist Samson deprimiert. Die Einsamkeit quält ihn:

»Den 30. September. Wollte Gott mein liebes Weib wäre noch bei uns, dann wäre ich schon längst vor mir [mit mir im Reinen]. *Ich bin in meiner alten Sclaverei; meine Mutter ist ein sehr verdrießliches Weib, sie hat keine Manier und ist schrecklich intreßiert* [neugierig]. *Den 10. October schickte ich dem Oberamts Aktuar Schmid in Schorndorf einen Brief mit einem Ducaten, daß meine Schuldner betrieben werden. – Die Ruhr reißt merkbar ein, es sind schon einige daran gestorben. In unserer Oberthor Straß haben sich mehrere Personen daran gelegt. Gott bewahre jeden vor dieser schrecklichen Krankheit.*

Den 13. ritt ich nach Schorndorf, unterwegs verlor ich einen großen Theil von meinem goldnen Cachet [Petschaft zum Siegeln] ... *Abends 6 Uhr war ich wieder zu Haus, meinem Derrier* [Hintern] *ist dabei übel zu Muthe. – Vor ein paar Tagen verkaufte ich meinen Dinkel an Christian Fuchs. Allein dieser schmutzige Beck zahlte mir nur wenig; ich konnte nichts machen, weil er Pfleger meines Kindes ist. – Von meinen Schuldnern will kein Geld kommen, ich habe Maurer und Zimmermann noch nicht bezahlen können. Letzterer hat das Sekret* [Toilette] *noch zu machen.*

Den 1. November 1815: Mein Kind hat seit einigen Tagen einen starken Karthar und ist sehr engbrüstig. Da und dort will man mir schon Weiber kuppeln. Unter andern des Kutscher Davids Pauline und die Schuhmacher Döhmin.

Den 9.: Gestern sagte mir ein Benzwanger [aus Bünzwangen, heute Stadtteil von Ebersbach/Fils], *daß des Schulzen Tochter daselbst noch ledig sei, dieselbe ich vor 2 Jahren in Kirchheim auf der Post kennen gelernt habe. Das Mädchen gefiel mir damals sehr wohl. Ich habe mich entschloßen, nächsten Sonntag nach Kirchheim zu reiten und von dort nach Benzwangen, um einen guten Freund meines seeligen Weibchens namens Rempel zu besuchen. Für das Übrige wird Gott der Herr sorgen, Er wird meinen Schritt mit seinem Seegen begleiten. Amen!*

Am 12. war ich in Kirchheim. [...] *Im ›Weißen Ochsen‹ stellte ich meinen Gaul ein, wo die Tochter (ein galantes Mädchen) die Aufwärterin machte. Um 1 Uhr ritt ich nach Benzwangen. Unterwegs, als ich meinen Gaul allein laufen ließ, wurde er ein Narr und wollte in die*

Stadt zurückspringen zu seiner schönen Wirthin. Der Sattel flog auf die Erde, die Bauchgurte waren mitten entzwei. Mit einer Weide wurden sie zusammen gebunden, so konnte ich wieder fortkommen. Den Weg verfehlte ich, [so] daß ich über Stock und Stein zu reiten hatte: endlich erreichte ich Benzwangen.

Des Rempels Weib traf ich an, eine brave Frau. Sie ließ auch ihre Tochter kommen, die ehemalige Jugendfreundin meiner seeligen Christiana. Sie weihete ihr mehrere Thränen des Andenkens. Des Schulzen Tochter bekam ich nicht zu sehen, sie ist verheirathet. Um 8 Uhr kam ich glücklich nach Haus.

Den 14. wurde das Weitbrechtische Haus im Aufstreich [Versteigerung] *um 1800 Gulden feil geboten, es zeigte sich aber kein Liebhaber. Nachts kam er selbst zu mir und erklärte, daß wenn jetzt nicht gehandelt werde es nie wieder geschehe. Da verlangte er 2000 Gulden. Ich bot ihm 1600, endlich sagte er 1900, ich kam auf 1700 und so gieng es weiter. Nun will ich sehen, was aus der Sache noch wird.*

Von des Schäffers Tochter aus Obereßlingen sucht man mir immer vieles vorzuschwatzen; Gott wird alles leiten und mich erretten. Den 16. gieng ich versprochenermaßen zu Weitbrecht, ich verlangte seine Allmantsbäume [Allmende = Weiden und Äcker, die Bauern gemeinsam nutzen]. *Er wollte nicht. Als ich gehen wollte, schlug er ein. So kaufte ich sein Haus samt 8 Bäumen für 1800 Gulden, wo ich vor einem Jahr gern 2100 Gulden ohne Bäume gegeben hätte. Gott dem Allmächtigen sei gedankt für seinen Seegen.«*

Der Besitz des Konditors Gottlieb Friedrich Weitbrecht wurde Ende 1815 so beschrieben: »*Ein einstokigtes Wohnhaus mit gewölbtem Keller, mit eingerichteter Kupferschmiedswerkstatt und einem Winkel in der Mittleren Beutau.*« 1821 präzisierte das Unterpfandsbuch [Grundbuch]: »*… neben Baron v. Palms Garten und Johannes Fischer, Metzger.*«

Am 27. November errichtet Samson bei schneidender Kälte seinen Stand auf dem Katharinenmarkt. »*Den 28. wurde das Wetter schön, aber es konnten kaum einige Stückchen verkauft werden. – Von des*

Schäffers Tochter sagt man mir sehr viel. Wenn es Gottes Wille ist, werde ich zugreifen. Der Herr wirds wohl machen und meinem Herzen Freiheit schenken.

Den 29.: Der Markt war beßer, es wurden 70 Gulden gelöst. Als ich nachts nach Haus kam, war da der Schreiber Reichert und der neue Schulmeister Braun von Baltmannsweiler. Ich mußte mitgehen bis nach Obereßlingen. Dort wurde gelebt wie die Vögel im Hanfsamen, ich durfte nichts bezahlen. In Baltmannsweiler wurde Kirschengeist getrunken, welcher machte, daß ich beinah bewußtlos morgens 4 Uhr zu Haus ankam. Ich bin fast todkrank.

Den 3. December ist das beste Herbstwetter, alles aufgethaut. Ich wollte ich wäre verheyrathet, so bin ich nicht glücklich. Den 11.: Der alte Kaufmann Gottlob Friedrich Schumann besah gestern mein Kiefergaßen Haus [heute Küferstraße in der Esslinger Altstadt, südwestlich vom Hafenmarkt], *er sprach nur von 700 Gulden. Ich werde es im Aufstreich verkaufen. Den 15. war ich in Aichelberg, Schnaith und Beutelsbach um Geld zusammen zu treiben. In Aichelberg sagte man mir etwas von einem Mädchen aus Strümpfelbach, das ein starkes Vermögen haben soll; so werde ich alle Tag gekuppelt. In der ganzen Stadt ist der Lärm* [Gerücht], *daß ich des Schabers Tochter in der Beutau heyrathen werde. Die Leute sind Narren, es zeigt sich aber nirgends eine Christiana. Allmächtiger, schicke Du mir eine!«*

Vielleicht erscheint sie zum Fest? »Macht hoch die Tür« singt ein Gemeindechor in Sankt Dionys, um den Herrn aller Herren anzukündigen. Der Esslinger Magistrat bereitet das neue Jahr auf seine Art vor: Er beschließt, dass die Stadttore im Winter erst um sechs Uhr geöffnet werden und im Sommer schon drei Stunden nach Mitternacht, abends sperrt man sie zwischen sechs und zehn Uhr zu. Lichtscheue Elemente wird diese Regelung wohl eher nicht von Esslingen fernhalten.

»Am 28.«, schreibt Samson Ende Dezember 1815, *»verkaufte ich mein Haus in der Kiefergaßen. Es kamen mehrere Leute, allein nur aus Nasweisheit. Ich bot es um 750 Gulden an. Der Weingärtner Heubach trieb das Ganze hoch, so daß es dann auf 910 Gulden kam.*

Heute Abend war ich in einem Haus, wo ich ein Eßlinger Mädchen antraf, welche (wenn sie mein Weib würde) die Lücke, die mir der große Verlust meines seeligen Weibes verursachte, einstheils wieder ausfüllen könnte. Allmächtige Gottheit, leite Du meine Sache nach Deiner Weisheit!

Den 31. December: Nachts gieng ich in das Haus, wo ich vor etlichen Tagen versprochen hatte, hinzukommen. Mademoiselle Friedrike war auch wieder da, ihr holder Blick lachte mir sogleich entgegen. Die Mitternachtsstunde erschien. [...] *Wir giengen um die Musik zu hören, das liebe Mädchen gieng mit mir allein spazieren. Unter den mannigfaltigen schönen Unterhaltungen hörte ich eine Erklärung, die das schönste Zutrauen zu mir entdeckte* [offenbarte]. *Ich wurde um wieder Besuch gebeten. Mein Herz war so ziemlich zufrieden; es war eine heitere, kühle Neujahrs Nacht.*

Dankend legte ich mein Herz vor dem Allmächtigen nieder und bat ihn, daß er auch im neuen Jahre mich mit seinem Seegen, Weisheit und Gnade begleiten möge. Wenn mir die allgütige Gottheit dies Mädchen zum Weibe bestimmt hat, hoffe ich daß wir Hand in Hand das große Ziel erreichen werden, wo wir mit unserer vorangegangenen verklärten Freundin auf ewig vereint sein werden. Amen!«

10

ALS OB NOCH NICHT GENUG passiert sei, folgt Christianas Tod und damit dem ersten Unglück das zweite. Paulina Mayers Eifersucht macht sich bemerkbar, sie hetzt ihren Mann auf. Sami, meint sie, halte kein volles Jahr Trauerzeit ein, wie es der Brauch will – er turtle schon wieder, was gegen jede Moral verstoße. Wer steckt, ohne es zu wissen, dahinter? Friederike Sophie. Rasche Rückfragen haben ergeben, dass dieses achtzehnjährige Ding bei einer Tante lebt. Die Tochter des Wundarztes August Friedrich Heggenberger hat weder viel Besitz noch Reputation und scheidet im Zusammenhang mit Johann Samson Wilhelm Mayers nächster Ehe aus. Der Sohn soll etwas Besseres finden.

Unser auf Gottes Beistand hoffender Kupferschmied beschriftet das Deckblatt des neuen Journals. Die Tinte fließt fast von selbst, kein amtliches Skript könnte exakter wirken. Doch Sami zweifelt.

»*Heiter und angenehm*«, rekapituliert er einen Tag nach Silvester, »*floß mir die Nacht vorüber welche 2 Jahre scheidet. Denn ich brachte sie in der Gesellschaft des Mädchens hin, welches den Verlust meiner lieben Gattin ersetzen könnte.*« Aber schon am 3. Januar 1816 heißt es: »*Nun scheint auf einmal ein fürchterliches Ungewitter sich über mir zusammen zu ziehen. Heute Abend ließ ich etwas von meinen Gedanken merken, da wurde es plötzlich finster. Auf ein ähnliches Urtheil war ich gefaßt, und somit gieng ich meiner Wege. Der gütige Gott wolle auch mir diesen Strauß* [Konflikt] *auszustehen helfen!*

Den 8.: Es ist wieder etwas ruhig, ich laße mir vor meinen Eltern wenig mehr merken. Alle Tage suchen sie mir wen zu kuppeln, allein ich bin taub. Je mehr sie Verläumdung ausstoßen, desto theurer wird Friedrike meinem Herzen. Denn laut ruft es, nur sie kann dich glücklich machen. Eine Andere würde ich wohl nie lieben können. Allmächtiger, ziehe ihre Rechtschaffenheit ans Licht! Den 15. Januar: Meine Eltern suchen mich mit Gewalt zu verderben, ich murre nicht und werde Friedrike nicht wieder sehen. Gott sei gelobt, Sein Wille geschehe.

Den 16. habe ich an meinem Haus 800 Gulden bezahlt. – Den 22. wurde unsere Sau gemetzget. Sie wog 220 Pfund, war ordentlich fett und schlangengroß. Die Witterung ist außerordentlich, denn seit Weihnachten haben wir mehr Regen und Frühlings Wetter als Schnee und Eis. In Italien soll rother und gelber Schnee gefallen sein.

Heute, am 1. Februar, würde mein seeliges Weib ihren 20ten Geburtstag gefeiert haben. Ich gieng in die Stiftungsverwaltung und erbat mir die Erlaubniß, eine Trauerweide auf das Grab meiner lieben Christiana setzen zu dürfen. Den 2. bat ich den Herrn Vetter Schneider, meine Friedrike zu ihm kommen zu laßen, welches er erlaubte. Wir waren nachmittags sehr froh, als plözlich mein Vater in den heftigsten Ausdrücken daher raste. [...] *Meine Geliebte betrug sich so, wie es nur von dem männlichsten gesetztesten Karakter zu erwarten ist.*

Den 8.: Unter dieser Zeit wurde schrecklich getobt, meiner Lieben und mein guter Name von meinen Eltern gemordet. Wodurch ich mich vollends angespornt sah, durch meine wirkliche Heyrath unsere Ehre zu retten. Ich bestellte alles um heute auszugehen (denn seit Lichtmeß aß ich keinen Bissen mehr zu Haus). Da kam meine Mutter mit weinenden Augen und versprach, nichts mehr über das Mädchen zu haben; ich solle nur da bleiben und wieder eßen. Auch mein Vater erlaubte mir thun zu dürfen, was ich für gut halte. [...]

Den 13. gieng ich Abends mit Fuchs zu meiner geliebten Friedrike, um ganz in der Stille unsere Verlobung zu feiern. Unser Vergnügen war einfach, allein himmlische Seelenstimmung harmonierte in unserer kleinen Gesellschaft. Sie bestund bloß aus der Tante, dem Fuchsen [Bäcker Christian Fuchs, Pfleger von Armand] *und mir. Meine Eltern konnten ihrer Gemüths Lage wegen nicht dabei sein. Ich erhielt einen sehr schönen Ring von ihr. Sie besitzt das beste, unverdorbenste Herz. Sie liebt mich zärtlich und warm. Den 19.: Gestern ließen mich meine Leute deutlich merken, daß die größte Falschheit noch in ihren Herzen steckt. Daher ich deutlich fühlte, daß ihre bisherige Ruhe bloß Verstellung war.«*

Dann wendet sich das Blatt. Am 20. Februar erhält Friederikes Tante einen wirren Brief von Jacob Wilhelm Mayer, den Samson sofort beantwortet, worauf der konfuse alte Schmied erscheint und Abbitte leistet:

»Da sagte er endlich, daß sie sich anders besonnen hätten. Sie wollen von der alten Sache nichts mehr erwähnen, und es soll alles vergeßen sein. Meine Eltern waren sehr froh. So hat der Allgütige mein inbrünstiges Gebet erhört. Daß er mich 1000fach für meine ausgestandenen Leiden entschädigen will, ist nicht zu bezweifeln.

Den 1. Merz: Heute Nacht hat es ziemlich geschnieen, man könnte Schlitten fahren. Meine Friedrike ist alle Tage bei mir, sie näht für meine Leute und ist mir theurer als ich anfangs selbst dachte. Den 3.: Seit einigen Tagen ist mein Kind nicht wohl. Der Doktor sagt, daß es ein Brustfieber habe. Er verordnet Arzney und Blattern [feuchte Umschläge] *auf den Magen. Gott wolle sein Gedeihen dazu geben. Meine Braut war hinausgeschloßen* [ausgesperrt], *sie mußte bei mir über Nacht bleiben. Ich schlief auf dem Kanapee. Mein Kind ist seit einigen Tagen etwas beßer, aber die Krankheit hat sich in seine Augen gezogen.*

Am 11. Merz habe ich an meinem Meisterstück angefangen zu arbeiten. Es wird ein Schwenkkeßel. Die Liebe zu meiner Braut wächst mit jedem Tage, sie ist die Tugend selbst. Aller Kummer und Schmerz sind vergangen, ich denke nur wie an einen Traum daran zurück. Den 27. kaufte ich meiner lieben Rike einen sehr schönen Spiegel um 4 Gulden 20 Kreuzer in des Kasernenverwalter Stolls Auktion. – Den 2. April kaufte ich vom Goldschmied Christian Wagner 5 Bäume auf der Beutau Allmand um 16 Gulden. Man wird ihn nächstens verganten [in Konkurs gehen lassen].

Am Palmfest gieng ich mit meiner Lieben zum Heiligen Abendmahl. Den 9. April bestellte ich auf den Ostermontag, daß ich das erstemal ausgerufen werde. – Morgen werde ich 600 Gulden beleenungsweiß [als Darlehen] *von Herrn Handelsmann Theodor Friedrich Seefried erhalten. Mein Vater will Bürge werden, somit kann ich den größten Theil meines Hausrests gleich abtragen. Ich werde auch den Augenschein in mein Haus bekommen. Den 10. besah es die Tante. Sie will zu uns ziehen und wünscht, daß ich ihr ein Logis einrichte.*

Den 17. April: Seit einigen Tagen hat es wieder geschnieen, nun ists hell. Das Brod kost 20 Kreuzer. Den 1. Mai war meines Kinds Geburtstag. Es ist wohlauf, allein sehr schwächlich. Ich habe den ganzen Tag an meinem Schwenkkeßel gearbeitet. Die Witterung ist sehr fruchtbar, die Birnbäume sind weiß wie Schnee.«

Sieben Tage zuvor ist auf Britisch-Java (heute Indonesien) der seit 5000 Jahren stille Vulkan Tambora explodiert. Dem Ausbruch fallen 80 000 Menschen zum Opfer, viele Überlebende können sich wegen des folgenden Hungers nicht mehr ernähren, Asche treibt um den Globus und schirmt das Sonnenlicht ab. Speziell in Europa beklagt man ein »Jahr ohne Sommer«, weiß aber kaum etwas vom Malaiischen Archipel und nichts von der dortigen Katastrophe. Doch Missernten und Hunger fordern ihren Preis. Auch am Neckar geht es den Leuten zunehmend schlecht, wie zum Zeichen dafür prägt man eine Teuerungsmünze aus Zinn.

1816 gibt Großherzog Karl August von Sachsen-Weimar-Eisenach seinem Land eine liberale Verfassung. Sie garantiert Pressefreiheit und ungehinderte Meinungsäußerung. Frankreich verkündet eine Generalamnestie für die Teilnehmer der Revolution von 1789 bis 1799. Das erste Dampfschiff, es heißt »Élise«, überquert den Ärmelkanal. Im sächsischen Freiberg wird durch den Chemiker Wilhelm Lampadius zum Erstaunen vieler Bürger eine Gasanstalt gebaut. Der Bankier Johann Friedrich Städel legt testamentarisch fest, dass Frankfurt am Main eine Kunstsammlung samt Kunstschule bekommen soll. Johann Wolfgang von Goethe arbeitet noch an seiner »Italiänischen Reise«, sie folgt dem zwischen 1786 und 1788 geführten Tagebuch. An der Heidelberger Universität schließlich hält Georg Wilhelm Friedrich Hegel seine erste Vorlesung in Philosophie.

Was bewegt Johann Samson Wilhelm Mayer im späten Frühling? Er berichtet nicht ohne Stolz:

»Den 8. May stellte ich mein Meisterstück zur Schau auf. Es ist zur Zufriedenheit aller ausgefallen und vollkommen gut eingeschrieben [beurteilt] *worden. Meine Rike war auch dabei. Morgen ist Jahrestag* [Fest der Schmiedezunft]. *Der Wein kost 1 Gulden 20 Kreuzer, eine Portion Backwerk 1 Gulden. Den 9. am Jahrestag war ich als Jungmeister frei. Ich machte mich mit meiner lieben Friedrike recht lustig, wir blieben bis 2 Uhr Nachts. Das Wetter ist rauh und unfreundlich. Bald werde ich mit meinem Bauwesen anfangen. Heute, am 10. May, hat es mehrere Male stark geschnieen. Seit vorgestern schlafe ich in der Beutau.*

Den 10. Juni: Seit 4 Wochen haben wir die näßeste Witterung. Man zittert für den Weinstock, denn es regnet alle Tage. Den 13. war

Fronleichnamsfest. Am Abend erlebte ich das Gegenstück [gemeint ist: Gleichartiges] *von Lichtmeß* [Mayers Vater hatte Anfang Februar wegen Friederike getobt], *denn ich wurde in Bezug auf meine Rike auf die niederträchtigste Art behandelt. –* [...] *Den 26.: Mit der Tante steht es nicht zum Besten. Mein Rikele kann ihr nicht mehr recht thun. Sie verlangt, daß sie keinen Augenblick von ihr weggehe und ist zu wunderlich.*

Am heutigen Sonntag, den 30. Juni 1816, ließ ich mich mit meiner lieben Rike Morgens ½ 8 Uhr trauen. Herr Pfarrer Köstlin wählte den Text aus dem 147. Psalm: ›Der Herr hat Gefallen an denen, die ihn fürchten und auf seine Güte hoffen.‹ Meine Eltern und wir fuhren in die Kirche, und somit war alles wie an einem anderen Tag. – Sonntag, den 7. Juli, eße ich zum erstenmal am eigenen Tisch. Es schmeckte mir herrlich. Gott sei Lob und Dank dafür gesagt. Mir ists sehr wohl.«

Zum guten Gefühl trägt bei, dass Friederike ihren Samson seit der Verlobung »Sami« nennt und dieser auch von den Eltern benutzte Name ihn nicht an manche Demütigung während seiner Jugend erinnert. Im Gegenteil: Es klingt unverbraucht. Worauf er gern »Rike« sagt, je öfter, desto lieber.

»Den 14. Juli haben wir immer die schrecklichste Witterung. Beinah kein Tag ist ohne Regen. Man kann nicht heuen, das Obst ist fast alles herunter gefallen. Wir sehen einer schrecklichen Theuerung entgegen. Der 6pfündige Laib Brod kost 28 Kreuzer, der Dinkel 12 Gulden und darüber, die Gerste 18 Gulden und das Simri Welschkorn 3 Gulden 16 Kreuzer. Gott wolle diese harte Zeit bald vorüber gehen laßen. Den 16. kost das Brod nun 33 Kreuzer. Immer schlecht Wetter. – Am 26. ließ ich meinem Kind die Schutzpocken einimpfen [an den Pocken, alias Blattern, starben früher zahllose Menschen], *Gott laße sie wohl gerathen!*

Am 3. August gieng mein Feuer [in der neuen Werkstatt] *zum erstenmal, und das sehr gut. Ich schmiedete mehrere Sachen. Unsere Witterung ist immer kalt, die Ernte noch weit zurück. Von den Schutzpocken meines Kindes sind 4 gut. – Den 20. übernahm ich das Vermögen von meinem Weib. Der Herr Waldmeister* [Forstmeister, Mitglied des Esslinger Stadtgerichts] *Ferdinand Ludwig Nagel als Pfleger be-*

sorgte die Geschäfte so gut, daß es mir grauste. [...] *Gott wolle alle Waisen vor Gerichtsherren zu Pflegern bewahren.*

Am 24. endlich wieder Dinkel geschnitten, aus den Trauben will gar nichts werden. Das Obst nicht viel und sehr geschmacklos. Den 30. August kost das Brod schon 36 Kreuzer. Weitbrecht [Konditor Gottlieb Friedrich Weitbrecht, Vorbesitzer von Mayers Wohn- und Werkstatthaus im Quartier Beutau, wanderte nach Übersee aus] *soll auf seinem Weg nach Amerika Schiffbruch erlitten haben und ertrunken sein. – Den 2. September ist die Tante sehr übel gestimmt. Ihr ehemaliges Versprechen war eine Seifenblase; sie will von keinem Testament nichts wißen. Auch sind wir nicht so dumm, ihre Leibeigene zu sein, wie sie es durch Schmeicheleien fortzubringen glaubte. Den 5. zog sie auf einmal aus. Ich habe nun allen Glauben verloren und bin recht froh, diese Bürde los zu sein.*

Am 19. October kaufte ich vom Kreiskanonier [Kassier] *Karl Müller seinen Rübgarten um 430 Gulden. Schon am 14. habe ich einen Lehrjungen im Schwäbischen Merkur ausschreiben laßen. Der Laib Brod ist nun bis auf 40 Kreuzer gestiegen. Die Trauben sind alle erfroren. Der allgemeine Mangel ist außerordentlich, die Not nicht zu übersehen.«*

Vor diesem Hintergrund ist man in Esslingen nicht untätig. Eine private Anstalt speist täglich 200 Kinder, um sie vom Betteln abzuhalten. Außerdem wird Suppe gekocht und für drei Kreuzer je Halbmaß an Arme verteilt. Wohlhabende Bürger lassen bedürftige Kranke ein Jahr lang kostenlos essen, mit Brot zum geringen Preis sollen schließlich während des kommenden Jahrs die Ärmsten versorgt werden.

Schatten und Licht indes sind Geschwister. Auf Leid folgt manchmal das Gegenteil:

»Heute früh um 2 Uhr«, schreibt Samson Mayer am 30. Oktober, *»schien unserem Land wieder ein Glücksstern aufgegangen zu sein, denn unser König Friedrich ist dort hingegangen, wo er nach seinen Handlungen Lohn ernten wird. Er wird von den Unterthanen allgemein vermißt, aber nicht bedauert werden. – Der Schulmeister von Nellingen war hier, um seinen Sohn bei mir in die Lehr zu thun; ich*

forderte auf 3 Jahre 125 Gulden und meiner Frau einen Louisdor, auf 4 Jahr 80 Gulden. Das ist ihm ein wenig zu viel, doch scheint es, als ob er ihn gern zu mir thun wollte.«

Friedrich I. starb an einer Lungenentzündung, dessen Sohn erbt am 8. November den Thron und ergreift als Wilhelm I. sofort Maßnahmen gegen das Elend in Württemberg: Ausfuhrzölle für Getreide und Nahrungsmittel jeglicher Art werden an- und Einfuhrzölle aufgehoben, der Kornverkauf »nach dem Auslande« ist nicht erlaubt. Wilhelm wie seiner russischen Ehefrau geht ein sozialer und liberaler Ruf voraus, erst nach Königin Katharinas frühem Tod wird der Monarch ihn langsam verlieren.

»Seit Martini, den 11. November, haben wir Winter. Auf den Tag hin fieng es an zu schneien. Am 1. December bin ich zu Gevatter gestanden beim Papiermacher Hahn, sein Söhnlein hat meinen Namen erhalten. Den 3. rechnete mir der Herr Stadtkaßier meine Steuern zusammen. Wie erschrak ich, als sie sich auf 98 Gulden und 49 Kreuzer beliefen. Den 6. war meines Weibes 19ter Geburtstag: Gott laße sie noch viele Jahre gesund zurücklegen. Die Witterung war seit 14 Tagen nichts als das stärkste Regenwetter, so daß der Neckar schrecklich groß wurde – Ein gewißer Umstand läßt mich auf etwas hoffen, wozu der Allmächtige seinen väterlichen Seegen geben wolle.

Den 26. December gieng ich zu den Eltern, um mein Kind zu besuchen [Mayers Sohn Armand Tobias lebte dort manchmal zur Pflege]. *Meine Mutter machte mehrere Anzüglichkeiten auf mein Weib, welche mir wie Dolche durch das Herz giengen. Sie brachte mich so ins Feuer, daß ich die derbste Wahrheit sagte. Ich verlangte mein Kind, um ihr Haus nicht wieder betreten zu müßen. Am 30. ließ ich es durch eine Taglöhnerin nebst seinen Sachen holen. Er* [Armand] *verursachte den schrecklichsten Lärm. Nun wird Ruhe werden.*

Bald schrieb ich nach Göttingen, um dem Herrn Gevatter meine Verheyrathung kund zu tun. Es scheint wahr zu sein, was ich bei unserem lieben Weib vermuthet habe. Sie klagt immer über Unbehaglich-

keit des Leibes. Gott wolle sie besonders in seinen Schutz nehmen und uns allen Gesundheit schenken, damit wir diese harte Zeit mit seiner Hilfe überstehen können. Um dies bitte ich durch Jesum Christum, unseren Heiland. Amen.«

11

WENN EIN MANN BALD das dreißigste Lebensjahr vollendet, einen Sohn aus erster Ehe hat und wieder gut verheiratet ist, darf er nicht klagen. So denkt auch der Kupferschmied Johann Samson Wilhelm Mayer in Esslingen. Die Glocken haben das Jahr 1817 eingeläutet, warme Winde streichen über die Oberamtsstadt am Neckar. Nun muss man hoffen, dass das Schicksal sich allen Menschen gewogen zeigt, wenn möglich noch entschiedener als bisher. Samson lässt sich jedoch keinen Schneid abkaufen. Er führt sein Journal und schreibt alle paar Tage etwas hinein:

»Den 9. Januar schickte ich einen Brief an Herrn Georg Friedrich Rund in Heilbronn um ein Fäßchen Brantwein. Ich verfertige ein Rosoli [Likör aus dunklen Früchten], *welches gern getrunken wird. Am 8. ist das Brod auf 48 Kreuzer gesetzt worden. Allmächtiger Gott, erbarme dich über uns! – Den 13. hatte mein liebes Weibchen außerordentliche Schmerzen und Blutverlust, woraus sich leider eine Abortion einstellte. Sie ist so ziemlich wohl dabei, allein die natürliche Schwäche drückt ihr ganzes Wesen. – Am 17. nachmittags ist die Tante hinübergegangen, sie wurde den 20. Januar begraben. Wir fuhren in einer Kutsche auf den Kirchhof und hörten einen Sermon am Grab. – Der Brantwein vom Eßigfabrikant Rund kost dem Aymer nach 150 Gulden. Diesen ganzen Monat haben wir die schönste Witterung, so daß Pfersig Bäume an frühen Plätzen zur Blüthe treiben.*

Den 8. Februar nahm mein Weib die Barbara Hauffin von Blochingen auf unbestimmte Zeit in Dienst. Den 16. um 9 Uhr unter dem Kirchge-

hen wurde es finster; es entstand ein schrecklicher Sturm mit Schneegestöber, Donner hörte man in der Ferne. In Heilbronn, bei Stuttgart, auch in Augsburg hat der Blitz eingeschlagen. Man verspricht sich einen baldigen Frühling und guten Sommer. Gott wolle es wahr werden laßen.«

Am 26. Februar 1817 wird endlich testiert, was Samson und dessen erster Ehefrau Christiana Agatha zur Zeit ihres Todes schon vor anderthalb Jahren gehört hat: *»2 Bäume auf der Haiden und 8 dito auf dem Oberthorwasen.«* Zusammen mit dem Bargeld ergibt dies fast 2600 Gulden für das Ehepaar. Ein Anhang vermerkt Mayers aktuelle *»Behausung in der Beuttau nebst eingerichteter Werkstatt«*. Somit hat alles seine Ordnung im weiteren Leben des Kupferschmieds.

Oder doch nicht?

»Den 10. Merz erlebte ich meinen 30ten Geburtstag. Ich schrieb einen Brief an meine Mutter, in welchem ich sie zur Versöhnung aufforderte und sie einlud, zu mir zu kommen. Allein sie kam nicht. Seit Weihnacht habe ich ihr Haus nicht mehr betreten. Wie können Eltern pflichtloser an ihren Kindern handeln als die meinigen! Mein Armand fängt ein wenig zu laufen an. […]

8. April: Mit dem Anfang dieses Monats hatten wir meistens die schönste Witterung. Alles wird immer theurer. Seit 14 Tagen ist mir meine Mutter ins Haus gegangen, es scheint alles ganz gut gehen zu wollen. Vor einigen Wochen kaufte ich 1 ½ Achtel auf der Leimengruben beim Schlößle [gut 300 Quadratmeter Grund nördlich der Esslinger Burg, heute Stadtteil Hohenkreuz], *einen Acker zum Erdbirn pflanzen, vom Weingärtner Klein um 48 Gulden. Der Butter kost 38 Kreuzer, das Schweinfleisch 18 und Ochsenfleisch 14 Kreuzer. Schrecklich ist die Zeit, kein Kommerz* [Handel]. *Ich fabrizire Liqueur, bei welchem ich noch einen Kreuzer verdienen könnte, aber es geht auch nicht so stark.*

Nirgends will Geld her und ich soll doch überall zahlen. Allmächtiger Gott, wenn Du nicht hilfst sind wir alle verloren!«

Auf den Herrn wartet Königin Katharina nicht. Sie wird rasch aktiv, lässt Speiseanstalten und wohltätige Vereine einrichten, hat ein Herz für die Unterschicht. Dass viele Bürger aus blanker Not nach Russland und Amerika emigrieren, tut ihr weh. Samson Mayers Werkstatt aber bekommt nach wie vor kleine Aufträge. Trotz der Ebbe in vielen Kassen wird weiterhin etwas bei ihm bestellt, weshalb er Material braucht: *»Heute, den 11. April, schrieb ich nach Kempten um Nachricht über Kupfer.«* Die Familie jedoch scheint zu hungern, man schnallt den Gürtel enger. Brennnesseln werden zu Suppe verkocht. Hunde, Katzen und Vögel sind ihres Lebens nicht mehr sicher. Außer Wurzeln gilt sogar Rinde als Nahrung.

»Den 16. kam das Brod auf 50 Kreuzer. Dinkel kost 20 Gulden der Scheffel [177 Liter], *fremder Weizen 40 Gulden. Die Noth ist so allgemein, daß sich viele Menschen nicht mehr zu helfen wißen. Da und dort hört man von Selbstmord. – Ich habe nun 2 Kostgänger, welche über Mittag und Frühstück 29 Kreuzer bezahlen; so komme ich doch etwas leichter hinweg. Alle Wochen braucht mein Weib 7 Gulden Küchengeld. Das Brod hat um 2 Kreuzer abgeschlagen, es kost nun 48 Kreuzer, welches die Folge einer kleinen Gährung* [Aufruhr] *in Stuttgart war. Den 23. May sind die hiesigen Separatisten* [radikale Pietisten] *nach Kaukasien abgereist. Die Theuerung ist schrecklich, das Brod kost 54 Kreuzer. Seit gestern habe ich meines Hausmanns Töchterle in den Dienst genommen.«*

Am 27. Mai regnet es sechs Stunden lang ohne Pause, worauf der Neckar die Stadt Esslingen überschwemmt. Man misst sieben Fuß und vier Zoll über dem normalen Stand, was mehr als zwei Meter entspricht. Viele Straßen werden ruiniert, Brücken und Uferbauten sind zwei Tage nach diesem Hochwasser stark beschädigt oder zerstört. Samson weiß offenbar weder aus noch ein, wenn er schreibt:

»Die Noth steigt aufs Höchste. Auch fürs Geld kann man nichts mehr haben. Überall ist Gährung, dem ganzen Land steht ein Sturz bevor. Gott sei bei uns! Diese Umstände erwecken den lebhaftsten Gedanken, ein anderes Vaterland zu suchen.«

Was viele Bürgerinnen und Bürger tun. Zwischen Januar und Juli 1817 verlassen rund 33 000 Menschen Baden und Württemberg. Sie wandern zum Teil nach Nordamerika aus, denn ihnen bietet sich keine Alternative zum Elend auf heimischem Boden. Samson Mayer aber widersteht der Versuchung und bleibt am Neckar. Anfang Juni wird notiert: »*Da das alte Brod schon mehrere Tage keine Schatzung* [außerordentliche Steuer] *mehr hatte, ist das selbe heute auf 56 Kreuzer festgesetzt worden. Die Becken verkaufen es bis zu 1 Gulden 20 Kreuzer.*«

Jetzt wird geknurrt. Im Protokoll des Esslinger Magistrats ist zu lesen: »*Die sämtlichen Handwerksleute bitten unter Vorstellung der gegenwärtigen Theuerung um Erhöhung ihrer Taglöhne. Nach der Stimmenmehrheit wurde beschloßen, daß vom 11. Juni bis 16. October täglich anzurechnen sind a) für einen Meister 48 Kreuzer, b) für einen Gesellen 44 Kreuzer und c) für einen Jungen 32 Kreuzer.*«

»*Den 10. Juni: Heute stellte ich einen Gesellen ein. Er ist aus Ulm, heißt Barthel Mayer und scheint nicht viel zu können. Die Theuerung wird immer stärker. Die Menschen kochen allerlei Gras etc. – Eine Witterung haben wir, die uns schönste Hoffnung gewährt. Den ganzen Monat immer Süd und Süd West Wind, Wärme von 25 bis 30 Grad* [gemessen in Réaumur statt wie heute in Celsius]. *Trauben sieht man alle Tage mehr. Den 30. Juni: Mein Gesell ist fleißig, allein alles muß ich ihm angeben. Doch verlangt er 1 Gulden 20 Kreuzer Lohn.*

An Kupfer Rinnen und dergleichen erhielt ich 123 Pfund à 38 Kreuzer. – […] Der Brodmangel ist schrecklich: 20 Personen stehen vor einem Beckenhaus, welches ein wenig Wecken backt. – Die Erndte stehet schön, sie verspricht außerordentlichen Seegen. Diese Woche soll Gerste geschnitten werden. Tausend Dank dem Allmächtigen!«

Ja, es ist wahr: Der Sommer bringt jene Wende, die nur noch notorische Optimisten erwartet haben. Samson und Friederike Mayer schauen einander an: Das Gesicht des Kupferschmieds ist nicht mehr so voll wie bisher, seine junge Ehefrau wirkt welk trotz ihrer Jugend. Doch der kleine Armand Tobias hat rote Backen. Er läuft herum und strahlt in kindlicher Freude.

1817 fordert ein englischer Parlamentarier namens Owen dazu auf, nach kommunistischen Idealen lebende Gemeinschaften zu grün-

»Groß sind die Werke des Herrn. Wer ihr[er] achtet, hat eitel Lust daran«: Der erste Erntewagen erreicht Esslingen nach dem katastrophalen Hungerjahr 1816. Es sorgte auch am Neckar für extrem große Not.

den. Die erste Ausgabe des »Stielerschen Hand-Atlas« erscheint, verfasst von den Kartografen Alfred Stieler und Christian Reichard. Er wird 1823 vollendet sein und dann 50 Kupferstichkarten enthalten. Der badische Forstmeister Karl Freiherr von Drais stellt seine im Vorjahr gebaute »Laufmaschine« als Vorgängerin des Fahrrads vor. Zwei Pharmazeuten namens Pierre Pelletier und Joseph Bienaimé Caventou isolieren einen grünen Farbstoff aus Pflanzen, sie nennen ihn »Chlorophyll«.

»*Am 11. Juli*«, lässt Samson wissen, »*wurde als erste Frucht ein Wagen Gersten Garben mit Blumen bekränzt vom Feld herein geführt. Schulkinder, festlich geschmückt, begleiteten denselben unter Musik und Gesang: Der Zug gieng in die Stadtkirche, in welcher der Altar mit Blumen geziert war. Herr Pfarrer Herwig* [Samis früherer Rektor und Lehrer am Pädagogium] *hielt eine feierliche, auf dieses heilige Opferfest paßende Predigt. Die Kirche war überfüllt mit Menschen. Ein 1000facher Lobgesang drängte sich vor dem Thron des Höchsten.* [...]

Den 24. regnete es wieder den ganzen Tag. Wir stehen vor dem Thor der seegensreichsten Erndte, aber beim Abfaßen des Rathhaus Brods drücken sich die Menschen beinah zu Tode. Der 6 Pfund Laib kost wieder 52 Kreuzer. Die Noth ist schrecklich, man kann sich kaum mehr aufrecht halten.

Am 6. August erhielt ich 2 Faß Brantwein von Ludwigsburg zu 140 Gulden den Aymer. Zum Hinunterthun in den Keller bestellte ich den Küfer Johann Jacob Wolf. Das erste Faß kam glücklich auf die erste Staffel. Plötzlich ließ er den Fuß los, das Faß drehte sich, nahm ihn mit hinunter. Es überstürzte sich, schlug den Boden ein, und der Brantwein war bis auf den letzten Tropfen verschüttet. Man schöpfte was man konnte, und so wurden ohngefehr 7 Imi [rund 130 Liter] *gerettet.*

20. August: Die Erndte ist nun allgemein. Sie fällt so gut aus, daß schon alle Fruchtmärkte beinah überfüllt sind. Das Brod ist auf 30 Kreuzer heruntergesunken, auch das Fleisch ist etwas wohlfeiler. Meinen Schaden an Brantwein habe ich auf 110 Gulden berechnet.«

Am 18. Oktober 1817 versammeln sich auf der Wartburg in Thüringen 500 Studenten aus 13 Universitäten. Die Burschenschaftler treten gegen reaktionäre Politik sowie Kleinstaaterei an, schneiden demonstrativ ihre Zöpfe ab und verbrennen sie. Auch Professoren aus Jena nehmen teil. Es geht darum, ein einiges Volk zu werden, das vor dem Hintergrund tugendhafter Väter und Brüder »*durch Liebe und Eintracht die Schwächen und Fehler beider beseitigt*«. Beim Wartburgfest wird erstmals jene Fahne gezeigt, deren Schwarz-Rot-Gold an die Uniform des Lützowschen Freikorps von 1813 erinnert.

Was weiß Samson Mayer davon? Er frohlockt. Aber aus einem anderen Grund.

»*Den 20. October: Seit acht Wochen war ich kränklich. Von Tag zu Tag vermehrten Unterleibs Beschwerden meine Krankheit, so daß ich sehr schwach wurde. Nach vielem medizinischen Gebrauch zeigte es sich, daß Hemroidal Umstände* [blutende Venenknoten des Mastdarms] *in Erscheinung kamen. Endlich bin ich durch Gottes Hilfe so weit hergestellt, daß ich wieder auf sein kann und schon einen bedeutenden Zuwachs an Kraft erhalten habe. Dem Allmächtigen sei auf den Knieen Dank gesagt! – Alles bleibt sehr theuer. Die Trauben sind halb noch hart, das Obst bestand meistens in Birn.*

Beim Mosten habe ich aufs neue Händel mit meinen Eltern bekommen. Meine Mutter wollte mich in meinem Bette [Intimbereich] *gegen mein Weib aufhetzen. Sie brachte mich in den rasendsten Zorn, so daß ich ihr im Augenblick das Haus verbot. Nun wird aufs Schrecklichste geschimpft. Die Eltern verläumden uns gegen Magd und Gesellen; sie wagen alles, um uns den Untergang zu bereiten.*

November, den 16.: Dieser Herbst ist sehr klein vorüber gegangen. Mancher hat aus 6 Morgen kaum 1 Aymer bekommen. Der Wein ist sauer. Die Witterung war bis dahin die allerbeste – ordentlich Sommer, kein Reifen. Die Saat steht schön, unsere Weinberge in bestem Holz. Meine Gesundheit hat sich schnell wieder eingestellt.

30. December 1817: Gelindes Winterwetter. Der Eßlinger und Stuttgarter Markt sind sehr schlecht ausgefallen, alles wurde unterm

Preis verkauft. Das Gewerbe stockt, der Geldmangel ist schrecklich. Der barmherzige Gott wolle uns im neuen Jahr mit seinem Seegen erfreuen. Amen!«

Die Läden des Hauses am Klösterle klappern. Ein Windstoß treibt Schnee in jenen Raum, der dem Kupferschmied Samson Mayer als letzte Herberge dient. Er liegt allein, seine Familie und Doktor von Steudel haben das Zimmer verlassen, weil man jetzt nichts für ihn tun kann außer beten. Caroline hat die Kinder ermahnt, recht leise zu sein, damit ihr Vater nicht aufgeweckt wird; vielleicht tut ihm ein bisschen Schlaf ja gut. Wer weiß schon, was einem Sterbenden wirklich hilft? Momentan bleibt keine andere Wahl, als auf Gottes Gnade zu hoffen oder sich damit abzufinden, dass kein Leben ewig währt.

Aber die Unendlichkeit schon, denkt Caroline, bevor sie vom Bett zurücktritt. Ihr Mann jedoch folgt bei geschlossenen Lidern dem inneren Blick und nimmt Erstaunliches wahr: Buchstäblich alle Ereignisse sind im Journal seiner sechseinhalb Jahrzehnte verzeichnet, Wort für Wort hat Bestand. Man muss nur wach bleiben und alles lesen.

Blättere weiter, Sami …

12

DAS JAHR 1818 BEGINNT mit einer schal schmeckenden Botschaft. Aus den Esslinger Brunnen fließt schlechtes Wasser, weshalb man Quellen im Tal des Geiselbachs über der Beutau anzapfen oder manche Fassungen neu mauern will. Außerdem hat Esslingen momentan fast 19 000 Gulden Defizit vorzuweisen, was zu höheren Steuern führt. Wie stets sind arme Bürger am meisten bedrängt. Sie sollen durch die Einnahmen einer »Hundstaxe« entlastet werden, doch was nützen zwei Gulden je Tier? Schon zwei Jahre später ist der Obolus nicht mehr aktuell.

»Schönstes, angenehmstes Wetter« meldet Johann Samson Wilhelm Mayer für den 1. Januar und fährt fort: *»Schrecklich wurde letzte Nacht geschoßen. 3 Personen wurden in unserem Oberamt bleßiert* [verletzt], *worunter zweien die Hände zerschmettert sind. Meinem Kind gab ich ein Wünschchen an meine Eltern, welches ich so gut als möglich dichtete. Dies veranlaßte, daß sie am Abend selbst kamen, und so war alles wieder beigelegt.«*

1818 trennt sich Chile von Spanien. Kerzen aus Stearin kommen auf, sie enthalten Palmöl und Tierfett. Man liest von »Amalgam« zur Füllung des kranken Zahns und möchte langfristig schmerzfrei sein: Die Ärzte mischen Wismut, Blei und Zinn. Der Pädagoge und Sprachwissenschaftler Joachim Heinrich Campe stirbt, sein schon 1779 verfasster Jugendroman »Robinson der Jüngere« atmet den Geist des Aufklärers Rousseau und ist nach wie vor populär. In Berlin erhält Georg Wilhelm Friedrich Hegel den Lehrstuhl für Philosophie als Nachfolger des 1814 verstorbenen Johann Gottlieb Fichte. Das Weihnachtslied »Stille Nacht, heilige Nacht« sorgt erstmals für Freude; Joseph Mohr und Franz Xaver Gruber ahnen noch nicht, dass ihr im kleinen Ort Oberndorf bei Salzburg präsentiertes Werk rund um den Erdball reisen wird.

»Alles wieder beigelegt«, verkündete Samson am 1. Januar. Wirklich? Im Esslinger Ratsprotokoll vom 18. Januar macht der Vater als Spritzenmeister keine gute Figur. Er hat *»Geschäfte vorgenommen, ohne irgendeiner Behörde die Anzeige zu machen. So wird dem Polizei Commissair der Auftrag gegeben, daß nothwendige Reparationen vorher von ihm und einigen Handwerks Leuten untersucht und diese zu Protocoll genommen werden.«* Dem Jacob Wilhelm Mayer aber sei zu eröffnen, daß künftig keine Rechnung mehr akzeptiert werde, wenn nicht das spezielle Papier beigelegt ist.

Ein paar Tage später schreibt sein Sohn: *»Am 30. Januar ist mein bester Sänger, der kleine Kanarienvogel, am Steckfluß* [Asthma] *gestorben. – Nun bestätigt sichs, daß mein liebes Weib seit dem November vorigen Jahres sich in geseegneten Umständen befindet. Der Herr verleihe ihr Gesundheit. Amen. – Den 25. Februar setzte ich in meinen Leimenacker 12 Birnbäum (6 Bairisch, 6 Pfullinger). Das Brod kost nun 24 Kreuzer. 14. Merz: Weil es viel Schnee auf der Alp* [Schwäbische Alb] *gibt, haben die Bauern ihre Frucht schon wieder in die Höhe getrieben.*

Den 1. Juni: Mein Weib ist Gottlob sehr gesund bei ihrer Schwangerschaft.

16. Juli: Man kann nicht genug Stützen auftreiben um unsere Aepfelbäume zu sichern. Alle Gattungen versprechen uns den größten Überfluß. – Den 26.: Der Jakobi Markt ist wider alle Erwartungen ganz schlecht ausgefallen. Ich habe nur 14 Gulden gelöst. [...]

11. August 1818: Heute habe ich 1 ½ Immi neuen Most gemacht. Den 16.: Ein geseegneter Regen von einer ½ Stunde erfreute uns heute Abend. – Im Scheiben Schießen gewonnen: eine Ente.

Am 30. August morgens 3 Uhr bekam mein Weib ungewöhnliche Schmerzen. Um 5 und 6 Uhr stieg der Krampf so hoch, daß sie beinah alle Besinnung verlor. Er währte fort bis gegen 8 Uhr. Wehen stellten sich ein, und unter dem allgemeinen Kirchengeläut erschien ein neuer Weltbürger: ein vollkommener, wohlgebildeter Knabe. Ewigen Dank und Lob dem Allmächtigen! Er gebe uns Weisheit und seinen Seegen, daß wir ihn zum Nutzen der Menschheit und zur Ehre des Herrn erziehen mögen.«

Unverzüglich schreibt Samson an seinen Patenonkel Johann Tobias Mayer nach Göttingen und teilt dem Hofrat das frohe Ereignis mit. Der gratuliert ebenso schnell, wie es sich gehört. Ein schimmerndes Goldstück liegt bei.

»Den 3. September: Weib und Kind sind Gott sei Dank wohl. Heute nahm ich noch eine Magd. Die Witterung ist ganz Sommer. Am 7. wurde mein Sohn zur Heiligen Taufe gebracht. Er erhielt die Namen Johann Carl Erhart. Alles gieng ganz gut vorüber, mein Weib besorgte das meiste dabei.

24. Oktober: Der Herbst ist unter dem schönsten Wetter vorüber gegangen, die Trauben wurden sehr gut. Der Wein wiegt nach Hahn [Philipp Matthäus Hahn, Pfarrer und Mechanikus, Erfinder der Mostwaage] *58 bis 80 Grad. Der Preis ist von 55 bis 100 Gulden. Im Kloster Weil* [Domäne, jetzt Stadtteil von Esslingen] *kaufte ich 5 Aymer à 66 Gulden 68 Grad rothen Wein.*

24. Oktober: Gestern Nacht lief meine Mutter vom Haus weg und kam zu mir. Sie wird von meinem Vater sehr mißhandelt wegen einem Luder von Beutelsbach, das dort über ein Jahr im Dienst war. Es gieng so weit, daß er mit ihr lief. Er schickte ihr immer etwas, und wo sie Gelegenheit fand ins Haus zu kommen, schlappte sie selbst. [...] *Am 1. November ist meine Mutter noch bei mir. Sie hat* [ihren Mann] *beim Oberamt und beim Beichtvater verklagt. Er läugnet alles, allein die Beweise sind gegen ihn. Mehrere Billette sind schon von ihm gekommen, daß sie* [seine Ehefrau] *wieder zu ihm gehen soll. Schrecklich ist es, wie er die Treue meiner Mutter selbst zu nichts machen will. Er sagt, ich seie sein Sohn nicht.*

23. November: Mein Kind hat sehr viel durchgemacht. Es hat schon viele Wochen Grimmen gehabt, vor 8 Tagen wurde es sehr krank. Den 26.: Gestern war mein Kind dem Ansehen nach ordentlich, aß wieder etwas Brei und trank. Aufs Baden befand es sich sehr wohl. Gestern Nacht haben wir es wiederholt, weil wir hofften, ihm dadurch Ruhe und Schlaf zu verschaffen. Carl schlief auch wirklich ein. Da ich und mein Weib nimmer gestört sein würden, schliefen wir gut bis am Morgen.

Als ich erwachte, entdeckte ich zu meinem größten Schmerz, daß mein Kind zu seiner höheren Bestimmung heimgerufen war. Es lag mit einer ganz ruhigen Miene, die Hände nach seiner Gewohnheit an das Kinn gelegt, mit geschloßenen Augen da. Nur der Umstand war bemerkbar, daß aus seiner Nase eine Menge mit Blut vermischter Materie heraus gefloßen war. [...] *Dieses Original menschlicher Bildung wurde uns ganz vollkommen und gesund geschenkt. Da es nach 8 Tagen getauft werden sollte, ließ ich meine Mutter bitten sie abholen zu dürfen. Allein sie schlug es, veranlaßt durch meinen*

Vater, rund ab. Dies verursachte schon den größten Kummer bei meinem Weib.

Den andern Tag kam sie [Mayers Mutter] *dennoch. Mein Weib wurde dadurch so alteriert* [erregt], *daß sie Fieber bekam. Das Kind trank an der Brust, und von dort an hatte es immer schreckliches Grimmen und alle möglichen Kinderkrankheiten. Die Muttermilch blieb aus, wir brauchten den Herrn Doktor Däubler – und so gieng es endlich, wie ich schon erzählt habe. Der Wille des Herrn sei gelobt! Er tröste uns durch seinen Heiligen Geist.«*

Wie eh und je haben Kinder während des 19. Jahrhunderts nicht zuletzt einen praktischen Wert. Sie sind ein Geschenk Gottes, das man als Versprechen auf späteren Beistand empfängt und oft bald wieder hergeben muss. Im schlimmsten Fall sterben Säuglinge ungetauft und irren dann in einer Zwischenwelt herum: Weder Himmel noch Hölle nehmen sich ihrer an.

Samson versäumt auch jetzt nicht, den Patenonkel zu informieren. Dieser antwortet ein weiteres Mal, ohne zu zögern. Als der trauernde Vater Johann Tobias Mayers Brief öffnet, rinnen die Tränen. Er liest ihn vor:

»Göttingen, den 12ten December 1818. Werthgeschätzter Herr Vetter und Gevatter. So ein großes Vergnügen mir Ihr werthes Schreiben im September verursachte, indem ich daraus Ihr Wohlseyn und den Zuwachs Ihrer Familie durch ein zweytes Söhnlein vernahm, so traurig war dagegen die Nachricht, die Sie mir von dem Verlust Ihres Zuwachses ertheilt haben.

So ist es in der Welt, daß alle unsere Freuden immer wieder durch traurige Zufälle verbittert werden. [...] *Auch ich hatte dies harte Schicksal vor jetzt gerade zwey Jahren, daß ich meine jüngste Tochter Carolina durch den Todt verlieren mußte, nachdem sie an einer unbedeutend scheinenden Krankheit nur 4 Tage zu Bette gelegen hatte. Dieses ist schon das dritte erwachsene Kind, welches ich zu Grabe begleiten mußte.*

Ich hoffe, daß die Zeit sich wohlthätig in der Heilung Ihres Schmerzens beweisen wird, an welchem ich den innigsten Antheil genommen habe. [...] *Ich verbleibe in Freundschaft und Liebe, nebst herzli-*

chen Grüßen von den meinigen, Ihr aufrichtig ergebener Vetter und Gevatter Mayer.«

Nach längerem Schweigen schließt der Neffe sein Journal am 31. Dezember mit folgender Eintragung ab:

»Den ganzen Monat hatten wir, wie im Herbst, die trockenste Witterung mit wenig Schnee, doch ziemlich kalt. Das Waßer ist so klein [niedriger Pegelstand], *daß man in Sorgen steht mahlen zu können. So mittelmäßig fiel auch der Katharinen Markt aus. – Mein Vater soll sich zu beßern entschloßen haben. – Wir sind wohl und gesund zum Ende dieses Jahres gelangt, der Herr wird uns den Verlust durch einen neuen Sprößling ersetzen. Wir bitten Gott, er wolle ihn in seinem Schutz behalten und danken Ihm für die volle Gnade, die Er uns erwiesen hat. Amen.«*

13

MIT DER HIMMLISCHEN GNADE ist es Anfang 1819 nicht so weit her. Dies wird rasch deutlich, denn schon nach wenigen Tagen sind die Untertanen des württembergischen Königs Wilhelm im Schmerz vereint. Doch als Samson Wilhelm Mayer das nächste Journal auf sein Pult legt und den Gänsekiel spitzt, ahnt noch niemand etwas vom kommenden Unheil.

»Die schönste Witterung« herrscht auch jetzt. *»Mit dem dankbarsten Gefühl gegen Gott und dem heitersten Sinn beschloßen wir das alte Jahr«*, schreibt der Kupferschmied, *»und fiengen in gleicher Stimmung das neue Jahr an. Den 7. stellte ich Gottfried Boßert aus Tübingen als Geselle ein.«*

Aber dann heißt es: *»Am 9. Januar, Vormittags ½ 9 Uhr, verloren wir durch einen Schlagfluß* [Gehirnblutung, die tatsächliche Ursache ihres Todes ist noch immer umstritten] *unsere liebenswürdige Köni-*

gin Katharina. Sie war die Beste der Weiber und Klügste der Fürstinnen. Sie erreichte nicht ganz ihr 31. Jahr und lebte beinah 3 Jahr in der Ehe mit unserem König. Bei der Leiche unserer guten Königin war auch ich in Stuttgart. Allgemeine Trauer erfüllte die Herzen. 8 Tage nachher wurde ich sehr unpäßlich und schrieb auf meinem Bett eine Ode ›Der tröstende Rückblick aus der Geisterwelt oder Das Wiedersehen‹. Dieselbe wurde zum Besten der Katharina Anstalt gedruckt.« [Katharina Pawlowna gründete viele karitative Einrichtungen, zum Beispiel auch das nach ihr benannte Stift.]

Die Dichtung, *»von einem Eßlingischen Bürger und Handwerksmann«* verfasst, widmet Samson *»Seiner Majestät dem allgeliebten König Wilhelm in tiefster Ehrfurcht«*. 42 Zeilen voller Mitgefühl quellen aus seiner Brust. Sie enden mit Katharinas fiktivem Ruf aus dem Jenseits: *»Lebe sicher, froh in Deiner treuen Kinder Schoos / O Geliebter, Gatte, guter Vater Deiner Zeit! / O, wie glücklich ist gefallen mir mein Loos / Seelig, ewig seelig sein mit Dir in Zions Herrlichkeit!«*

Ob Wilhelm I. Mayers Werk bewundert hat? Er weist jedenfalls seinen Sekretär an, dem Autor zu danken. Dies vollzieht sich unter Ausschluss der Öffentlichkeit am 15. März, das Ereignis wird jedoch stolz vermerkt: *»Heute mußte ich in die Oberamtei. Mir wurde vorgelesen, daß ich ein Gratial* [Geschenk] *von 22 Gulden bekomme, welche ich sogleich erhielt. Ich hatte vorher 2 Exemplare an Ihn eingesandt, wovon Er 1 behalten hat.«*

Nicht genug damit, fächeln nun linde Lüfte: *»Der beste Frühling sichert uns wieder ein gutes Jahr zu, die Veilchen blühen allgemein. Birn und Zwetschgen sehen sehr schön aus.«*

Doch nur Mutter Natur wirkt freundlich. Am 23. März ersticht der frühere Burschenschaftler Karl Ludwig Sand in Mannheim den konservativen Autor und Staatsrat August von Kotzebue. Sand will, wie sein Vorbild Theodor Körner vor sechs Jahren, *»der Freiheit eine Gasse«* bahnen. Er greift zum radikalsten aller Mittel und scheitert, denn die durch Österreichs Außenminister Metternich favorisierten »Karlsbader Beschlüsse« töten bald jede revolutionäre Tendenz. Ergebnis seit Ende August 1819: Verbot der Burschenschaft, Zensur von Büchern und Zeitungen. Universitäten wie Professoren werden überwacht, es kommt fast drei Jahrzehnte lang zur Jagd auf »Demagogen«.

In Esslingen isst man den politischen Brei zunächst weniger heiß, als er gekocht wurde.

»Den 21. Mai: Bei dem jetzt sehr warmen Wetter haben sich unsere Weinberge erholt. Wo es total erfroren war, treiben noch viele Trauben nach. Die anhaltende Dürre wird bedenklich. Quellen, die bei Mannes Denken nicht aufhörten, sind schon trocken. – Heute am Markt habe ich ein Läuferschwein [Zuchtsau] *zu 15 Gulden gekauft, es ist ohngefehr 30 Pfund schwer. Wegen wohlfeilen Lebensmitteln sind die Tiere ziemlich theuer. Das Brod kost nun 14 Kreuzer, der Butter 18 Kreuzer, Erdbirn das Simri 18 bis 24 Kreuzer.*

1. Juni 1819: Gestern gab ich ein Schießen auf der Burg [Mauer mit Rundturm über den Rebenhängen]. *Allein es fiel so hungrig aus, daß daran 10 Gulden verloren sind. – Heute wurde ein Lehrjunge bei mir eingeschrieben, welcher auf 3 Jahr 100 Gulden und der Frau 11 Gulden Kostgeld zahlt. Er ist aus Ludwigsburg und heißt Ferdinand Traub.*

Die Trauben in den Neckarhalden stehen in voller Blüthe, die Wärme ist Tag und Nacht gleich. – Am 8. war ich in Stuttgart um etwas Waare [wohl Kupfer] *zu kaufen. – Den 20. Juni: Nach sehr trockenem und heißem Wetter bekamen wir heute Abend ein schweres Gewitter mit schrecklichem Regenguß. Die Bäche schwollen so an, daß die Straßen der niedern Stadt ganz unter Waßer standen. Der Blitz schlug in Christoph Fuhrbeckens Haus, ruinierte aber ohne weiteren Schaden nur das Kamin und einige Läden. Den 29.: Heute ist es so kalt, daß es wie im April Kiesel* [Hagelkörner] *geworfen hat.* [...] *Der Jakobi Markt wurde am 24. Juli gehalten, er fiel sehr schlecht aus. Nur 15 Gulden habe ich gelöst.«*

Doch an anderer Stelle, ohne dass Samson Mayer es im Tagebuch früh avisiert hätte, macht sich ein menschlicher Wert bemerkbar:

»Den 10. August 1819. Heute Vormittag ¼ nach 8 Uhr gebahr mir mein Weib ihren 2ten Knaben. Stark und gesund ist sein Körperbau. Der Herr wolle ihn seegnen und ihn als eine angenehme und Früchte bringende Pflanze gedeihen laßen, damit er zum Wohl seiner Nebenmenschen dienen und zur Freude seines Heilandes möge gerundtet werden. Amen! Krampf vor und nach der Geburt verursachte der Mutter die schrecklichsten Leiden.

14. August: Die Wöchnerin und das Kind sind Gottlob und Dank recht wohl. – Die Erndte fällt sehr ergiebig aus, allein viel Brand [krankhafte Veränderung des Getreides durch Pilze] *befindet sich unter den Früchten. Man glaubt nicht so schönes Mehl zu erhalten wie in den 2 verfloßenen Jahren. Dinkel ist der Beste mit 4 Gulden der Scheffel.*

Am 19. ist die Taufe meines Kindes vorüber gegangen. Das schönste Wetter verherrlichte die heilige Handlung. Wir gaben ihm die Namen unseres seeligen Carls, nemlich Carl Johann Erhart. Der Herr laße ihn unter seinem Seegen groß werden. – Sehr gutes Wetter genießen wir, es ist besser als in der Erndte. Die Trauben fangen an hell zu werden. Von 47 Garben Dinkel habe ich 6 Scheffel 3 Simri erhalten.

Den 18. September: Das Brod kost nun 12 Kreuzer der Laib. Gute Witterung, Nachts kühl und Morgens starke Nebel. Mein kleiner Carl ist sehr gesund. Das Obst kost 30 bis 36 Kreuzer. Man verspricht sich einen starken Most, indem es lauter Birn sind. Am alten Wein wird ziemlich verloren werden. Er kostete erst von 40 bis 60 Gulden, auf die letzt [schließlich] *fiel er so, daß man die geringe Qualität um 30 kaufte.«*

1819 kommt im Londoner Kensington Palace Victoria von Kent zur Welt, sie wird später als Monarchin Großbritannien und Irland regieren. In England schreibt man den zwölfstündigen Arbeitstag sowie ein Arbeitsverbot für Kinder unter neun Jahren fest. Der durch Dampf angetriebene Segler »Savannah« überquert den Nordatlantik und benötigt dazu 30 Tage. Bei Gera geht ein Meteorit nieder, nach Heiligendamm und Norderney wird auf der Insel Föhr das dritte Seebad eröffnet. Jacob Ludwig Grimm legt seine »Deutsche

Grammatik« vor. Franz Schubert komponiert »Die Forelle«. Franz Xaver Gabelsberger erfindet eine Kurzschrift, sie wird als »Stenographie« vor allem in süddeutschen Parlamenten angewendet. Der Frankfurter Bundestag schließlich billigt die Karlsbader Beschlüsse: Nun ist jede liberale Tendenz verdächtig.

Am 25. September tritt für Württemberg endlich eine konstitutionelle Verfassung in Kraft. König Wilhelm I. sieht diesen Schritt als Gnadenakt an, gleichwohl sind Bürger und Bürgerinnen erleichtert. Dass Clemens Wenzel Lothar von Metternichs repressive Politik die Kritiker auch hier knebeln wird, geht im Beifall unter. Auch Samson Mayer applaudiert.

»Den 28. Oktober: Heute wurde im ganzen Reich ein Fest gefeiert, das einzig war: Die Verfaßung ist zu Stande gekommen, man ist allgemein zufrieden. Musik in der Stadt, feierlicher Gottesdienst, Arme gespeist, Freischießen (wobei ich ein Dutzend Zinnteller gewann), Gesellschafts Eßen, Ball, auf der Burg am Dicken Turm ein Freudenfeuer von 4 Maß [knapp zwei Kubikmeter] *Holz. Kanonendonner und Gewehr Salven folgten aufeinander. Am 2. November gab ich meinen Einstand als Schütze zusammen mit David Hartmann, Schmid, Koch, Glaßer und Bek. Ich gewann wieder 4 Gulden 30 Kreuzer. Der Gesellschaft gaben wir ein prächtiges Abendeßen in der ›Rose‹* [heute Gasthof »Rosenhäusle«, Obere Beutau 1].

30. December: Der Eßlinger und Stuttgarter Markt waren nicht bedeutend. Aber vorher machte ich einen guten Erlös zu Hochzeits Geschenken für Weingärtner. Die Witterung war bisher sehr gelind, abwechselnd Schnee und dann starker Regen, so daß alle Flüße aus dem Ufer traten und in manchen Gegenden Deutschlands ungeheuern Schaden verursachten. – Zum Schluß dank ich dem Herrn, denn Er ist freundlich und Seine Güte währet ewig. Amen.«

14

DER SCHMETTERLING RUHT als Puppe im Kokon, um später zu flattern. Er schlüpft, bekommt seinen Namen, existiert und stirbt dann wie alles Lebendige. Das geflügelte Wesen wird wieder zum Teil des Ganzen, aus dem es gekommen ist. Damit aber Neues wachsen kann, muss sich die nächste Metamorphose vollziehen.

Namenlos ist zunächst auch jene Ära zwischen dem Wiener Kongress seit 1815 und der Auflehnung deutscher Bürger gegen Zensur und andere Repression um 1848. Diese nur gut drei Jahrzehnte dauernde Zeit heißt hinterher »Biedermeier«, ihre Merkmale wie familiäres Glück oder Geselligkeit gelten viel. Auch Johann Samson Wilhelm Mayer sucht und findet sie. Statt aber altbacken zu sein, verkörpert der Kupferschmied das, was »bieder« im frühen bis mittleren 19. Jahrhundert bedeutet: Er ist solide.

Je stärker die freie Rede überwacht wird, desto konsequenter pflegt man jetzt Tugenden wie Bescheidenheit, Ehrlichkeit, Fleiß und Treue.

Eigener Herd sei Goldes wert, wird im armen Mecklenburg wie am mehr Wohlstand bietenden Neckar gesagt. Statt das Nest des Spießers zu loben, preist dieses Sprichwort die Unabhängigkeit. Selbst wenn sie, egal ob privat oder professionell, nur einen kleinen Rahmen füllt. Noch haben Handwerker ihr Auskommen, doch deren Tradition wird bald dem Druck einer anlaufenden Industrie nicht länger standhalten können.

Was steuert Mayer zum Wechsel von 1819 auf 1820 bei? Am 1. Januar des Dezenniums schreibt er in sein Journal:

»*So vergnügt und wohl wir das alte Jahr beschloßen, traten wir auch das neue an. Die schönste schneehelle Nacht durchwachten wir beinah ganz in der angenehmsten Gesellschaft, welche sich bei uns eingefunden hatte. Nach Mitternacht bekamen wir Nachtmusik. Der All-*

mächtige Gott wolle uns alle so gesund erhalten als wir jetzt sind und uns seinen Seegen geben. Amen!

19. Januar. Mittags ½ 3 Uhr brach das Eis, welches in wenigen aber beißend kalten Tagen zu einer schrecklichen Masse sich aufgehäuft hatte. In den Niederlanden haben Eisbrüche und große Waßer unermeßlichen Schaden angerichtet. Viele Menschen sind umgekommen. 1. Februar: Unsere Weinberge sollen von der Kälte gelitten haben.

Mit meinen Eltern sind wir wieder ausgesöhnt, mein Weib hat den Anfang gemacht. – Am 6. war ich in Plieningen bei mehreren Bauren, welche ein Erb [Erbschaft] *in Amsterdam zu erheben haben. Ich soll es besorgen helfen; dafür haben sie mich in ihre Familie aufgenommen, daß ich gleichen Theil daran haben solle. Wir haben nun die beste Witterung. – Neues Kupfer steht auf 52 Kreuzer, das alte auf 35 Kreuzer. – Mein Carl, der nun ½ Jahr ist, wird stark und groß. Er ist ganz gesund. – Am 23. kaufte ich zwei baierische Schwein zu 24 Gulden auf Brut* [Zucht].

Den 24. Februar ist mein Carl sehr unpäßlich geworden, es scheint ein starkes Zahnfieber bei ihm ausgebrochen zu sein. Am 18. ließ ihn mein Junge [Lehrbub] *über den Arm auf den Boden stürzen. Am linken Schienbein hat er gelitten, aber die Geschwulst hat sich schon wieder gehoben. Den 25. ist es ein Brustfieber geworden, ich habe den Herrn Doktor holen laßen. Nach Laxier Arzenei* [Abführmittel] *und Vesicator* [Zugpflaster] *auf der Brust wurde alles gleich wieder beßer.*

Heute kam eine Magd als Aushelferin bis Georgi zu uns. Messingpfannen stehen nun auf 1 Gulden 8 Kreuzer. Die Witterung ist außerordentlich, seit dem 1. Merz sank der Barometer bis 1 Linie unter Sturm. […] *Der Schnee liegt über 1 Fuß 30 Zentimeter hoch.*

Am 10. Merz feierte ich meinen 33. Geburtstag. Ich hatte aber einen außerordentlichen Karthar und bösen Hals, daher mußte ich den Ofen hüten. Meine Eltern waren auch bei uns, wir genoßen einen Kaffee und etwas Backwerk. «

Wenige Tage nach diesem Eintrag spielt sich ein Drama ab, von dem in Esslingen viel geredet wird. Sein Hintergrund heißt Melancholie.

Der arme Protagonist kommt mit dem Alltag nicht mehr zurecht und sieht keinen Ausweg, er ist verwitwet und hat vier Kinder. Das jüngste wurde erst vor drei Wochen geboren, die Mutter starb nach ihrer Entbindung:

»Heute, den 22. früh um 8 Uhr, stürzte sich der Rothgerber Adam Friederich Maier am Säuthor [Turm der Pliensaubrücke, 1837 abgebrochen] *5 Stock hoch zu einem Bühnenladen heraus, daß er plötzlich tot war. – Wieder liegt Schnee, Berge und Thäler sind nachts weiß geworden. – Am 27. Merz wurde die Communal Jagd* [Gemeindejagdrecht] *verliehen und drei Mal getheilt. Den Theil vor dem Pliensauthor haben unsere Bürger und also auch ich. Dies kostet jährlich 16 Gulden 30 Kreuzer, die Pachtzeit ist auf 2 Jahre.*

13. April: Die Schützengesellschaft Kirchheim gab ein Freischießen zur Abreise der königlichen Braut, Prinzessin Pauline von Wirtemberg. Es versammelten sich 74 Schützen, 15 von hier giengen hin. Ich hatte das Glück, das Beste im Kampf zu gewinnen, es war eine silberne Zuckerdose zu 35 Gulden angeschlagen. Ich übergab der Herzogin Louis [Henrietta von Württemberg, wegen ihres Ehemanns Herzog Ludwig allgemein »Louis« genannt] *ein Gedicht auf die Vermählung ihrer Tochter* [Pauline] *mit unserem König Wilhelm. Am 15. war ich dann mit meinem Weib in Stuttgart bei der Heyrath, allein wir sahen gar nichts. Die Illumination wurde durch einen starken Wind vereitelt.«*

1820 zählen zur neuen Frauenmode der lange Rock samt kurzer Taille, bauschige Ärmel und ein den Kopf hübsch umrahmender »Schutenhut«. In Frankreich entdeckt André-Marie Ampère wechselseitige Krafteinwirkungen elektrischer Ströme. Charles Xavier Thomas aus Colmar im Elsass baut eine Rechenmaschine. Dem amerikanischen Goldschmied Jacob Perkins gelingt mit Charles Heath der Wechsel vom Kupfer- zum Stahlstich. Kapitän Fabian von Bellingshausen sieht vermutlich als erster Mensch den antarktischen Kontinent. Georgios Kentrotas findet auf der Insel Milos eine antike Marmorskulptur ohne Arme, man nennt sie bald nur noch »Venus von Milo«.

Seit dem 3. Mai druckt Johann Martin Seeger sein mittwochs erscheinendes Blatt »Eßlinger wöchentliche Anzeigen«. In ihm können Händler und Handwerker inserieren. Es richtet sich aber auch an jeden Bürger am Ort, der etwas zu bieten hat: interessante Nachrichten zum Beispiel. Konrektor Karl Pfaff, als erfahrener Germanist, trennt bei diesem Periodikum die Spreu vom Weizen. Eine gute Idee, findet auch Samson und wird dort eventuell für Produkte werben. Wegen gewisser Kosten wartet er aber noch ab. Kommt Zeit, kommt Geld …

»30. Mai: Der diesen Monat gehaltene Maientag war ziemlich schön, doch etwas kühl. Ich löste auf dem Markt kaum 9 Gulden. Die Witterung ist jetzt meistens rauh und feucht.

Juni 1820: Den 28. Mai, am Trinitatis Fest, wohnte ich dem Sakrament der Taufe [Christianisierung] *einer jüdischen Familie bei. Es waren Vater und Mutter mit 4 Töchtern. Der Heilige Geist ergoß sich fühlend über alle Andächtigen, auch an mein Herz klopfte die Gnade Gottes mächtig. Der gnädige Erbauer wolle dies Samenkorn in mir aufgehen und gedeihen laßen! – Meine Hausfrau* [Mieterin] *kam mit einem Söhnchen nieder. Allein sie hatte schon vorher einen Husten, zu dem sich nun ein starkes Fieber gesellte. Sie wird sterben.«*

Esslingen war ein Jahr zuvor durch den Oberfinanzrat Johann Daniel Georg von Memminger visitiert worden. Über das Milieu am Neckar schreibt der als Geograph und Statistiker tätige Herr unter anderem:

»Ehemalige berühmte Reichsstadt von hohem Alter. Hat mehrere Vorstädte, in deren einer sich die alte Burg erhebt. Gothische Haupt- oder Dionysiuskirche, Liebfrauen-Kirche mit einem sehr schönen Thurme gothischer Bauart, aufgehobene Klöster, reiches Katharinen-Spital mit ungeheuren Kellergewölben und einem nicht unwichtigen, leider aber dem Verderben überlassenen Archive. Sehr schönes modernes Rathhaus, Pädagogium, […] *Tuchmanufacturen, Woll- und Baumwoll-Spinnereyen, Fabrik in lakirten Blechwaaren, vorzüglicher Weinbau.«*

Memmingers Blick richtet sich auch auf den sogenannten Kunst- und Gewerbefleiß: *»Mit der zunehmenden Bevölkerung hat dieser* *sehr zugenommen und steht in der That auf einer weit beträchtlicheren Höhe als der Württemberger selber ihn anschlägt. Zwar findet man keine große und glänzende Fabrikanstalten, aber desto größere und wohlthätigere Betriebsamkeit herrscht im Kleinen und Stillen.«*

Noch positiver äußert sich der romantische Dichter Achim von Arnim. An seine Frau Bettina Brentano schreibt er aus Frankfurt: »*Könnte ich nur eine Stunde im Jahre auf den Eßlinger Thurm steigen oder von der Burg den Zinkenbläsern auf dem Stiftsturm zuhören! Das ist eine Stadt, sieh Dir das Bild an bei Savigny* [Brentanos Freund, der Rechtsgelehrte Friedrich Carl von Savigny], *das ich ihm schenkte im Steindruck. So ist's überall, kein Schritt ohne Merkwürdigkeit.«*

Ein pures Idyll also? Nein. Zumindest dem Kupferschmied Mayer geht es nachts auf dem Weg vom »Goldenen Adler« zum Haus in der Beutau ans Leder. Er muss die Fäuste einsetzen:

»*Den 24. Juni wurde ich beim Fischbrunnen von Soldaten überfallen (ein Neid* [Vergeltung] *wegen der Magd, die mir etwas gestohlen hatte). Mehr als 15 umringten mich. Mit vieler Mühe hatte ich mich durchgehauen und rief im Gedränge ›Bürger raus‹, allein niemand ließ sich blicken. Ich habe es zur Klage gebracht.*

25. Juli 1820: Heute Nachmittag, 3 Uhr, wurde der neue Hahn auf den Kirchthurm von Sankt Dionys getan und mittelst freiwilliger Beiträge vergoldet. Meine Losung beim Markt war nur 7 Gulden 30 Kreuzer. – 1. August: Das Wetter ist nun etwas warm, beinah 2 Monat immer Kälte. Die Trauben sind sehr schlecht, das Obst schön, viel Korn ist nicht zu hoffen. Das Brod kost wieder 13 Kreuzer der Laib. Am 7. starb meine Hausfrau Agnes Wälde, 23 Jahr alt, als Wöchnerin an der Auszehrung.

Da mein Carl den 10. August 1 Jahr alt war, zeigten sich auch 4 Zähne. Er wird bald allein gehen können. Am 16. zog Madam Louise Koch in meine große Stube; sie zahlt 24 Gulden Hauszins, ein braves und durch mancherlei Leiden geprüftes Weib. Den 19.: Das Gewerb ist so schlecht, daß mir das Geld bis auf den letzten Gulden ausgegangen ist. 7. September: Es wird viel Obst verkauft, allein immer theuer, das Simri kann auf 30 Kreuzer zu stehen kommen.

Am 26. weihten wir unser neues Schießhaus [südlich der Maille beim Neckar] *mit einem solennen* [feierlichen] *Freischießen ein. Um 8 Uhr morgens zogen wir mit Musik und Fahne auf den Platz. Das Wetter war ordentlich. Ich gewann einen silbernen Punschlöffel. Abends war Ball, welchem mein Weib bis 12 Uhr mit anwohnte.«*

Schon Tags darauf setzt die Natur sich durch, allerdings nicht ohne Schmerz:

»Den 27. September, Nachmittags 4 Uhr, seegnete mich Gott mit einem lieben Töchterchen. Meinem Weib wurde es sauer, denn das Mädchen ist sehr vollkommen [groß und schwer]. *Der Dreieinige Gott wolle sie zu allem Guten gedeihen laßen und über ihre Tage getreulich wachen. Amen. – Am 8. Oktober brachten wir unser Mädchen im Hause des Herrn zur heiligen Taufe. Sie erhielt die Namen Louise Friederike Pauline. Da ich für diesmal andere Taufzeugen gewählt habe, sind dieselben Herr Handelsmann Johann Tobias Grünzweig, Herr Zinngießer Kodweiß, Frau Oberjustizrat Schott und Frau Marz, die gewesene Adlerwirthin.*

12. Oktober: Mit dem Mosten bin ich noch nicht fertig. Er kost nun 12 Gulden. Bei mir fällt das Obst Gottlob sehr reichlich aus. – Heute, am 20., ist der Rest von unserem Schießen (in Enten bestehend) herausgeschoßen worden. Ich habe 4 Stück gewonnen.

Mein Mädchen ist kränklich. Louise leidet an schlechter Verdauung und Leibschmerzen, so daß sie ganze Nächte fortschreit. Das gute Kind ist schon sehr abgefallen [mager]. *– Unser Aepfel Most kam heuer auf 58 bis 60 Grad. Alles ist wohlfeil, mit Früchten wimmelt es auf dem Markt. Der Geldmangel zeigt sich aber desto schrecklicher. Ich soll viel bezahlen; mir ist noch unbekannt, wo ich das Geld hernehme. – 10. November: Ich habe nun den ersten Brennzug* [Mayer stellte Schnaps her] *gemacht. Er ist gut ausgefallen.*

Mein Mädchen ist Gottlob wieder recht wohl, ich gab ihr bisweilen einen Kaffeelöffel vom Malaga Wein. Es hat Schnee, daß Berge und Thäler weiß sind.

Den 17. Nachts 3 Uhr: Louise ist sehr krank. Sie hat schreckliche Schmerzen und nimmt Arzenei, allein meine Hoffnung ist schwach.

Gott kann es! So ist auch mein [Armand] *Wilhelm seit einigen Tagen krank bei meinen Eltern; er ißt fast nichts. Ich bin voll Sorge, die beiden Lieben entbehren* [verlieren] *zu müßen. Sie gehören dem, der sie mir gegeben hat.*

Morgens 5 Uhr: Nun ist mein liebes Töchterlein hinüber geschlummert. Sie hat immer mit Gicht gekämpft. Ihr Himmlischer Vater wird sie glücklicher machen als sie hier geworden wäre.

Um 10 Uhr am 19. November haben wir unser seeliges Töchterlein zu den Füßen meiner Christiana im Schoos der Erde niedergelegt. [...] *Die Kälte ist stark, der Neckar ist heute Nacht an verschiedenen Gegenden zugefroren. Gestern, den 28., war der erste Tag Katharinenmarkt. Allein ich habe nur 16 Gulden gelöst.*

Den 18. December war ich auf dem Markt in Stuttgart. Das Wetter war feucht, alles wurde schlecht bezahlt. [...] *Seit dem Christfest haben wir es bei wenig Schnee sehr kalt. Das Holz ist nicht zu theuer; ich kaufte Buchenholz das Klafter zu 15 Gulden 15 Kreuzer, wo es den Sommer 18 Gulden kostete.«*

Samson Mayers Rückblick scheint heuer den Tod des Säuglings zu spiegeln, wenn auch nur indirekt. Kurz vor dem 31. Dezember fasst er zusammen:

»Wir hatten ein beinah ganz fruchtbares Jahr, besonders an Obst die Fülle. Der Geldmangel ist zu arg. Man weiß sich fast nicht zu helfen. Niemand kann bezahlen. Seit einigen Wochen vermiße ich meinen goldnen Ring, er ist mir im Haus gestohlen worden. Ich frage in der Zeitung nach. – Dem Herrn sei Dank für das Gute, das Er mir in diesem Jahr gegeben hat. Er wolle mir mit Seegen ersetzen, was ich verloren habe! Amen.«

15

VOM VERLUST SPRACH der Kupferschmied Ende 1820, weil er wieder ein Kind hatte sterben sehen. Doch insgesamt scheint es, als würde solchen Schlägen des Schicksals gelassen begegnet werden. Noch im 19. Jahrhundert sind »Gichter« nicht selten: Krampfhafte Zuckungen führen oft während des ersten Lebensmonats zum Exitus. Fehlende Hygiene und falsche Nahrung nach dem Abstillen waren wohl schuld daran. Überdies nahm man zu Mayers Zeit Gottes unerforschliches Tun als höheren Willen an, nicht immer zum Vorteil einer durch viele Geburten schwächer werdenden Ehefrau. Viele Mütter erlagen auch dem »Kindbettfieber« – jener Infektion, die das Blut vergiftete und tödlich war.

Aber Samson ficht dies offenbar wenig an. Am 12. Januar 1821 schreibt er zunächst gut gestimmt:

»*Ich ahne, daß uns Gott in diesem Jahre wieder mit einem Pfand der Liebe seegnet.*« Knapp drei Wochen später folgen, wie bisher, andere Fakten: »*Die herrlichste Witterung. Nachts sehr kalt, Nachmittags Sommer. Meinen Ring bekomm ich nicht mehr. Ich bin schrecklich im Gedräng und kann nirgends Geld bekommen. Großer Gott hilf uns! – Den 12. Februar: Frau Wälde zieht aus. Ich habe noch keine neuen Hausleute.*

10. Merz: Heute bin ich 34 Jahre alt, wofür ich Gott herzlich danke, daß er mich so weit gebracht hat. Ich laße meine Pürschbüchse ausspielen [verlosen], *die Loose gehen ordentlich. – 23. April: Mein Schwähr August Friedrich Heggenberger zieht zu mir. Er zahlt 36 Gulden und ich werde rasiert* [Samsons Schwiegervater, der Wundarzt, arbeitete auch als Barbier]. *Das Logis blieb fast ¼ Jahr leer.*

Da die erste Lotterie gut abgieng, habe ich eine 2te aus 93 Treffern veranstaltet mit 100 Gulden an Wert. Das Beste ist meine neue Standbüchse zu 25 Gulden [schweres Gewehr, das man auflegt].«

Mit immer neuen Ideen versucht Samson Mayer seine Kasse zu füllen. Schließlich sollen seine Frau und die Kinder nicht darben. Der

Phantasie sind keine Grenzen gesetzt, weil es auch der Werkstatt an Aufträgen mangelt. Deshalb lässt er den eigenen Besitz versilbern, wann immer möglich und ohne dass Friederike sich sorgen muss.

»*Anfang Mai: Meine Lotterie besteht aus 500 Loosen à 15 Kreuzer. Die übrigen Preise sind Kupfergeschirr und baar Geld. Die Ziehung ist am 28. – Den 15. war ich in Kirchheim bei einem Schießen, wo meine Pürschbüchse als königliches Geschenk gratis herausgeschoßen wurde. Fürchterlicher Sturm mit kaltem Regen verderbte den Tag, doch hatte ich den 3. besten Schuß und machte noch 4 Geldgewinnste. – 29. Mai: Vor einigen Tagen sind Bohnen und Welschkorn erfroren. Bei der Ziehung meiner Lotterie gewann Frau Gärtner Guldin. Von 100 Loosen habe ich 19 Gewinnst gemacht, worunter sich eine Kupfergölte* [Eimer, Zuber] *zu 10 Gulden befand.* [...] *Den 23.:* [...] *Mein Vater hat schon sehr viel Medizin eingenommen; es will alles nichts helfen, schleichendes Fieber scheint eine Abzehrung herbeizuführen. – 26. Juli: Das Wetter war zum Jakobi Markt sehr schön. Heute war ein großes Freischießen auf dem Schießplatz, ich gewann den 6. Preis zu 18 Gulden mit einem Breitschuß.*

4. August: Ich habe wieder eine Lotterie eröffnet, bestehend in Waaren von 104 Gulden Wert. «

1821 trennt Mexico sich von Spanien; Costa Rica, El Salvador, Guatemala, Honduras und Panama ziehen nach. In Griechenland kommt es zur Auflehnung gegen die osmanische Herrschaft. Michael Faraday aus England entdeckt das Grundprinzip des Elektromotors. Der Mathematiker und Geodät Carl Friedrich Gauß entwickelt das »Heliotrop«, einen Sonnenspiegel zur Landvermessung. Karl Freiherr von Drais erfindet die Tastenschreibmaschine für 25 Buchstaben, Carl Maria von Weber komponiert seinen »Freischütz«. Zweiundfünfzigjährig stirbt schließlich Napoleon Bonaparte als Verbannter auf der Insel Sankt Helena.

Große Welt, kleine Neckarstadt. Am 8. Oktober steht Samson Mayer wie bisher am Pult und schreibt:

»Heute morgen 1 Uhr gebahr mein Weib einen vollkommen gesunden Knaben. Gott wolle beide erhalten und den Säugling mit seinem Seegen gnädiglich überschütten, Amen. Den 19. war Taufe meines Kindes, es erhielt die Namen Adolf Willibald August. Mutter und Kind befinden sich Gott sei Dank sehr wohl, das Neugebohrene saugt vortrefflich.

Den 20. November: Noch kann man feile Weine haben. Der beste wog von 40 bis 56 Grad, also ganz wenig und sauer. Ich habe keinen gekauft. – 1. Dezember: Der Katharinenmarkt fiel sehr schlecht aus. Am ersten Tag löste ich nur 4 Gulden 30 Kreuzer und am Feiertag 17 Gulden. Der Geldmangel ist außerordentlich.«

Anfang Dezember bringt die Post wieder eine Nachricht aus Göttingen. Der jetzt siebzigjährige Patenonkel gratuliert darin zu Adolfs Geburt. Er bittet Gott, *»daß er diesen Zweyg des Mayerischen Stammbaumes nicht nur zur gedeihlichen und nützlichen Frucht heranwachsen laße, sondern sie Ihnen auch bis in Ihr späteres Alter zu Ihrer Freude und Unterstützung erhalten möge. Daß Sie mich für den Sprößling als Taufzeuge mit haben einschreiben laßen, erkenne ich als einen Beweis Ihrer Liebe und freundschaftlichen Zutrauens.* [...] *Von den meinigen viel herzliche Grüße, der ich selbst in Freundschaft und Liebe beharre. Ihr aufrichtig ergebenster Vetter und Gevatter Johann Tobias Mayer.«*

Dieser fast lyrische Text des alten Professors gefällt dem Neffen. Doch der Alltag schreibt Prosa.

Bald zeigt es sich einmal mehr, dass nicht nur in Esslingen jenes alte Problem für Angst sorgt, dem schon der schwäbische Dramatiker und Poet Friedrich Schiller nahestand: Wohltätig wirkt zwar des Feuers Macht, es kann aber auch vernichten. Kerze und Rüböl sind immer noch aktuell, mit Holz wird geheizt, alte Häuser brennen rasend schnell. Samson Mayer ist dies bewusst, denn als Wehrmann löscht er oft an vorderster Position. Doch zugleich fasziniert ihn ein flammender Bau auf seltsame Weise. Da spürt man doch etwas wie Urnatur ...

Im Pädagogium hatte Sami einst Schillers »Lied von der Glocke« deklamiert. Ellenlang war es, und Rektor Herwig staunte über den eifrigen Schüler. Er kam nie ins Stocken, seine liebsten Verse trug er mit Betonung vor: *»Kochend wie aus Ofens Rachen / glühn die Lüfte, Balken krachen, / Pfosten stürzen, Fenster klirren* [...] */ Durch der Hände lange Kette / um die Wette / fliegt der Eimer.«*

Am 12. Dezember wird diese Szene wahr.

»Gegen Mitternacht, als ich mich kaum eine halbe Stunde niedergelegt hatte, wurde ich durch den schauervollen Ton unserer Sturmglocke und das ängstliche Rufen ›Feuer-i-oo‹ aufgeschreckt. Als ich zum Fenster hinaus sah, konnt ich nichts bemerken als Brand Geruch. Pfeilschnell wurde Licht gemacht, sich in die Kleider geworfen, mit Magd und Jungen zur Hilfe fortgeeilt. Als ich auf den Markt kam, sah ich das Unglück im neuen Haus des Kaufmanns Christian Leberecht Koch. Die fürchterlichste Rauchwolke drang aus allen Oeffnungen des Ladens hervor.«

Noch während der Rückschau muss Mayer husten. Er schnauft schwer und fasst dann wieder den Federkiel:

»Als die obere Thür eingeschlagen war, stand der ganze Laden so in voller Flamme, daß dieselbe wie aus einem glühenden Backofen drang. Man suchte mit Spritzen und Gölten Waßer auf das Feuer zu werfen, allein es konnte in seiner Wurzel nicht erreicht werden. Endlich, als sich der Dampf mehr in die Höhe gezogen hatte, wagte ich mich mit einer Gölte bücklings in den Laden. Dies gelang vortrefflich. Im Augenblick hatte ich 2 der untern Waarenfächer gelöscht und rief: ›Leute, mir nach, man hat im ganzen Laden nichts zu fürchten!‹ Mehr denn 20 Personen folgten, und in weniger als einer Minute war die Flamme verschwunden.«

Indes: *»Bei dieser Gelegenheit erhielt ich einige Gölten voll Waßer ins Genick wie auch das Rohr einer Feuerspritze, daß ich kaum zu Atem kommen konnte. Als ich sah, daß die größte Gefahr vorbei war, arbeitete ich mich im Augenblick, wo die Tragspritzen ankamen, aus dem Gedränge hervor.* [...] *So hat Gott alles gnädiglich abgewendet, denn das Herz von Eßlingen hätte leicht in wenigen Stunden ein Raub* *der Flammen werden können. Den innigsten, demütigsten Dank Ihm für den mächtigen Schutz, in welchen Er unsere Stadt stets aufgenommen hat und darin erhält. Was sich noch bei jeder vergangenen Gefahr herrlich geoffenbaret hat.«*

Friederike bewundert ihren Samson. Der aber freut sich, weil nach dem prekären Brand die Esslinger Feuerordnung verschärft und eine Handspritze für das Rathaus angeschafft worden ist. Ob Jacob Wilhelm Mayer als Kupferschmied-Obermeister oder er selbst diesen Auftrag erhalten hat, teilt der Sohn nicht mit. Gleichwohl werden jetzt die letzten Seiten seines Journals von 1821 gefüllt:

»Den 18. December war Stuttgarter Markt, kaum löste ich 30 Gulden. Die Witterung ist außerordentlich. Regen, Wind, Sonne und Reifen wechseln immer ab, Schnee will keiner kommen. Mit einem Wort: ein italiänischer Winter.

In Konstantinopel soll ausgangs November eine Revolution ausgebrochen sein, wo der Sultan ermordet worden sei [Aufstand der Griechen gegen die türkische Vorherrschaft im Zusammenhang mit der Revolution im eigenen Land, Sultan Mahmud II. blieb aber am Leben]. *Die Griechen siegen. Es scheint sie können ihre Freiheit, besonders durch Hilfe der Perser, behaupten. Der Herr wird ihnen helfen!*

25. December: Der Barometer ist schrecklich gefallen. Man vermuthet ein großes Erdbeben in der Ferne. Wilhelm ist Gott sei Dank von seinen rothen Flecken [Masern] *wieder genesen. Mein Carl klagt auch seit mehreren Tagen, er wird die nemliche Krankheit brüten. Sie scheint sehr ansteckend zu sein; es ist in der Stadt beinah kein Haus mit Kindern verschont. Den 28.: Carl hat die Flecken im höchsten Grad, das Fieber ist sehr stark, er phantasirt oft. Herr Doktor Däubler verordnet bloß Holder Thee und immerwährendes Dämpfen im Bett. – Wir haben heute ein Treibjagen. Mir ists aber nicht wohl, ich habe mich bei dem Kochschen Brand verderbt.*

Den 31. December: Mein Carl ist hart mitgenommen worden. Er liegt sehr schwer krank, doch scheint er sich mit Gottes Hilfe durchzuhauen. – Von mehreren Gegenden treffen Nachrichten ein, daß man in der Christnacht einige Erdstöße verspürt hat und große Stürme gewüthet haben. Besonders in London und Genua, wo in letzterem um Mitternacht ein ungeheures Gewitter ausbrach. Der Hafen wie das Meeresufer sollen mit zertrümmerten Schiffen und über Bord geworfenen Effekten [Frachtgut] *besaet gewesen sein.*

So habe ich wieder den Schluß eines Jahres erlebt. Allein dunkel, sehr dunkel liegt die Zukunft vor meinem forschenden Blicke. Mir ists wie einem Seemann, der das Entstehen eines heftigen Sturmes ahnt und vor möglichem Schiffbruch zittert. Dunkel und häkerich [krumm] *sind die Wege, welche ich zu wandeln habe. Mein ganzes Geschäft stockt. Jedermann will betrügen, nicht einmal meinen alten Wein kann ich verkaufen. Ich soll bezahlen und weiß nicht, wo ich das Geld hernehmen soll.*

Herr, führe mich aus diesem Labyrinth. Sei gnädig und rette meine Famille vom Untergang. Damit wir an unserem letzten Abend frohlockend Dir danken mögen, Du Erlöser vom Übel! Amen.«

16

ACHT DICHT BESCHRIEBENE HEFTE stapeln sich nun schon auf dem Stehpult im Wohnzimmer des Hauses Mittlere Beutau 6. Schön, denkt Samson und nimmt seine Arbeit wieder auf (er hat nur abends oder nachts dafür Zeit, wenn zumindest die Kinder schlafen). Friederike bringt ihm dann manchmal ein Glas Wein und hockt noch am Tisch, bis sie müde wird, während ihr Mann mit kratzendem Federkiel schreibt:

»1. Januar 1822. Amen! Das war das letzte Wort im verfloßenen Jahr, nun soll es auch in diesem das erste sein. Herr hilf mir, daß es anders mit mir werden möchte. – Den 20.: Carl ist gut davongekommen, allein der Aehres [Ausschlag] *macht ihm aufs neu zu schaffen. Ich leide schon einige Zeit an einem bösen Hals und Husten als Folge von*

dem Kochschen Brand. Die Witterung ist unbeschreiblich gelind, ein einziges Mal gieng den ganzen Winter über Vormittags ein wenig das Grundeis im Neckar.«

Kaum hat man den Brand am Marktplatz halb verdaut, gellt schon wieder die Sturmglocke. Diesmal droht Schlimmstes vor Samson Mayers Wohn- und Werkstatthaus, denn der frühere Pfleghof des Klosters Kaisheim bei Donauwörth ist in Gefahr:

»Am 5. Merz, morgens 3 Uhr, weckte mich Feuerlärm im Klösterle. Meine Nachbarn und ich waren so schnell dabei, daß wir in einer ¼ Stunde Meister der Flamme blieben. Eh ich nachher wieder vom Schlaf erwacht war, sandte mir Frau Hauptmann v. Weinland [Ehefrau des Regimentsquartiermeisters und späteren Oberbürgermeisters Erhard Conrad Friedrich Weinland] *1 Bouteille Kirschengeist zu meiner Erquickung.*

Den 12. Abends 9 ½ Uhr entschlief mein Schwähr August Friedrich Heggenberger, Wundarzt, an einem Nervenfieber [eventuell Unterleibstyphus], *welches sich zu einer Brustbeschwerde gesellte. Er erreichte das Alter von 42 Jahren und 12 Tagen. Da ihn Gottes Gnade kaum 2 Monate auf den Pfad der Buße* [Krankenlager] *geleitet hatte, fand ihn dieselbe schon reif zur Erndte.«*

Samson ist ein frommer Mensch, der pietistischen Weisungen folgt. Er glaubt stets jenem Wort, das die Bibel verkündet, aber soziales Engagement gilt zugleich viel. Man soll lesen und selbständig denken, ebenso sparsam wie gewissenhaft sein und Neues ernst nehmen. Dies gilt auch für Technik und Wissenschaft, welche sich immer schneller entwickeln. Was August Heggenbergers Weg zu Gott samt dem eigenen Heil nicht ausschließt:

»Der Herr laße seine Barmherzigkeit an ihm vollkommen offenbar werden, wofür er ewig gelobt und gepriesen sei. Da ich ebenfalls entschloßen bin, diesen Pfad zu gehen, so wolle Gott mich durch den Beystand seines Heiligen Geistes leiten und seegnen. Um Jesu Christi willen, Amen! – Am 15. Merz Nachmittags 2 Uhr wurde mein Schwager zur Erde bestattet: Eine herrliche Grabrede mit herzlichem Gebet erhöhte die Feierlichkeit dieser Handlung. Das schönste Sommerwet-

ter beschloß auch diesen Tag. [...] *– Den 1. Juni ist mein Junge Ferdinand Traub ausgeschrieben worden* [Lehrzeit beendet], *den 8. ist er gewandert.* [...]

26. Juni 1822: Heute sah ich Dinkel auf dem Acker liegen, welcher morgen aufgebunden wird. So schön und schwer, daß man sich nicht erinnern kann, es schöner gesehen zu haben. – 10. Juli: Beste Witterung seegnet die Erndte. 26. Juli: Sie hat auch unsern Jakobi Markt begünstiget, ich löste 20 Gulden. Das Brod stieg auf 14 Gulden. Unser Obst wird prächtig. Weiche Trauben findet man mehrere, sie sind sehr schön und groß. Den 31. habe ich neuen Most gemacht. Er wiegt schon 48 Grad. Fast alle Tage wechselt Regen mit gutem Wetter.

Am 17. August war ein Freischießen in Blochingen. Kellenbach [Hauptmann Friedrich Josef von K. aus Esslingen] *schoß einen Jägerpursch durch die Brust. Er starb in meinen Armen.«*

Dieser tragische Plochinger Fall wird durch Samson nicht erläutert. Er verschweigt auch, was darauf folgt: ob es einen Prozess mit dem Urteil des Richters gibt und wie das Publikum reagiert. Zeigt sich öffentlicher Zorn oder zumindest Kritik, speziell auf der unteren sozialen Ebene? Sind beide Männer befreundet, und Kellenbach soll in Mayers Journal geschont werden? Kein Kommentar.

Im Gegensatz dazu drückt sich Karl Pfaff klar aus. Er redigiert die neuen »Eßlinger Anzeigen« und meidet als Chronist kein gängiges Thema. Hofrat Armand Erhard von Marchtaler zum Beispiel, Samson Mayers erster Kindspate, war durch sternhagelvolle Soldaten angepöbelt worden. Pfaff berichtet entsprechend deutlich, worauf jeder »Gemeine« nach zehn Uhr abends nicht mehr ausgehen darf. Was die Täter frech ignorieren.

Hat der Kupferschmied davon nichts gehört? Sein Journal bleibt privatim.

1822 werden freigelassene schwarze US-Sklaven in Westafrika angesiedelt, ihr künftiger Staat soll »Liberia« heißen. Jean-François Champollion entziffert die altägyptischen Hieroglyphen auf dem »Stein von Rosette«. Dr. William Church, Ingenieur aus Vermont, erhält ein Patent für seine Typensetzmaschine. Ebenfalls patentiert wird der durch Charles Graham erfundene Zahnersatz. Herr Stendhal (eigentlich Marie-Henri Beyle) schreibt »Über die Liebe« und erreicht damit zunächst nur wenige Käufer. Caspar David Friedrich malt sein frühromantisches Ölbild »Mondaufgang am Meer«.

Am 21. September schreibt Samson Mayer: »*Mit dem Mosten bin ich heute fertig. Im Unterland ist seit voriger Woche schon Herbst, die Weine sind von 60 bis 100 Gulden bezahlt worden. – Den 1. Oktober: Die Traubenfäule durch zu naſse Witterung hat schon viel Schaden gethan, an der Menge wie an der Güte. Am 8. kaufte ich auf dem Hegensberg* [erst Teil von Oberesslingen, dann bis 1914 selbständig] *4 Aymer Wein à 43 Gulden, in Obereſslingen 1 ½ Aymer à 41 Gulden. Der Wein fiel aber nicht zum besten aus, indem er durch die ganz warme Witterung zu lange im Geschirr* [Bottich] *stand und durch die schnelle Gährung zu viel Geist verloren hat. Mancher im Sonnenschein gestandene hat eine Eſsigsäure bekommen.*

1. December: Das Brod kost nun 16 Kreuzer. Den 28. vorigen Monats war der 1te Tag Markt, ich löste 24 Gulden 48 Kreuzer. Man verspürte Vormittags einen Erdstoſs, in Stuttgart ebenfalls. Alles Gewerb ist sehr schlecht, der Geldmangel schrecklich. Vom Herbst an hatten wir anhaltende Dürre, so daſs in vielen Gegenden das Waſser sehr leer ist. Ende November stellte sich dann einiger Regen ein. – Meine Profeſsion [als Kupferschmied] *scheint mit jedem Jahr weniger zu werden. Die Leute wollen gar nichts mehr zahlen, man kann nicht mehr bestehen.*«

Samson Mayer spricht ein Problem an, dessen Wirkung nicht nur ihn umtreibt: Handwerker klagen, dass ihre Arbeit sie kaum mehr ernährt und die hohe Zeit ihrer Zünfte vergangen ist. Schon zeichnet sich ab, dass der langsam aufstrebenden Industrie alle Zukunft gehört. Bereits 1811 waren in Esslingen zwei kleine Fabriken entstanden: Eine ließ Blech lackieren und wurde später durch Carl Deffner aus Ludwigsburg übernommen. Auch Handschuhe werden seriell gefertigt. Wo soll das enden?

Esslingen hat momentan mit den eingemeindeten Orten mehr als 8000 Einwohner, 78 Gaststätten sorgen fürs leibliche Wohl. Doch trotz solcher Reputierlichkeit brechen alte Werte zusammen wie morsches Holz im Sturm. Was hilft dagegen?

»*December: Ich habe den Plan, das Faulhaberische Haus zu kaufen* [eines von 900 Wohngebäuden], *um mein Auskommen zu verbeßern. Der liebe Gott möchte mich darin unterstützen und mir seinen Seegen geben. Amen. – Mein Weibchen befindet sich seit einigen Monden in geseegneten Umständen. Der Herr sei mit ihr! – 21. December: Vergangenen Dienstag war ich auf dem Stuttgarter Markt. Auch da zeigte sich der Geldmangel schrecklich. Wenn man verkaufen wollte, mußte man unter Preis hergeben. Meine Lösung betrug 48 Gulden. Fuhrlohn zahlten mein Vater und ich 3 Gulden für einen Wagen, worauf wir zusammen luden.*

Seit vorgestern haben wir den ersten Schnee. Der Neckar ist meistens zugefroren und sehr klein [seicht]. *Vorgestern Nacht wurde Feuerlärmen gehört. In Unterthürkheim brannte ein Haus ab, wir kamen bis Mettingen. – Den letzten December: Am Christtag gab es Feuerlärm in Deizesau, ein Haus brannte nicht ganz ab. Der Neckar ist überall fahrbar zugefroren, es geht beinah kein Waßerwerk* [Mühlenbetrieb] *mehr. Alle Hauptflüße in Deutschland sind ebenfalls schon gefroren. Wir sehen einem sehr harten Winter entgegen.*

Dem Herrn aller Welten sei für das viele Gute in herzlicher Demuth Dank gebracht. Herr Jesu! Sei auch im nächsten Jahr unser freundlicher Hirte, unser liebevoller Geleitsmann, Wegweiser, starker Held und Beschützer in Gefahren. Um Deiner großen Liebe willen. Amen.

Nachtrag: Unerachtet daß fast keine Mühle geht, ist doch kein Mangel zu erblicken. Die Früchte [Getreide] *sind wieder etwas im Preis gefallen. Prächtiges Ochsenfleisch kann man um 5 Kreuzer per Pfund haben.*«

17

DAS ANFANG 1823 NOCH IMMER frostige Wetter bremst Mensch und Tier. Es lähmt wohl auch manche Idee, die rasch zum Ziel führen soll. Samson Mayers »Journal, von meiner Verheyrathung an beschrieben« lässt vermuten, dass er mit dem Faulhaberschen Haus kein Glück haben wird. Andere Leute wollen sich im zentralen Milieu etablieren, denn der 1773 errichtete Bau macht etwas her: Philipp Daniel Faulhaber lebte und starb als Obrist-Lieutnant in Esslingen; nun sucht man einen solventen Käufer für jenes Objekt Augustinerstraße 22, dessen Fassade bis heute hübsch wirkt.

Die Kälte, bestätigt der Chronist Karl Pfaff im Januar, dauere fort. Stadtrat Ferdinand Ludwig Nagel habe aus diesem Grund sammeln lassen und 150 Gulden eingenommen, um Holz für die Armen anzuschaffen. Samson zählt nicht zu den Frierenden, doch er weiß nicht mehr weiter. Da hilft nur das Stoßgebet:

»Allmächtiger Gott und Vater! Sei Du in diesem Jahre auch mein Helfer und Erretter. Du weißt ja selbst am besten, wie es bei mir aussieht. Meine Kraft ohne Dich ist nichts, darum erbarme Dich über mich und die Meinigen. Der Geldmangel ist außerordentlich. Führe uns an Deiner Hand. Herr Jesu! Verzeihe mir die Sünden in vergangenen Jahren. Warne und bewahre mich durch Deinen Heiligen Geist vor allen zukünftigen Vergehungen, wofür Du hochgelobet wirst in Ewigkeit. [...]

10. Januar. Heute gieng ich zum 3. Mal auf die Jagd. Das Glück war mir günstig, denn ich schoß ein sehr schönes Reh. Es wog etliche 40 Pfund. Den 14.: Die Kälte dauert immer fort. Der Neckar ist wie eine Straße gefroren. Dieses Eis kann sich kein Mann denken! – Den 26.: Bisher wechselten Schnee und Kälte miteinander ab. Die schönste Schlittenbahn wurde von Alt und Jung benützt. Warme Luft weissagt uns jetzt Gottlob allgemeines Thauwetter.

Am 27. Januar habe ich Kaufbedingungen geschrieben wegen dem Faulhaberischen Haus. Ich werde sie Herrn Kaufmann Christian Gottlieb Schöllkopf übergeben, welcher sie dem Verkäufer zuschickt.

Der Herr begleite diese Handlung mit seinem Seegen. Amen! Auch um Erlaubnis des Bierschanks habe ich eine Bittschrift geschrieben. – Den 29. brach das Eis. Es blieb aber am obern Wehr sitzen, weil das Waßer zu klein war. In der Nacht gieng es weiter ohne ferneren Schaden zu thun, wofür Gott Dank gesagt sei.

21. Februar: Heute früh um 2 Uhr entstand Feuerlärm. Es gieng nach Blochingen. Die ›Crone‹ [Gasthaus] *stand in vollen Flammen und brannte auch nebst einem Nachbar Haus ganz ab, der Keller wurde noch gerettet. Wir mußten bis Nachmittags auf dem Platz bleiben. Die Witterung ist unfreundlich. Nirgends treibt sich etwas* [jeder ökonomische Fortschritt fehlt].«

Der Esslinger Magistrat sorgt bald dafür, daß durstige Löscher weniger Alkohol tanken. Laut Beschluss wird ihnen zwar nach wie vor eine Erquickung gegönnt, doch sie trinken nach dem Einsatz *»keinen Wein mehr sondern 1 bis 2 Schoppen* [knapp ein halber bis ein Liter] *Most, je nachdem es nothwendig ist«.*

1823 verkündet US-Präsident James Monroe die nach ihm benannte Doktrin, wonach kein europäischer Staat sich in Amerika einmischen dürfe. Der englische Seefahrer James Weddell dringt während seiner Antarktisexpedition bis auf 74 Grad südlicher Breite vor. Statt Land zu finden, sichtet er aber nur schwimmende Eisberge. Im rheinischen Köln wird am Rosenmontag ein erster Umzug veranstaltet. James Fenimore Cooper veröffentlicht mit dem Roman »The Pioneers« den ersten Band der Lederstrumpf-Reihe. Zu Leipzig stirbt Friedrich Arnold Brockhaus, dessen »Conversations-Lexicon« künftig zahllose Auflagen erleben wird. Johann Wolfgang Döbereiner, Professor für Chemie, entwickelt in Jena das »Wasserstoff-Platin-Feuerzeug«.

Selbst wenn Samson Mayer etwas von diesem Wurf erfahren hätte, wäre ihm Döbereiners Technik vermutlich fremd gewesen. Im Journal bleibt er so oder so beim eigenen Leisten:

»Den 6. Merz, früh um 6 Uhr, weckte uns Kanonendonner von Stuttgart her. Wonnegefühl durchströmte mein Innerstes. Es war die Kunde von der Geburt eines Prinzen [Kronprinz Karl, er wurde 1864

König von Württemberg]. *Eine Stunde darauf erschien eine Staffete* [berittener Eilbote], *welche die Wahrheit bestätigte. Durch allgemeines Geläute und Gottesdienst wurde der Tag gefeiert. Dies freudige Ereignis begieng ich durch das Setzen eines Birnbaums auf der Beutau Allmende. Derselbe ist stark und kann sogleich aufgeemptet* [gepfropft] *werden. Er wird den Namen ›Prinzenbaum‹ führen. Der Herr erhalte Beide, die fromme Mutter* [Pauline (1800–1872) sah ihrer Vorgängerin Katharina sehr ähnlich] *und das Kind, und laße sie zum Seegen des Landes werden.«*

Prachtvoll blühen jetzt alle Kastanienbäume, egal ob rot oder weiß. Bienen schwärmen; wer sich im Freien bewegt, hört sie summen. Mit lauer Luft und manchmal schon warmen Abenden wird der wonnige Monat seinem Ruf gerecht, zumal manche Wirte draußen schon aufstuhlen. Wo schmeckt das Bier besser als am gedeckten Tisch, wenn die Sonne scheint?

Auch für Samson Mayer und seine Frau ist jeder milde Maientag angenehm, denn Friederikes nächste Schwangerschaft hat sich gut entwickelt. Nur Gott allerdings weiß, ob ihr fünftes Kind überlebt. Oft sterben Säuglinge kurz nach ihrer Geburt, weshalb man schnell taufen muss. Damit sie nicht als kleine Heiden verderben, sondern unter christlichem Schutz zum Himmel fahren. Also bittet das Ehepaar Mayer einmal mehr um die Gnade des Herrn und wird belohnt.

»14. Juni 1823: Gestern, Freitag Nacht 11 ¾ Uhr, wurde mein Weib von einem gesunden Buben entbunden. Es gieng alles nur sehr langsam und schwer. Die Nabelschnur war ihm um den Hals geschlungen wie eine Binde. Der Allmächtige wolle sein Beschützer, Führer und Erhalter bis an sein Ende bleiben und mein Weib mit neuer Gesundheit seegnen. Amen! – 15. Juni: Mutter und Kind sind Gott sei Dank recht wohl. Das Wetter ist mast [feucht], *doch immer warm. Unsere Traubenblüthe stellt sich allgemein ein. Die Menge und Größe der Trauben kann sich das Alter* [betagte Leute] *kaum denken. Den 22. schrieb ich nach Göttingen einen Gevatterbrief.*

25. Juni: Gestern, am Tage Johannis, wurde mein kleiner Sohn zur Heiligen Taufe gebracht, wo er unter dem Seegen des Herrn die Namen Gustav Eduard Ludwig erhielt. Mein Weib hat die Aufwartung [das Bedienen während der Tauffeier] *selbst besorgt. Der Tag war sehr rauh, und heute früh ist es so kalt, daß an mehreren Orten die Bohnen erfroren sind. Viele Trauben fallen schon ab.*

26. Juli: Der Jakobi Markt war sehr schlecht mit nur 18 Gulden Lösung. Aus dem Herbst wird nicht viel werden. Vor vier Tagen habe ich bei der Papiermühle einen Aal von 3 ½ Pfund mit der Angel gefangen. – 24. August: Endlich wird es Erndte; das Wetter ist sehr veränderlich, aber Frucht gibt es genug. – Den 23. September habe ich ein bayerisches Schwein für 11 Gulden 30 Kreuzer gekauft.

Am 30. war ich in Kanstat [Cannstatt] *beim Vogelschießen, habe aber nur viermal gewonnen. Dort auf dem Volksfest hatte ich eine von mir neu verbeßerte Handfeuerspritze, welche Herr Oberamtsrichter v. Seeger sogleich kaufte und noch 2 Stück à 22 Gulden nachbestellte.«*

Der Kupferschmied zeigt sich im Tagebuch als Konstrukteur. »*Neu verbeßert*« hat Samson das alte Gerät, was den Schluss erlaubt, dass er vom Weg des Handwerkers abweicht und tüftelt. Weil aber ein Prophet nur fern seiner Heimat etwas gilt, bietet Mayer seine Erfindung nicht in Esslingen an. Neckarabwärts beurteilt man seine Spritze positiv.

»Dieser Mann scheint Talent zu haben«, sagt der Richter und spätere Ehrenbürger von Cannstatt. »Den halten wir uns bis auf Weiteres warm.«

»*Die Witterung*«, schreibt Samson Ende September 1823, »*hat sich ordentlich gehalten. Der Wein kann noch trinkbar werden.*« Am 24. Oktober heißt es: »*Wir haben Reifen, wodurch man heute zu lesen anfängt. Die schwarzen Trauben sind nicht alle ganz reif.*« Sechs Tage später, zum Wochenbeginn, notiert er: »*Die Preiße von besten Weinen sind von 40 Gulden bis auf 22 gefallen, geringe stehen auf 16. Aus andern Gegenden hört man, daß um 8 Gulden verkauft wird. Besonders im Unterland wird noch sehr viel feil gehalten. In Schumanns*

Kelter kaufte ich einige Aymer à 21 Gulden von Himmingers Wittib [Witwe] *auf der Neckarhalde.*

28. November: Am ersten Tag Katharinenmarkt löste ich 31 Gulden 21 Kreuzer. Nach mehreren Nebeltagen hatten wir die schönste Witterung, und doch war nicht viel Volk hier. Alles klagte.

Den 26. December lieferte ich dem Herrn Oberamtsrichter Johann Gottlob Christof v. Seeger in Kanstat 3 Handfeuerspritzen à 22 Gulden. Sie erhielten seinen allgemeinen Beifall. Herr Bürgermeister Georg Friedrich Weckherlin [er war auch Stadtpfleger und Landtagsabgeordneter] *bestellte ebenfalls eine zu 25 Gulden. Am 27. lieferte ich Herrn Kaufmann Schöllkopf meine 5te Spritze, welche er nach Ravensburg senden will. – Die Wittwe Löw hat mein oberes Logis zu 36 Gulden gemietet. Sie bezieht dasselbe auf Lichtmeß* [2. Februar] *1824.*

31. December: Die Witterung ist ganz gelind. Auf einen so naßen Sommer wurde ein italiänischer Winter nicht erwartet. Unter mancher schweren Last, Kummer und Sorgen habe ich dieses Jahr zurückgelegt. Das nächste bietet mir vielleicht eine beßere Aussicht, wenn der Herr mein Feuerspritzengeschäft mit Seegen begleite, um welchen ich bitte. Amen!«

18

ES BLEIBT NICHT AUS, dass Johann Samson Wilhelm Mayer immer wieder durch die Angst vor Armut heimgesucht wird. Er muss schließlich eine von Jahr zu Jahr wachsende Familie ernähren. Dabei geht es ihm noch recht gut im Vergleich mit anderen Bürgern. Denn wer ein großes Haus wie jenes des Offiziers Faulhaber hat erwerben wollen, um seine finanzielle Situation zu verbessern, nagt kaum am Hungertuch. Dieser Plan ist aber längst Makulatur, und der Schmied zerbricht sich den Kopf: Was könnte man herstellen außer Kupferzeug? Wo herrscht Bedarf?

1824, immerhin, werden die Esslinger Wochenmarktpreise nicht allzu hoch festgesetzt: Ein Scheffel Korn kostet zehn Gulden 30 Kreuzer, Dinkel vier Gulden 15 Kreuzer, Hafer drei Gulden sechs Kreuzer und Gerste 35 Kreuzer. Das Simri Wicken, also Saat-Platterbsen, kommt auf 48 Kreuzer, Mais steht bei einem Gulden je Simri, für Ackerbohnen zahlt man ebenfalls 48 Kreuzer. Wer ein »Sechs Pfund Brod« kauft (knapp drei Kilogramm), legt maximal elf Kreuzer hin. Während der Hungerjahre 1816/17 war es mehr als fünfmal so teuer gewesen.

Als Chronist in eigener Sache arbeitet Samson am Tagebuch weiter, wenn auch nicht mehr so emsig wie vor zehn Jahren. Die stillen Stunden sind rar, nur abends oder nachts gelingt noch etwas. Fast jedes Mal wirken dann manche Buchstaben dünn wie nach einer Hungerkur – dickere blaue Tinte muss also her. Sofort wird gerechnet, gemischt und experimentiert, bis das Resultat vorliegt:

»2 Theile feinstes Indigo, gestoßen, und 8 Theile rauchende Schwefelsäure überläßt man 24 Stunden der Auflösung. Dann wird etwas gereinigte Pottasche zugesetzt, bis es nicht mehr stark aufbraust, schließlich verdünnt und mit Gummi arabicum tauglich gebunden. Auch können zu blauer Dinte 2 Theile Alaun genommen werden sowie ¼ Pfund Gummi arabicum und ½ Pfund Zucker.«

Anfang Januar 1824 feiert Mayers »Rezept-Büchlein« mit diesem Eintrag Premiere. Die Mixtur wird mit dem Hinweis garniert, dass Neues bald folge. Durch Esslingen soll ein Sprichwort eilen, das schon jetzt verkündet: *»Zu haben bei mir am Klösterle.«*

Blumig schildert Samson, was nach Silvester geschieht. Doch nach zwei Sätzen wacht er unsanft auf:

»Ein milder, mit wahrer Frühlingsluft umfloßener Himmel begrüßte das neue Jahr. Frohe Stimmen der Jugend durchjubelten in der Mitternachtsstunde die Straßen. Allein der Geschäftsmann und Vater saß nachdenkend mit düsterem Blick in die Zukunft schauend da. Bange Sorgen über das Zunehmen der Geschäftsstockung, aus allgemeinem Geldmangel entspringend, quälten sein geängstigtes Herz. Auch ich sah all das Regen [Betriebsamkeit] *mit ähnlicher Empfindung an. Dar-*

um, Dreieiniger Gott, sei Du mit Deinem Seegen auch über mir und meiner Famille. [...]

2. Januar: Morgens 10 Uhr gieng ich von der Post weg, als ich plötzlich ein starkes Rennen gegen die Oberamtei wahrnahm. Ehe ich fragen konnte, erblickte ich eine abscheuliche Rauchwolke. Sie stand über dem Kanzlei Gebäude und wurde von einem starken Wind hergetrieben. In vollem Lauf rannte ich meiner Heimath zu, um die Spritzenschlüssel zu holen, und eben so schnell war ich vor dem Brandplatz am Untern Metzgerbach vor dem Rundischen Haus [Johann Christian Rund, Frachtführer zwischen Esslingen und Heilbronn], *wo das Feuer den ganzen Dachstuhl eingenommen hatte. Der Wind trieb so stark in die Flamme, daß alles ganz weiß zu glühen schien.*

Kaum eine Stunde war verfloßen, bis unser Fleiß mit dem Meisterwerden über die Flamme belohnt wurde. Das Hartmännische Haus, welches schon in der obersten Bühne [Speicher] *brannte, wurde durch unsern Landspritzen Schlauch in wenigen Minuten gelöscht. Allein durch zu vieles Wasserbegießen litt es einen außerordentlichen Schaden. Das Haus der Famille Rempis hingegen wurde weniger verdorben.* [...] *Die Wohnstube des Fuhrmanns Rund löschte ich noch mit dem Handbecken, welches ich darin fand.*

Die ganze Nacht war ich auf der Wacht. Es stürmte und regnete schrecklich, blieb aber ruhig. Das Feuer soll durch ein schadhaftes Kamin entstanden sein. – 6. Januar: Den Herrn Rudi, welcher beim Rund wohnte, habe ich einstweilen samt Weib und Kinder in mein Haus aufgenommen.«

Mayer verschweigt, dass diese akute Gefährdung der Esslinger Innenstadt mit Hilfe etlicher Soldaten bekämpft wurde. Sie sollen zum Dank verköstigt werden, doch das Regimentskommando möchte kein Geld ausgeben lassen. Eine Sammlung am 8. Januar ergibt 940 Gulden und 27 Kreuzer für Leidtragende des Brandes. Auf Befehl des Oberamts wird künftig die Feuerschau strenger praktiziert, Kaminfeger Berckhemer nimmt nun viele Anzeigen wegen Verwahr-

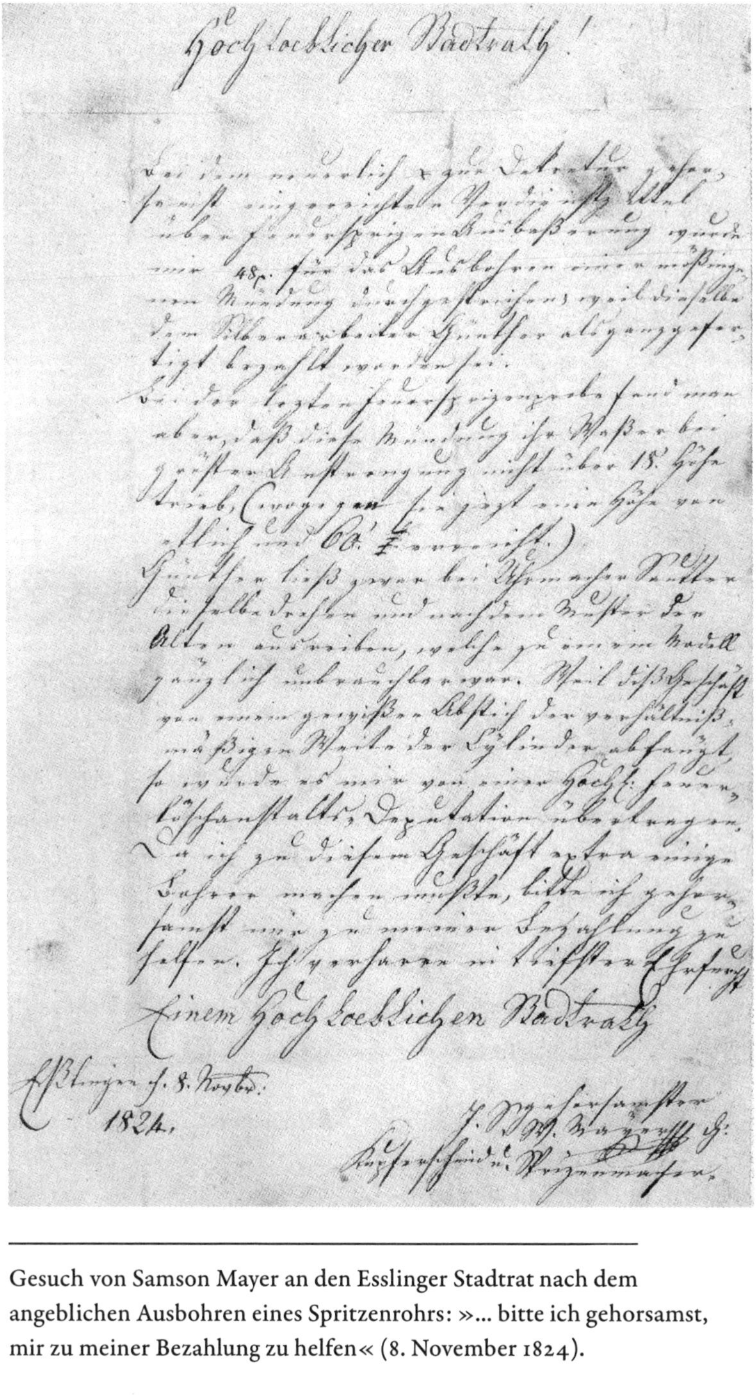

Hochloeblicher Stadtrath!

Bei dem neuerlich zur Reparatur gehorsamst eingereichten Verdienst Zettel über Feuerspritzen Verbesserung wurde mir 48 x. für das Ausbohren einer messingnen Mündung durchgestrichen, weil dieselbe dem Silberarbeiter Günther als ganz gefertigt bezahlt worden sei.
Bei der letzten Feuerspritzenprobe fand man aber, daß diese Mündung ihr Wasser bei größter Anstrengung nicht über 18. Schuh trieb, (wogegen sie jetzt eine Höhe von etlich und 60. Fuß erreicht.)
Günther ließ zwar bei Uhrmacher [illegible] dieselbe drehen und nach dem Muster der Alten ausreiben, welche zu einem Modell gänzlich unbrauchbar war. Weil dieß Geschäft von einem gewissen Abstich der verhältnißmäßigen Weite der Cylinder abhängt so wurde es mir von einer Hochl. Feuerlöschanstalts Deputation übertragen.
Da ich zu diesem Geschäft extra einige Bohrer machen mußte, bitte ich gehorsamst mir zu meiner Bezahlung zu helfen. Ich verharre in tiefster Ehrfurcht

Einem Hochloeblichen Stadtrath

Eßlingen d. 8. Novbr. 1824.

[illegible]
J. Sam. Mayer [illegible]
Kupferschmid u. Spritzenmacher.

Gesuch von Samson Mayer an den Esslinger Stadtrat nach dem angeblichen Ausbohren eines Spritzenrohrs: »... bitte ich gehorsamst, mir zu meiner Bezahlung zu helfen« (8. November 1824).

losung entgegen. Man will sogar das Waschen in Wohnhäusern unter Strafe stellen, was aber misslingt.

Samsons Journal ist nicht zu entnehmen, was das »Stadtmagistrats-Protocoll« Nummer 279 exakt vermerkt. Im Zusammenhang mit dem Einsatz vom 2. Januar heißt es dort über ihn:

»Da von mehreren Personen mit Unwillen beobachtet wurde, daß Kupferschmied Maier der Jüngere als Spritzenmeister sich nicht nur ungehorsam, sondern auch unartig auf dem Brandplatz benommen hat, so wurde beschloßen, denselben in die nächste Sitzung vorzuladen und ihm zu bedeuten, daß wenn er wieder zu solchen Klagen Anlaß geben würde, er ohne weiteres seines Dienstes enthoben werde.«

Diese Warnung nimmt Mayer ernst.

»1. Merz 1824: Die Witterung war auch im Februar sehr gelind. Rudi zieht aus, das nemliche Logis wird von Schloßer Johann Gottlieb Rieger bezogen. Er hat die große Stube und in der Werkstatt das Magazin zum Arbeiten sowie meine Eße zum Schmieden. Dafür bezahlt er jährlich 40 Gulden.

Mein Gustav ist mit Brustfieber [Lungenentzündung] *und Gicht* [Krämpfen] *hart befallen worden. Den 7. hat sich die Krankheit Gott sei Dank gehoben, er scheint außer Gefahr zu sein. – Am 1. dieses Monats habe ich mir meine Handfeuerspritzen bestätigen laßen. Da nun dieselben* [Empfehlungen] *gedruckt sind, kann ich sie froh versenden.«*

Das Dokument blieb erhalten und zeigt, wie geschickt sich Jacob Wilhelms Sohn kurz vor seinem 37. Geburtstag um Werbung bemüht:

»Herr J. S. W. Mayer der Jüngere, Kupferschmied von hier, ersuchte den Unterzeichneten um ein Zeugniß seiner von ihm auf neu erfundene Art verbesserten Windkugel-Handfeuerspritzen, welches er um so mehr ausstellen kann, als er diese selbst von ihm verfertigen ließ. Sie sind so vorzüglich ausgefallen, daß sie alle bisherigen übertroffen haben. Auch kann der Unterzeichnete noch anfügen, dass diese Spritzen (indem das ganze Werk aus Kupfer gefertiget ist), von ganz vorzüglicher

Dauer sind und dieselben gegen alle mir bekannte sehr billig zu stehen kommen. C. G. Schoellkopf, Handlungs-Vorsteher.«

Bald spenden drei weitere Honoratioren ihr Lob:

»Der Unterzeichnete hat sich ebenfalls eine von den hier oben beschriebenen Feuerspritzen durch Herrn Mayer verfertigen lassen und ist damit sehr wohl zufrieden. Carl Deffner, Besitzer der hiesigen privilegierten Lackier-Fabrik.« Christian Ludwig Hübler als Chef einer 1823 gegründeten Mechanischen Wollspinnerei steht Deffner nicht nach und *»stimmt mit Vergnügen bei«*. Christian Hardtmann, ab 1826 Tuchfabrikant, besitzt selbst eine Spritze aus Samsons Serie. Sie entspricht seinen Erwartungen *»in jeder Hinsicht«*. Was den Königlichen Oberamts-Aktuar Häberle nicht ruhen lässt. Er bezeugt prompt, *»daß die Mayerschen Hand-Feuerspritzen allgemein empfohlen werden können«*.

Doch zwischen all diesen Erfolgen setzt das Schicksal wieder einen Punkt, der Tod schlägt zu.

»Heute Morgen um 7 Uhr«, schreibt Samson am 14. März 1824, *»starb mein Vetter, der Schulmeister Mayer 65 Jahr alt an Brustkrankheit* [hier: Lungentuberkulose]. *Wenige Tage zuvor stellte ich einen Gesellen aus Sachsen-Gotha ein, er heißt August Rüger und hat bei einem geschickten Feuerspritzenmacher gelernt. Ich habe wieder neue Spritzenbestellungen bekommen. Der Herr wolle auch fernerhin seinen Seegen in dieses Geschäft legen. – Den 24. Merz kost nun das 6 Pfund Brod 10 Kreuzer. Die Witterung ist sehr rauh, selten freundlich. Mein Gesell fordert 1 Gulden 30 Kreuzer Wochenlohn.*

5. April: Seit Ausgangs Merz haben wir alle Tage Schnee, kaum sieht man an den frühesten Pflanzen einigen Trieb. Mein Feuerspritzen Absatz [Verkauf] *geht sehr langsam. Ich habe bereits 4 Stück Vorrath. Den 20. April: Bei hohem Barometerstand sehr lebhafter Ostwind. Der Schnee auf der Alp ist sehr stark, bei Kempten im Allgäu liegt er noch 16 Fuß tief* [viereinhalb Meter].

Gestern, am Ostermontag, miethete ich den Garten meines Vetters Paul Kaufmann zum Wirthschaften für cirka 50 Gulden ohne Obst und Gras Ertrag.

30. Mai: Viel Regen und kalt. Die Apfelblüthe kommt langsam, meine Gartenwirthschaft geht ordentlich. – Ende Juni: Die Witterung ist immer naß, doch nicht mehr so kalt. Trauben fangen an zu blühen. – 30. Juli: Die Erndte fängt an, alle Früchte sind vorzüglich. Dieser Monat hat sich gut gehalten. In vielen Gegenden hat der Hagel schreckliche Verheerungen angerichtet, welcher überhaupt beinahe ganz Deutschland betroffen hat. Wir aber sind Gott sei Dank verschont geblieben.

Meine Gartenwirtschaft stockt, das Bier fängt an schlecht zu werden.

6. August 1824: Kam heute früh 2 Uhr von Wiesenstaig nach Haus, wo ich [in Wiesensteig] *Bier geladen habe. Kaum war ich zu Bette, wurde mein Weib von Entbindungsschmerzen befallen. Dies dauerte bis Nachmittags 2 Uhr, wo ein Knabe unter dem Geläute von Rosenwirth Geisels Leichenbegängnis das Licht der Welt zum ersten mal erblickte. Kaum seiner Bande* [Uterus] *entledigt, stellte sich durch Schleim in den Luftwegen plötzlich eine Erstickung ein. Wir arbeiteten beinah eine Viertelstunde durch Reiben und Einreiben mit warmen Lumpen, Geistern* [Weingeist], *kalt und warm Waßer – alles umsonst: Endlich schnitt ich ihm die Nabelschnur auf und ließ ziemlich viel Blut heraus, dabei rieb und wärgelte* [rollte] *man immer fort. Eine Zuckung des Fußes verrieth Leben, und dann im warmen Bad kam er vollends ins Leben. Und siehe, einen herrlichen Knaben schenkte uns der Herr zum 2ten mal.*

Hochgelobt und gepriesen sei er für diese Gnade! Amen.

20. August: Heute brachten wir unsern neugeborenen Sohn zur Heiligen Taufe. Er erhielt die Namen Eduard Theodor Imanuel. Der Heiland wolle ihn bis an sein Ende unter seinem liebenden Schutz erhalten. Die Patenstelle der seeligen [verstorbenen] *Frau Oberjustizrath Schott übernahm meine Mutter.*

Den 22. October wurde es Herbst. Die Güte des Weins ist wie 1823 und es gibt wenig davon zu nemlichen Preisen. Meine Gartenwirthschaft ist aus, der Verdienst mag sich den Sommer über auf 350 Gulden belaufen. Neuen Most habe ich ohngefehr 6 Aymer bekommen.«

Am 16. Oktober macht Samson keine gute Figur. Zwang ihn die Geldnot zum Schwindeln? Laut amtlichem Protokoll hat er 48 Kreuzer für das Reparieren eines Spritzenrohrs verlangt. Es musste ausgebohrt werden, *»weil sonst die Spritze nicht gehörig gewürkt hätte.* [...] *Da es erwiesen ist, daß nicht Mayer sondern der Uhrmacher Johann Gottfried Sauter ohne Belohnung aufgerieben* [gebohrt] *hat, so wurde beschloßen: 1. Maier abzuweisen und 2. ihm seine Unverschämtheit, mit welcher er den Stadtrath belügen wollte, zu verweisen.«*

Dieser harsche Ton ist im 19. Jahrhundert normal. Die sogenannte Bürgerliche Revolution von 1848 wird ihn zwar etwas mildern, aber nicht stoppen. Der verlängerte Arm des zunehmend konservativen Königs von Württemberg reicht nach wie vor weit, auch Johann Samson Wilhelm Mayer wird ihn dann und wann spüren: bürokratisch korrekt, von oben herab.

1824 befreit Simón Bolívar Peru von der spanischen Herrschaft, in London gründet man einen Tierschutzverein. Preußen lässt die ersten öffentlichen Briefkästen aufstellen. 33 Gedichte von Harry Heine werden veröffentlicht, unter ihnen »Die Loreley«. Ludwig van Beethoven vollendet jene Neunte Sinfonie, deren Finale zu Friedrich Schillers Poem »An die Freude« man feiert. Am 27. August wird ein vierundvierzigjähriger Mörder auf dem Leipziger Marktplatz enthauptet, er dient Georg Büchner als Vorlage für sein Dramenfragment »Woyzeck«. Eine schwere Flut fordert in Sankt Petersburg 10 000 Menschenleben. Auch Esslingen hat Probleme:

»Den 28. October Abends fieng es sehr stark zu regnen an und dauerte bis zum 30. um Mitternacht fort. Der Neckar stieg 3 bis 4 Fuß höher als im Mai 1817. Vom Pliensauthor bis ans Oberthor war die ganze Stadt unter Waßer. Der Damm bei Obereßlingen ist durchgebrochen. Der am neuen Waßerhaus [Stauwehr, Mitte Juli 1823 begonnen und Anfang Oktober 1824 fertiggestellt] *ist ebenfalls zerstört. Äcker, Gärten, Brücken, Zäune und Mauern sind verdorben. Der Schaden ist fürchterlich. Das Waßer stand unter dem Schelzthor 10 Fuß und 3 Linien* [knapp drei Meter], *das höchste in mehreren Jahrhunderten.«*

Konrektor Karl Pfaff, der amtliche Esslinger Chronist, schreibt wie als Ergänzung dazu:

»Mensch und Vieh flüchteten in die obere Stadt. Aber auch hier ergoßen sich infolge des fortdauernden Regens Waßerbäche von den Bergen herab. Die Stadt war mit Pechpfannen erleuchtet; das Flammen derselben verursachte einen, glücklicherweise blinden, Feuerlärm [Alarm]. *Die Beseitigung des angerichteten Schadens verursachte noch in den folgenden Jahren viel Mühe und große Kosten.«*

Andere Auswirkungen beschreibt Johann Samson Wilhelm Mayer am 1. Dezember:

»Alle Früchte schlagen auf, besonders Gerste. Diese kost schon 8 Gulden der Scheffel, Dinkel 4 Gulden 30 Kreuzer. Das Brod kost 12 Kreuzer der Laib. Unser Wein ist schlechter als der 1823er. Viele Weingärtner haben ihn selbst einlegen [im Keller lagern] *müßen, den Aymer hat man bis zu 10 Gulden haben können. – Der Markt an Sankt Katharina ist sehr schlecht ausgefallen. Durchgängig wurden lauter kleine Stücke gekauft.*

Den 2. December: Seit heute habe ich wieder eine Magd von Kirchheim, Catharina Mayer, um 20 Gulden Lohn. Den 3. habe ich mein Haus anschlagen [zum Verkauf anbieten] *laßen um 2400 Gulden. Jakob Levi will es haben. – 17. December: Ich bin nicht auf dem Stuttgarter Markt gewesen. Ein starker Karthar hielt mich davon ab. Es soll dort auch sehr schlecht gewesen sein. Meine Spritze mit Veränderung ist gut ausgefallen, sie geht stoßweiß sehr hoch.*

Am 23. December schickte ich Seiner Exzellenz dem Herrn v. Wintzingerode [Carl Friedrich Heinrich Levin von Wintzigerode war württembergischer Außenminister und mehrfach Gesandter des Königs Wilhelm I.] *die bestellte Spritze, sehr stark. Ich setzte 33 Gulden dafür an. Wir haben wahres Sommerwetter mit unbegreiflich warmem Südwind. Auf der Alp hat es schon öfters geschnieen, allein auch da will der Schnee nicht halten.*

Der letzte Decembertag: Mein Eduard ist immer sehr schwächlich. Nur Haut und Bein ist an ihm, sein Aug [Blick] *ist aber frisch. Der Herr wird ihn noch mit Gesundheit seegnen. Dank sei Ihm für das viele Gute, das Er uns in diesem Jahr erwiesen hat. Amen!«*

19

MIT EINEM VERKAUF von Mayers Haus im Umfeld der Wengerter, Mittlere Beutau 6, ist es offenbar nichts geworden. Jedenfalls verliert Samson kein weiteres Wort darüber. Hat Herr Levi den vielleicht zu hohen Preis gescheut, ließ ein Disput zwischen dem Kupferschmied und dessen Frau das Geschäft vor ernsten Verhandlungen kippen? Friederike wehrt wohl trotz ihrer traditionellen Rolle als treues Weib mehr oder minder direkt alles ab, was Unruhe ins Leben am Klösterle bringen könnte.

Die Einwohner der Oberamtsstadt sind öffentlich durch zwei Gremien vertreten, Stadtrat und Bürgerausschuss. Samson Mayer fühlt sich nach Herkunft und Stand dem Letzteren näher – nur dort, statt am Tisch reicher Leute, hat ein Handwerker seinen Platz. Auch wenn er weder nominiert noch gewählt wurde, weiß der Schmied: Fortschritt heißt langfristig Elend, die Industrie macht meine Werkstatt kaputt.

Jakob Levi zählt zum anderen Lager. Der Juwelier stammt aus Wankheim bei Tübingen, zog 1806 nach Esslingen und hat hier eine Bijouteriefabrik eröffnet. Ihm weht kein antisemitischer Wind entgegen, er wird 1828 ins Bürgerrecht aufgenommen und kandidiert später sogar für den Bürgerausschuss. Wegen des schwachen Votums fällt Levi allerdings durch.

Aber davon redet man jetzt noch nicht. Im Haus Mittlere Beutau 6 geht etwas um.

Schon vor dem Wechsel zum neuen Jahr 1825 fiel Samson eine innere Unruhe an, sie traf rasch den Körper. Nachts grübelte er stundenlang, die Gedanken schwirrten wie schreckhafte Vögel, sein Kopf tat weh. Das Herz pochte im Hals und schien fliehen zu wollen: heraus aus dem Schlund, bloß weg! Die Sorge um Friederike, Armand, Carl, Adolf, Gustav und den knapp fünf Monate alten Eduard mischte sich mit der Erkenntnis, dass handgefertigte Waren aus Kupfer kaum mehr gefragt sind.

Wo also liegt die Lösung? Vielleicht im neuesten Wälzer, den Samson bei seiner letzten Visite in Stuttgart entdeckt hat. Wann immer der Markt dort geschlossen wird, besucht er Johann Friedrich Steinkopf. Dieser geistreiche Sortimenter kennt Mayers Hang zur Naturwissenschaft, empfiehlt ihm gern dies oder das und sagte kürzlich: »Meinen Berzelius müssen Sie haben.«

»Berzelius? Hmm …«

»… ist Autor des ›Lehrbuchs der Chemie‹. Ein großartiges Werk, soeben aus dem Schwedischen übersetzt, bei Arnold in Dresden erschienen. Bitte sehr – druckfrisch und fast noch feucht!«

»Ich hab zwar schon viel gelesen«, antwortet Steinkopfs Kunde nicht ohne Zögern. »Doch ein Stück Alchemie hilft mir wohl weiter.«

»Darauf trinken wir.«

Im Comptoir, wo niemand lauscht, schlürfen sie jeweils zwei Tässchen Tee (Lindenblüten der letzten Ernte). Samson redet langsam, Johann Friedrich hört zu.

»Feuer«, bekennt der Esslinger Kupferschmied, »übt einen Reiz auf mich aus. Es ist warm und spendet Licht, kann indes auch gefährlich werden. Ich baue zwar Spritzen modernster Art und bin oft als Erster am Brandplatz, aber meine … nun ja … meine Liebe zum Element hat damit nichts zu tun. Löschen ist wichtig, doch mir geht es um den *Ursprung* der Flamme. Ich will wissen, wie alles beginnt! Verstehen Sie?«

Johann Friedrich Steinkopf lächelt: »Sie entfachen gern. Ihre Lust kann ins Aug gehen, mein Lieber.«

Mayer pflichtet ihm bei und wehrt zugleich ab. Dann erzählt er dem Buchhändler Wort für Wort, was Steinkopf noch wochenlang rekapitulieren wird.

Anno 1805, sagt Samson, hat der Franzose Jean-Louis Chancel die »Briquets oxygenées« entwickelt: Hölzchen mit einem Kopf aus Kaliumchlorat, Schwefel oder Zucker und Gummiarabikum; zum Zünden taucht man sie in Schwefelsäure. 1806 nimmt Carl Christian Wagenmann, vormals Tübingen, die Erfindung zur Kenntnis und vertreibt nach diesem Muster in Berlin »Eupyrion-Feuerzeuge«. Seine Firma soll 400 Arbeiter beschäftigen. 1809 mischt Chancels Landsmann Derepas Phosphor und Magnesium zu einem zähen Brei, den er luftdicht lagert. Auf ein Holzstäbchen wird Schwefel gestrichen, im Kontakt mit der Masse brennt es sofort. 1812 schließlich stellt Friedrich Weigle aus Ludwigsburg »Tunkzündhölzer à la Chancel« her.

Dem epigonalen Weißgerber folgen 1816/17 zwei Fabrikanten in Schweinfurt und München, sie produzieren dort mehr, als Weigles kleine Werkstatt jemals fertigen kann. Ihr Produkt ist allerdings so teuer, dass nur die Hautevolee zugreift. Erst der Apotheker Stephan von Romer im fernen Wien liefert billigere Ware. Seit 1822 hat er Erfolg damit.

»Fabelhaft«, ruft Johann Friedrich Steinkopf. »Was man doch alles lernt!«

Mayer dankt für den Tee und sagt:

»Das Lehrbuch kaufe ich.«

Steinkopf: »Empfehlenswert ist bald auch ein Roman von James Fenimore Cooper. Seine ›Pioneers‹ werden derzeit aus dem Amerikanischen übersetzt. Er schreibt wunderbar über edle Wilde ...«

»Bin momentan etwas klamm.«

»Dann vielleicht beim nächsten Mal.«

Der Kranke erwacht. Ein Geräusch lässt ihn horchen. Was ist das? Etwas knackt hinter seinem Bett, doch er kann es nicht identifizieren. Samson war eben noch in Träume verstrickt, die er für Realität hielt. Nun muss sich das erste vom zweiten Bild trennen, damit kein Durcheinander entsteht.

Noch immer lebe ich, nach wie vor liegt der Kopf auf dem Kissen. Man traktiert mich mit Medizin und frommen Worten. Was hilft? Beides ist zwecklos, weil kein Pulver wirkt und weder Caroline noch Doktor Steudel oder Pfarrer Schumann mich belügen können.

Mein Tod naht, vielleicht bleiben mir nur noch Minuten, bis alles aus ist? Wer sagt, dass ich ohne Schmerz dahinfahren darf und im Himmel ankomme?

Wenn es nur nicht so dunkel wäre. Mach doch Licht, lieber Gott!

Der Kupferschmied Johann Samson Wilhelm Mayer flüstert: »Befiehl du deine Wege / und was dein Herze kränkt / der allertreusten Pflege / des, der den Himmel lenkt. / Der Wolken, Luft und Winden / gibt Wege, Lauf und Bahn, / der wird auch Wege finden, / da dein Fuß gehen kann.«

»*Dunkel ist die Aussicht für dieses Jahr*«, schreibt Samson einmal mehr am 20. März 1825 in sein Tagebuch und blickt auf das fast vollendete erste Viertel zurück. Sobald man aber keinen Weg zu erkennen glaubt, wird es hell: »*Wenn der Herr nicht geholfen hätte, wäre ich schon stecken geblieben. Auch nach Lahr habe ich eine Spritze verkauft. – Kein Eis hatten wir im Neckar, seit dem 10. haben wir Schnee. Ziemlich kalt.*«

Trotz aller Kälte keimt jedoch Hoffnung. Mayer trägt nach, was seit Ende 1824 geschehen war. Nun teilt er mit, wie Jöns Jakob Berzelius und dessen Lehrbuch der Chemie ihn aus dem Jammertal holten:

»*Vor einigen Wochen begann ich an den chinesischen Zündhölzern zu laboriren, wo ich nun soweit bin, daß ich dieselben den Berlinern gleichstellen kann. Nur ist das Kal. m. ox.* [Kaliumoxid, ätzendes weißes Pulver] *noch zu theuer. 100 Stück kann ich für 3 Kreuzer geben, 1000 weit billiger. Der Herr, der mir dies Geheimniß entdecken half, wolle mein Geschäft weiterhin seegnen und fördern. Auch habe ich Paul Kaufmanns Garten für dieses Jahr wieder in Pacht genommen, um 50 Gulden.*«

Geheimnis? Dem Schmied war wohl nie der entscheidende Schritt ins Neuland gelungen, das Charisma eines Vorreiters blieb ihm versagt. Er wollte jene Frucht säen, mit deren Ertrag man langfristig leben kann. Dies schmälert jedoch nicht sein kreatives Talent.

So oder so hatte die Idee des flammenden Hölzchens seit Jahrzehnten als Glut in Europa genistet. Sie fand immer mehr Nahrung und fuhr wie ein Lauffeuer von Ort zu Ort, bis Esslingen am Neckar erreicht war.

Immer öfter nimmt Samson sein Rezeptbuch zur Hand, Seite um Seite wird beschrieben. Er kennt den Berzelius auswendig und hält fest:

»*K. m. ox.* [Kaliumsalz] – *30 Theile, F. S.* [Flores sulfuris = Schwefelblüte] – *10 Theile, Sach.* [Saccharose = Zucker] – *8 Theile, G. Arab.* [Gummiarabikum] – *5 Theile, Zin* [Zinn] – *3 Theile. Zucker und Gummi werden zuerst mit dem Salze zusammengerieben, dann mit Waßer zu einem Brei gemacht und schließlich der Schwefel zugesetzt.*« Das Ganze ergibt »*Zündhölzer nach diesem Buch*«, womit nur das Werk des schwedischen Chemikers gemeint sein kann.

Es folgen »Phosphor Feuerzeuge«, die Mayer so herstellt:

»*Man füllt eine trockene Flasche bis zur Hälfte mit wohlgetrocknetem Phosphor. Man stellt die Flasche nur leicht mit Papier zugepfropft auf einen warmen Stubenofen und läßt sie so lange stehen, bis der Phosphor braun geworden ist. Dann verkorkt man sie gut. Stoßt man ein Schwefelhölzchen stark hinein, so entzündet es sich an der Luft. Der Pfropf muß gut eingeschliffen und mit Talg geschmiert sein. Kommt Luft dazu, ist das Feuerzeug verdorben.*«

Alternativ wird mit einem Schwefelholz so auf ein in Weißblech gefasstes Stückchen Phosphor gedrückt, »*daß von diesem ein wenig daran hängen bleibt und reibt daßelbe an einem Kork, wodurch es sich entzündet.*«

Wenn es zum Spaß des feiernden Volks lauter als sonst zugehen darf, wird Mayer demnächst »Pulver aus eigener Produktion« liefern. Er nimmt dazu »*3 Theile Salpeter, 2 Theile Pottasche und 1 Theil Schwefel. Langsam bis zum Schmelzen erhitzt, gibt* [es] *einen starken Knall.*« Beim »Chemischen Feuerzeug« lässt sich der Alchemist kaum in die Karten gucken: »*Schwefelblume, ungelöschter Kalk zu gleichen Theilen und ein Fläschchen rektifizierter* [gereinigter] *Weingeist 14 Tag in frisches Waßer gelegt.*«

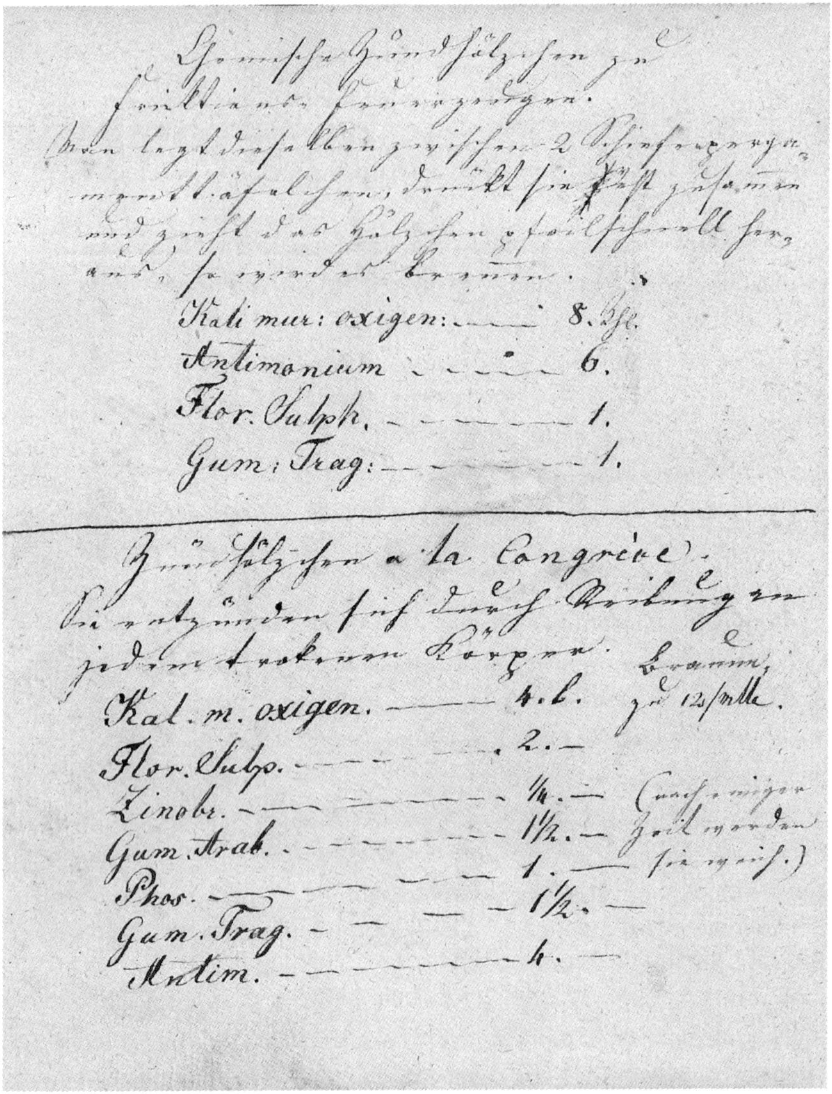
Chemische Zündhölzchen zu den kleinen Feuerzeugen.
Man legt dieselben zwischen 2 Schmirgelpapier-Täfelchen, drückt sie fest zusammen und zieht das Hölzchen schnell heraus, so werden sie brennen.

Kali mur: oxigen: 8. Th.
Antimonium 6.
Flor. Sulph. 1.
Gum: Trag: 1.

Zündhölzchen à la Congreve.
Sie entzünden sich durch Reibung an jedem trockenen Körper. Brennen, zu 12/mille.

Kal. m. oxigen. 4. L.
Flor. Sulp. 2.
Zinobr. ¼. (nach einiger Zeit werden sie weiß.)
Gum. Arab. 1½.
1.
Phos. ½.
Gum. Trag. [illegible]
Antim. 4.

Aus Samson Mayers kleinem Rezeptbuch: Die Hölzchen à la Congreve (unten) »entzünden sich durch Reibung an jedem trockenen Körper«.

Mehr zu verraten wäre falsch. Denn wer weiß schon, wo jemand lauert und etwas lernen will? Man muss wachsam sein.

Samsons Interesse gilt auch dem »Chemischen Wetterglas« (Barometer). Ob er damit das nächste Tief melden kann, ist aber zweifelhaft. Seltsam genug: *»3 Theile Kampfer, halber Theil gereinigter Salpeter, halber Theil Salmiak in Kornbrantwein«* sollen es möglich machen. *»N. B.«* wird hinzugefügt – was zeigt, dass Mayer sich nach Berzelius richtet.

Wurde zwischen Esslingen und Stockholm korrespondiert? Brachte der Große dem Kleineren etwas bei, schickte Jöns Jakob dem deutschen Schmied neue Informationen? Kein Dokument gibt Antwort.

1825 stellt man in Hannover Gaslaternen auf. Zwischen Stockton und Darlington (Nordostengland) rumpelt die erste öffentliche Eisenbahn. Louis Braille entwickelt die Punktschrift für Blinde. Ein britischer Dampfer fährt nach Indien, er benötigt dazu mehr als dreieinhalb Monate. Ludwig I. folgt seinem Vater Maximilian Joseph I. als nächster König von Bayern, Bolivien und Uruguay werden unabhängig. Russische Offiziere verweigern ihrem Zaren Nikolaus I. den Eid; sie protestieren gegen Leibeigenschaft, Polizeiwillkür und Zensur. Viele dieser »Dekabristen« werden gehängt, degradiert oder verbannt. Alexander Puschkin schreibt das Versdrama »Boris Godunow«, der jüdische Dichter Harry Heine lässt sich taufen und nimmt den Vornamen Heinrich an.

In Samsons Esse liegt weiterhin Glut, der Blasebalg faucht, Hämmer werden geschwungen. Trotz mancher Aufträge kann jedoch kein noch so emsiger Mann die Ehefrau und fünf Buben mit bearbeitetem Kupfer ernähren. Armand Tobias geht seit vier Jahren zur Schule: Er ist nicht so aufgeweckt wie sein Papa, sondern träumt in den Tag hinein. Deshalb wurde schon früh entschieden, dass das Pädagogium nichts für ihn ist. Jacob Wilhelm und Paulina Mayer steuern Ratschläge bei, was Friederike stört. Die Großeltern sagen, dieses Kind aus erster Ehe solle einen Brotberuf lernen – etwas ohne Brimborium. Ihr Sohn habe freilich wie immer Rosinen im Kopf.

Intelligenz sei gefragt, meint der wiederum und antwortet: »Gute Ideen warten darauf, erprobt zu werden.« Am 1. September 1825 schreibt er nach langer Abstinenz ins Tagebuch:

»*Heute lieferte ich dem Königlichen Kriegsrath 9 Stk. Handfeuerspritzen à 24 Gulden; vor 2 Monaten wurden sie bestellt. Die Wirthschaft im Garten ist schlechter als vor einem Jahr. 30. Oktober: Auf heurigen Herbst machte ich Feuerwerk und verkaufte für etwa 50 Gulden. Am 1. December sandte ich ein Fäßchen Zündhölzer nach Basel, zugleich lieferte ich eine Spritze nach Tübingen an Herrn Boßert* [Vater des früheren Gesellen]. *Ich sah auch das Große Faß im Schloß Keller. – Der hiesige Markt ist schlecht ausgefallen, ich habe ohngefehr 22 Gulden gelöst.*«

Mitte Dezember 1825 fällt eine weitere Frucht vom Himmel in den Schoß der Familie Mayer. Hatte Johann Samson Wilhelm keine Ahnung vom gesegneten Zustand seiner Frau? Oder stumpfte er ab angesichts jenes Körpers, dessen Rundung Jahr für Jahr auch seine eigene Aktivität bezeugt? Die Eltern pendelten vermutlich zwischen Sorge und Dank, sprachen im Ehebett leise darüber (»damit Armand nichts hört«) und nehmen nun, wie bisher, das Kind als Gabe Gottes entgegen. Man ist schon froh, wenn es gesund wirkt.

Vor allem soll Rike sich rasch erholen.

Dem Journal wird anvertraut, dass Samson am 13. Dezember auf dem Stuttgarter Markt »*keinen Heller*« löste. »*Als ich nach Hause kam traf ich einen Buben an, den mein Weib Nachmittags 1 Uhr glücklich geboren hatte. Sie befand sich ebenfalls ordentlich. Der Herr wolle auch diesen Kleinen mit eben der Gnade seegnen, welche sich bisher an meinen übrigen Kindern so reich verherrlichet hat. – Den 30.: Heute brachten wir unsern Neugeborenen zur Heiligen Taufe, wo wir ihm die Namen Imanuel Franz Otto beilegen* [geben] *ließen. Der Heiland wolle ihn bis an das Ende mit seiner Liebe geleiten. Amen!*

Anhang: Aus Göttingen erhielten wir ein herrliches Patengeschenk, nemlich ein Hanöversches 10 Thaler Stück in Gold oder 2 Louisdore.«

20

ES IST EIN JAMMER. Sobald man Sprösslinge hat, wohnt nicht nur die Freude im Haus. Entweder sind sie krank oder das Geld reicht kaum für sie – je mehr kleine Esser rund um den Tisch sitzen, desto häufiger zerbricht sich Samson Mayer den Kopf. Blanke Augen sehen ihn an. Mit Holzlöffeln wird getrommelt, bis es heißt: »Schluss jetzt mit eurer Komeede!« Womit hat er diese fragenden Blicke verdient, was mag aus dem Nachwuchs werden? Wenn Friederike noch stillt und ihre Milch etwas taugt, kann man vom Glück reden, dann wird nur etwas Brei zugefüttert. Imanuel nimmt ihn gern, doch ältere Kinder brauchen feste und nahrhafte Kost. Außerdem geht alle paar Wochen hier ein Kittel oder dort eine Hose kaputt. Die Mutter flickt nachts trotz schlechter Beleuchtung, aber selbst beim Lampenöl wird gespart. Kerzen sind billiger.

Offenes Licht sorgt im engen Milieu der Stadt nicht selten für Feuer. Erst am 9. Januar 1826 hat der Kupferschmied einen Brand mit glimpflichem Ausgang löschen müssen. Was liegt da näher, als hinterher in den »Eßlinger Anzeigen« für seine »*vervollkommneten Wind-Kessel-Hand-Feuer-Spritzen*« zu werben? Ihr Erfinder schlägt dem Magistrat gleichzeitig vor, solch moderne Geräte kaufen zu lassen, damit »*die bekannte muthige Thätigkeit der Bewohner Eßlingens bei solchen Gefahren wirksamer werde*«. Außerdem empfiehlt er nun eine »*anerkannt gute englische Stiefelwichse*«, die bei ihm »*auch in den kleinsten Portionen*« zu haben ist.

»*Mit Schrecken bemerken wir*«, gibt Mayer ohne Datum zu Protokoll, »*daß unser Otto in der rechten Leistengegend einen Leibschaden bekommen hat. Wir haben ihm Bandagen machen laßen, welche aber nicht wohl anzuwenden sind. – Februar: Bernhart Hemminger will dem Otto bis auf den April durch einen Span* [fußlange Schindel] *aus junger Eiche helfen. Die Bandagen bleiben weg, denn sie sind bei so kleinen Kindern von keinem besonderen Nutzen. – Merz: Paul Kaufmanns Garten nehme ich nicht mehr, denn es wird zusehends schlecht mit der Garthenwirtschaft. Dem Otto kommt sein Leibschaden öfters faustgroß heraus* [wohl ein Leistenbruch], *man muß ihn entsetzlich hüten.«*

1826 erfindet der britische Apotheker John Walker ein Streichholz, das jedoch schlecht brennt und stinkt; er vergisst, es patentieren zu lassen. Joseph Nicéphore Niepce aus Chalon-sur-Saône gelingt die weltweit erste Fotografie: Mit einer »Camera obscura« hält er den Blick aus seinem Fenster fest, belichtet wird acht Stunden lang. In Valencia vollstreckt man das letzte Todesurteil der Inquisition. Der schottische Afrikaforscher Laing erreicht als erster Europäer das geheimnisvolle Timbuktu am Niger. Joseph von Eichendorffs Novelle »Aus dem Leben eines Taugenichts« erscheint, Wilhelm Hauff legt den bald populären Roman »Lichtenstein« vor, Friedrich Fröbel schreibt über »Erziehungs-, Unterrichts- und Lehrkunst«. Der Landwirt Vincenz Prießnitz gründet im schlesischen Gräfenberg eine Kaltwasser-Heilanstalt.

Am 15. März fällt den Lesern des »Eßlinger Wochenblatts« eine Annonce auf. Sie beweist, dass »*J. S. W. Mayer d. J.* [der Jüngere] *am Klösterle«* für eigene Waren wirbt:

»Der Unterzeichnete macht die ergebenste Anzeige, daß seine vorzügliche Glanz- und Fettwichse bei ihm in Häfelchen zu 6 und 12 Kreuzer zu haben ist. Dieselbe hat die vortheilhafte Eigenschaft, daß sie, nachdem das Leder mit Fett geschmiert und dasselbe eingedrungen ist, mit wenig Mühe den schönsten Glanz im tiefsten Schwarz hervorbringt. [...] *Meine eben so gute flüßige Wichse ist immer der Schoppen à 9 Kreuzer zu haben.«*

Zwei Trumpfkarten zieht Samson zum Schluss. Sie dokumentieren, dass ein anderer Spieler wahrscheinlich hinter ihm liegt:

»Meine verbeßerten, ganz wohlfeilen chemischen Zimmerfeuerzeuge, welche beim strengsten Gebrauch, ohne aufgefrischt zu werden, über 1 Jahr zünden, sind wieder vorräthig. Wie auch dergleichen Zündhölzchen das Hundert à 3 Kreuzer.«

Unbewusst sticht der knapp vierzigjährige Kupferschmied damit den Konkurrenten aus. Dieser 1796 in Ehningen bei Böblingen geborene Mann namens Kammerer hat die Siebmacherei und das Handwerk des Hutmachers erlernt, sitzt 1833 – weil republikanisch gesonnen – vier Monate Haft ab und wird dort nicht faul sein. Ihn faszinieren Gelber Phosphor und Kaliumchlorat: Mit dieser Kombination kann man Zündmasse herstellen.

Viel später liest Samson Mayer im »Schwäbischen Merkur«, dass jener Jakob Friedrich Kammerer aus Ludwigsburg seit 1830 »Congrevesche Zündhölzer« anbietet (William Congreve hatte 1804 die Brandrakete entwickelt). Nun, nach seiner durch Krankheit bedingten Entlassung vom Hohenasperg, verkauft er über das Nürnberger Kaufhaus Johann Carl Leuchs & Co. modernere Stäbchen aus Phosphor und ist bald als Erfinder der Reibehölzer bekannt.

Zurück zum April 1826. *»Peter Haußer am Markt«*, notiert Samson, *»hat Kaufmanns Garten samt dem Ertrag um 90 Gulden, so viel ich höre, auf mehrere Jahre übernommen. – Hemminger hat dem Otto geholfen* [Heilung des Leistenbruchs]. *Wir erwarten nun, daß der Herr sein Gedeihen dazu gibt. – Juni: Der Mai war sehr rauh, die Birnen haben durch den langen Stillstand gelitten. Es fallen viele ab. – Mein Vater will zu mir zu ziehen, sein Haus verkaufen und seine Schulden bezahlen.«*

So liest denn ein interessiertes Publikum im Esslinger Wochenblatt, was mehr oder weniger die Handschrift des Sohns trägt:

»Durch Altersschwäche veranlaßt, mein Geschäft aufzugeben, entschloß ich mich mein Wohnhaus, sammt schönem Küchengarten dabei, in der schönsten Lage der Oberthorstraße aus freier Hand zu verkaufen. Liebhaber hiezu können es täglich in Augenschein nehmen und einer ganz billigen Uebereinkunft entgegen sehen. Jak. Wilh. Mayer der Ältere, Kupferschmied-Obermeister.«

Samsons erster Satz deutet ein Dilemma an: Jacob Wilhelm geht es schlecht. Er hat keine Kraft mehr, die Beine verweigern oft ihren Dienst, immer wieder plagt ihn ein unangenehmer Schwindel. Das Resultat aus dieser Misere:

»Seinen Rank [Flur südlich des Neckars] *mußte er schon am Schluß des vergangenen Jahres um das elende Geld von 420 Gulden dem Schwanenwirth Georg Anton Storz verkaufen, davon bekam er nicht einen Heller in die Hand. Früher hätte ich dafür 700 bis 800 Gulden gegeben. – Juli: Der Kupferschmied Jeremias Gottlieb Utz wäre Liebhaber zu seinem Haus, aber er* [Samsons Vater] *setzt es zu hoch an und will 1600 Gulden dafür.*

Beste Witterung hat die Traubenblüthe begünstigt, welche bisher vortheilhaft fortwirkt. Die Weinberge strotzen mit Trauben. – August: Zu Jakobi hatten wir so außerordentliche Gewitterregen, daß das ganze Obereßlinger Feld unter Waßer gesetzt wurde. Der niedere Theil der Stadt war ebenfalls unter Waßer. Die Weinberge litten viel dabei.«

Mayer junior erkennt immer deutlicher, dass sein Handwerk stirbt. Es wirft jedenfalls zu wenig ab. Finanziell sieht es flau aus:

»Meine Profeßion stockt gänzlich. Mit Spritzen ist nicht viel zu machen. – Den 23er Wein, worunter noch von beßeren Jahrgängen ist, schenke ich um 8 Kreuzer d. Ms. [das Maß = knapp zwei Liter], *und doch geht er nicht stark. Meinem Vater habe ich auch davon gegeben, er verkauft mehr.*

4. September 1826. Nachmittags 2 Uhr mußten alle aufs Rathaus zur Umgelder Bekanntmachung [richtig: Ungeld = Umsatzsteuer]. *Ich war von den Letzten, doch traf ich meinen Vater noch nicht an. Es war mir etwas auffallend. Ehe ich zum Unterschreiben kam, wurde mir gerufen, daß ich plötzlich auf das Kies* [heute Kiesstraße beim Wolfstor] *kommen sollte. Mein Vater habe einen Blutsturz bekommen. Der erste Gedanke war, daß ich ihn nicht mehr lebend treffen werde. Ich flog auf das Kies; eine aus Schreiner Pflügers Haus tretende Person sagte mir, daß er wirklich tod sei.*

Den Tag über klagte er über nichts Besonderes als daß er ziemlich müde sei, welches man für eine Folge der Schwäche hielt, welche seit Jahr und Tag sichtbar bei ihm zunahm. Er kam also bis in die Nähe von Schloßer Abraham Baders Haus, von wo aus er wieder zurückgieng. Man bemerkte, daß er Blut ausspie. An Pflügers Haus gieng er schnell hinein und setzte sich auf eine Bank im Hausöhrn [Flur]. *Die*

Gesellen kamen sogleich aus der Werkstatt und sahen, daß er sehr stark Blut auswarf. Auf die Frage, was ihm fehle, antwortete er, man solle einen Barbier holen und meine Mutter. Allein ehe sie da waren kam der Blutauswurf stärker mit Husten. Eine Ohnmacht, welche sich einstellte, verband sich plötzlich mit einem schmerz- und bewußtlosen Tod, durch welchen er unvermuthet hinübergerufen ward.

Der Herr Jesu wolle sich seiner Seele erbarmend angenommen haben. Amen.

Das Schicksal meines Großvaters wurde auch ihm zu Theil: Beinahe vor 40 Jahren gieng derselbe ebenfalls ziemlich wohl in seinem Beruf aufs Rathhaus; kaum dort angekommen, sank er leblos nieder. Einige Minuten später wäre mein Vater in dem nemlichen Haus gestorben. […]

Am 7. September wurden die Ueberreste meines Vaters Nachmittags 2 Uhr zur Erde bestattet. Eine Grabrede über den Text ›Darum wachet, denn ihr wißet nicht, zu welcher Stunde euer Herr kommen wird‹ beschloß die Todenfeier.«

Samson Mayer steht am offenen Grab und schämt sich nicht seiner Tränen. In Esslingen weiß man durchaus, daß Jacob Wilhelm kein Engel war. Doch der Schmerz um einen geachteten Bürger wiegt allemal schwerer.

Dem Toten ist längst vergeben worden, was er seinem Sohn während der Kindheit und Jugend angetan hatte. Von Paulina aber trennt Samson nach wie vor eine Mauer. Wo steht denn geschrieben, dass Mütter stets liebevoll sind? Darüber kann er mit niemand reden. Selbst Friederike hört bei diesem Thema weg, weil die Schwiegermutter selten gut zu ihr war; menschliche Wärme fehlt ihr weitgehend. Ja, wenn sein Freund Armand Kern noch lebte! Mit dem hätte er stundenlang sprechen können und von Mann zu Mann Trost gefunden. Aber so …

Trotz aller Trauer vergisst der Kupferschmied nicht das tägliche Soll. Dazu gehört die obligate Anzeige im Wochenblatt. Dort kündigt er als Unterzeichneter an, »*daß die besten patentirten Kupferhütchen in Parthien wie im Kleinsten bei ihm zu haben sind. Auch empfiehlt er seine haltbaren chemischen Feuerzeughölzer, deren Nützlichkeit durch die öffentliche Meinung allgemein bestätigt wird.* [...] *J. S. W. Mayer am Klösterle.«*

Was sonst noch? Das Tagebuch reiht aneinander:

»Mein Obstseegen fiel heuer ordentlich aus, ich habe ohngefehr 10 Aymer Most gemacht. Das Simri Obst kostet 12 bis 20 Kreuzer. Die Trauben sind schön. – Am 22. November war im Elternhaus Inventur. Es zeigten sich ohngefehr 2500 Gulden Einbuß. Mein väterliches Erbe beläuft sich auf 240 Gulden, 1000 bleiben meiner Mutter noch übrig. 30. November: Durch den ganzen Markt löste ich circa 26 Gulden. In Rüdern [heute ein Esslinger Stadtteil] *habe ich 3 Aymer Wein gekauft zu je 25 Gulden. Die ungeheure Menge ist unbeschreiblich schnell weggekauft worden. Zuletzt sind die Preise etwas gestiegen und stunden allgemein auf 15 bis 40 Gulden.*

December: Aus Feuerwerk habe ich etliche 50 Gulden gelöst. Meine Mutter hat am 13. Auktion gehalten und etwas über 100 Gulden bekommen. Danach ist sie bei mir eingezogen. Da wir durch den Seegen des Herrn einem neuen Zuwachs unserer Famille entgegensehen, wolle Er wie bisher unser Versorger sein und uns auch im nächsten Jahr mit Seiner Hilfe erfreuen. Um welches wir inständig bitten. Amen.«

Kein Schnörkel, kein Strich. Mit dieser Schlussformel endet Johann Samson Wilhelm Mayers Tagebuch. Das Leben jedoch läuft weiter.

21

SAMSON SITZT AM 1. JANUAR 1827 mit dem Rücken zum Ofen auf einem Stuhl. Schlafrock wie Zipfelmütze lassen erkennen, daß er erst vor kurzer Zeit das Bett verlassen hat. Eben ist Friederike von draußen gekommen und legt Holz nach, damit ihr Mann nicht friert. Der Kupferschmied blättert im »Chronischen Journal«, das vor 13 Jahren begonnen wurde. Welcher Mensch mag diese zahllosen Zeilen lesen oder gar bemerkenswert finden, denkt Mayer, wenn er selbst keinen Schnaufer mehr tut und alle Kinder wer weiß wo gelandet sind? Bald werden es sechs Buben sein, falls ihnen kein Mädchen folgt. Rikes Schwangerschaft geht in die letzten Wochen.

Am 16. Februar kommt ihr achtes Kind zur Welt. Das Mädchen erhält die Namen Julie Friederike Pauline und wird sein erstes Jahr nicht überleben. Wie gut, dass dieser Verlust noch in den Sternen steht …

Die Zukunft wirkt nebulös, doch man darf niemals kapitulieren. Schwach zu sein kostet weitere Kraft. Der Teufel lauert auf Pessimisten! Solange Gott unser Haus behütet, spinnt Samson den Faden weiter, ist nichts verloren. Immerhin hat das letzte Jahr zwei Engel zur Mittleren Beutau 6 geschickt: Deffner und Kessler.

Carl Christian Deffner gehört seit 1819 die Esslinger Lackierwerkstatt von Johann Rudy. Er baut sie konsequent aus und sitzt im Bürgerausschuss. Der liberale Sohn eines Miniaturmalers am Hof des Herzogs Carl Eugen ist kultiviert, handelt fortschrittlich und kam Ende letzten Jahres mit Samson Mayer ins Gespräch. Nach dem Gottesdienst zu Silvester standen beide vor Sankt Dionys; es wurde geplaudert, und Deffner war neugierig:

»Zündhölzer? Was Ihr nicht sagt. Da hat doch ein Herr aus meinem Geburtsort Ludwigsburg schon etwas erfunden. Oder nicht?«

»Jakob Friedrich Kammerer heißt dieser Mann. Er stellt Siebe und Hüte her, aber ich bin ihm voraus. Das von mir erfundene Feuerwerk schlägt jegliche Konkurrenz. Es geht nur noch darum, die finanzielle Basis zu festigen.«

»Topp! Ihr seht mich an Eurer Seite.«

Seit Carl Deffner das versprach, sieht Samson mehr Licht am Horizont. Denn auch sein eigener Nachbar Georg Christian Kessler will helfen. Als Kompagnon des Oberjustizprokurators Heinrich Georgii hat sich der frühere Teilhaber von Clicquot-Ponsardins Sektkellerei im französischen Reims am Esslinger Burgberg etabliert. Dort wurde die Kelter des alten Kaisheimer Pfleghofs, alias Klösterle, zur

Produktion deutschen Champagners »à la Veuve Clicquot« eingerichtet. Ähnlich wie Deffner ist Kessler – den Samson schätzt, mit dem er gut Freund ist und dessen Schaumwein er liebt – von Mayers Talent beeindruckt.

Sie sitzen abends bei einer Flasche in Georg Christians Kontor, und Samson strahlt nach dem dritten Glas Sekt: »Wenn das Glück kommt …«

Kessler antwortet trocken: »… schießt mein Freund vielleicht übers Ziel hinaus. Wisst Ihr, was der weltweise Denker Immanuel Kant allen Sterblichen ins Stammbuch geschrieben hat? Wir seien nicht hier, um glücklich zu werden, sondern um unsere Pflicht zu erfüllen.«

»Deshalb werkle ich ja Tag und Nacht!«

Der Kupferschmied stöhnt. Er kann immer noch nicht zwischen Dunkel und Hell unterscheiden. Wo bin ich, welcher Tag ist heute? Am 15. Dezember 1852, einem Mittwoch, ist Mayer morgens erwacht. Offenbar hat ihn jemand aus dem Tiefschlaf geweckt, jedenfalls streicht etwas sanft über seinen Kopf. Die wohl damit verbundene Person sagt mit leiser Stimme:

»Wie gehts dir, Sami?«

Du bist also noch nicht tot, denkt Samson, dein Hirn arbeitet wie seit vielen Jahrzehnten. Du möchtest zwar antworten und beweisen, dass man dich hört, bringst aber kein Wort hervor.

Er schluckt, stöhnt erneut und hebt beide Hände. Das kostet Kraft, doch Caroline Mayer versteht. »Quäl dich nicht«, sagt sie. »Alles wird gut.«

Samis Ehefrau hat erst gestern durch den Doktor gelernt, dass man Sterbende ernst nehmen soll. Falls sie reden, sei ihre oft kurios wirkende Sprache zu entschlüsseln. Denn das diesseitige Vokabular des Lebens, warnte der alte Oberamtsarzt, tauge nichts und lasse eine eventuell andere Dimension außer Acht. Ernst Gottlob von Steudel schloss mit dem Satz: »Uns bleibt nur die Erkenntnis, dass wir nichts wissen.«

Während Caroline sich daran erinnert und dennoch dagegen kämpft, murmelt ihr Mann:

»Ich möchte heim.«

Worauf sie antwortet: »Bald, mein Lieber.«

Am selben Tag, knapp anderthalb Wochen vor Heiligabend, stehen vier Kinder stumm neben dem Bett des Vaters und prägen sich sein Gesicht ein – die glanzlosen Augen, das fast weiße Haar, den schmalen Mund. Der jüngste Bub Rudolf Florentin Benjamin, im Mai 1848 geboren, hat spürbar Furcht. Werden die drei Älteren diesen Anblick jemals vergessen?

Mitte Februar 1827 lässt der Schmied wieder eine Annonce in den Esslinger Anzeiger setzen. Ihr Text wirkt, wie damals üblich, gedrechselt:

»Da seit neuerer Zeit meine chemischen Feuerzeuge mit besonderem Beifall aufgenommen werden, so mache ich die ergebene Anzeige, daß es zu jedem von jetzt an ein Päckchen Zündhölzchen, ohne den Preis zu erhöhen, geben wird. Da nun durch die wohlfeilsten Preise und die Beseitigung jeder Unannehmlichkeiten diese vorzüglichen Geschwindfeuerzeuge jeder Stand zum gemeinen Gebrauch sich anschaffen kann, so schmeichle ich mir einer starken Abnahme entgegen zu sehen. J. S. W. Mayer am Klösterle.«

Ähnlich die Eingabe an den Esslinger Magistrat:

»Wohlloeblicher Stadt Rath! Der Unterzeichnete bittet […] *gehorsamst, ihm die Besorgung der sämtlichen hiesigen Stadt-Feuerspritzen, welche sein Vater bisher akuradmäßig behandelt hat, unter denselben Bedingungen hochgeneigtest zu übertragen. Da ich seit dem Tode meines Vaters dieses Geschäft zur Zufriedenheit meiner hochloeblichsten Vorgesetzten pflichtmäßig versehen habe, so schmeichle ich mir, einer wohlwollenden Gewährung meiner gehorsamsten Bitte entgegen zu se-*

hen. In aller Ehrfurcht verharre ich Einem Wohlloeblichen Stadtrat gehorsamster J. S. W. Mayer, Kupferschmied und Spritzenmacher.«

Eine schlichtere Diktion könnte schon beim Eingang der Post Ärger erzeugen. Wie viel erst während des Lesens durch den Empfänger im Amt? Doch weil es respektvoll klingt und nichts entgegensteht, wird das Gesuch bewilligt.

Julie trinkt brav. Sie gedeiht probemlos, wenn auch ihr nächtliches Schreien lauter ist und länger dauert als jenes der früheren Kinder. Dies stärke die Lungen, sagt Samson, was vorteilhaft sei. Er selbst habe als Säugling angeblich viel gebrüllt – sieh da, das Äpfelchen falle nicht weit vom Stamm.

»Apropos Geschrei«, sagt Mayers Freund Johann David Kodweiß Ende Februar zu dem Kupferschmied. »Weißt du, dass in Stuttgart zwischen April und Mai eine Industrieausstellung stattfindet? Dort muss deine Fabrikation präsentiert werden. Klappern gehört zum Handwerk!«

»Welcher Zufall. Ich hab grad gestern daran gedacht und schick etwas hin.«

Der Zinngießer: »Informier die Öffentlichkeit, damit alle es lesen. Reklame, Reklame!«

»Natürlich.«

Das »Correspondenzblatt des Württembergischen Landwirthschaftlichen Vereins« druckt also im Frühling 1827 folgenden Text:

»J. S. W. Mayer, Kupferschmied in Eßlingen. Eine Handfeuerspritze von Kupfer mit eisernem Stiel und Lederschlauch, welche unabgesetzt einen Wasserstrahl von 50 bis 60 Fuß und in einer Minute bei 12 Maaß [mehr als 20 Liter] *Waßer wirft – 24 Gulden.«* Der Redakteur fügt nicht ohne diskreten Tadel hinzu: *»Gut gearbeitet, doch werden ähnliche in Stuttgart und anderwärts verfertigt.«*

Mayer selbst hat veranlasst, dass es beim Thema Spritze nicht bleibt, und so lesen die Freunde der Zeitschrift ein paar Seiten später:

»Sehr wohlfeile chemische Feuerzeuge und Zündhölzchen zu 30 Kreuzer. Von letztern, die er nach eigener Komposition verfertigt, rühmt er die leichte, sichre Zündbarkeit ohne unangenehmen Geruch.

So daß bei gehöriger Behandlung unter Tausend nicht eins versagen werde. Derselbe Preis [wird berechnet] *wie die Berliner, Pariser und Schweinfurter Fabriken diesen Artikel stellen. Indessen, wie er behauptet und sich auf das Urtheil der Kenner beruft, seine Zündhölzer jene an Güte und Gleichheit übertreffen. Auch die Feuerzeuge habe er mit solcher Pünktlichkeit gearbeitet, daß sie, ohne aufgefrischt zu werden, bei gewöhnlichem Gebrauche ein Jahr fortdauern. Er empfiehlt sich daher dem Publikum.«*

Samson arbeitet unentwegt, nur am Sonn- oder Feiertag gönnt er sich Pausen. Sein erlerntes Handwerk wirft kaum noch etwas ab, desto eifriger werden Hölzchen mit brennbarer Paste bestrichen. Doch der Geldmangel greift immer mehr um sich. Das seit dem Tod des Vaters leer stehende Elternhaus muss dringend verkauft werden und wird offeriert:

»Aus der Verlaßenschaft des Jakob Wilhelm Mayer, gewesenen Kupferschmied-Obermeisters dahier. Eine Behausung vor dem Obern- oder Wolfsthor, neben Johann Leonhard Ramsperger, Schuhmacher und Jakob Schabers Gärtle, samt Küchengärtlen dabei, zinsfrei [...]« Inklusive Bauland und einem Baumgarten ist es mindestens 800 Gulden wert, doch werden nur 707 geboten. Zu wenig, um neun Mägen im eigenen Heim satt zu bekommen, den Hausherrn nicht mitgerechnet.

Am 31. Juli 1827 hält der Stadtschreiber fest:

»Kupferschmied Mayer bittet, ihm zum weitern Verkauf [...] *noch einen kurzen Termin zu gestatten, indem er glaubt, daß er jemand auffinden werde, der das Hauß um einen höhern als den bisher erzielten Preiß von 707 Gulden übernehmen werde.«* Daraufhin wird beschlossen, *»dem Bittsteller noch einen Termin bis Samstag, den 17. August zur Beibringung eines höhern Käufers zu ertheilen.«*

Leider ohne den geringsten Erfolg.

Wer wirtschaftet besser? Die Esslinger Stadtkasse meldet heuer gut 4700 Gulden Defizit. Aber egal: Man sollte Gott für jeden Tag danken, meint Friederike, deren Vertrauen auf eine höhere Führung nie nachlässt. Wenn freilich ihr Ehemann den »Schwäbischen Merkur« von Georg Kessler leiht und nachts schon halb schlafend liest (ein Abonnement kommt zu teuer), springt ihn das Elend an. Denn er merkt, wie weit die große Welt vom kleinen Esslingen am Neckar entfernt ist.

1827 schlägt der Herrscher Hussein Dey den französischen Konsul Pierre Deval mit einem Fliegenwedel und wirft ihn aus seinem Palast, was später zur Kolonisierung Algeriens führt. Durch ein gewaltiges Feuer wird die finnische Stadt Turku fast ganz zerstört. London bietet Stadtpläne an, dort lässt man das Straßennetz erstmals mit Kehrmaschinen säubern. Alexander von Humboldt hat zwei Jahre lang überseeisch geforscht und kommt nach Berlin zurück. Karl Baedeker eröffnet in Koblenz eine Verlagsbuchhandlung als Vorspiel zur Produktion informativer Reiseführer. Paris erlebt mit dem Auftritt einer Giraffe etwas Besonderes: Der ägyptische Gouverneur Muhammad Ali ließ sie verschiffen, »Zarafa« hat durch die lange Reise nicht gelitten.

Samson Mayer liest viel. Wissenschaftliche Werke, Novellen, zuweilen ein langes Poem: Nahezu nichts wird ignoriert. Diese Gewohnheit verdankt er dem Pädagogium und dessen Rektor Friedrich August Herwig, der einst alle »wichtigen Bücher« empfahl. Lächelnd, weil Samis Lust am Stoff einem Dauerlauf glich. Stets lieferte Herwig neue Lektüre, das Interesse des Zöglings wuchs Monat für Monat und erfreute ebenso regelmäßig den Lehrer.

Der mitten im Leben stehende Schmied denkt an die nun schon weit entfernte Wanderschaft am Rhein entlang und quer durch Frankreich bis hin nach Amsterdam. Damals war das Lesen aus manchen Gründen nicht möglich. Erst als verheirateter Mann und junger Meister kam er wieder dazu, nun aber dauerhaft, und er wurde ein Bücherfreund.

Vor diesem Hintergrund begibt sich Samson am letzten Tag des Monats August nach Stuttgart, wo der Buchhändler Steinkopf ihn empfängt und ohne Hin oder Her auf den Autor Cooper zu sprechen kommt:

»Erinnert Ihr meine Rede? ›The Pioneers‹ ist jetzt endlich in Frankfurt herausgekommen, den gut übersetzten Roman verkaufe ich wohlfeil. Er heißt ›Die Ansiedler‹ und wird Euch fesseln. James Fenimore Coopers Werk hat Format. Der Stern aus Nordamerika funkelt!«

Mayer lauscht, nimmt den frischen Oktavband zur Hand, blättert darin, riecht nebenbei am Papier und trennt sich dann schweren Herzens von einem Gulden. Was sagt wohl die sparsame Friederike heute Abend, wenn er auf dem Markt der Residenzstadt nichts verkauft und trotzdem Geld ausgegeben hat? Doch wenn Johann Friedrich Steinkopf etwas lobt, muss man ihm glauben.

Mit Coopers Buch im Sack trifft Samson Mayer spät am Klösterle ein. Wo er so lange gewesen sei, fragt seine Frau. Sie habe gebangt, denn die Polizei warne vor Spitzbuben, bei denen das »Pistol« locker sitzt.

»Ich hab keine Angst«, sagt Samson.

Was ihm jetzt nahe geht, ist das Leben Chingachgooks, von dessen Schicksal der amerikanische Schriftsteller packend erzählt. Häuptling »Große Schlange« war jahrzehntelang mit dem weißen Trapper Nathaniel Bumppo alias Lederstrumpf befreundet. Die Rothaut stand neben ihm zahllose Mutproben durch, wurde ein gläubiger Christ, verfiel zum Schluss dem Alkohol, ließ sich vom Waldbrand umzingeln und starb im Flammenmeer.

Da ist es wieder – dieses seltsame Element, das wärmt und zerstören kann. Es hatte den Schmied schon als Kind in Jacob Wilhelms Werkstatt fasziniert (die Esse, der Blasebalg, sprühende Funken) und lässt ihn einmal mehr an Friedrich Schillers Gedicht vom Glockenguss denken:

»*Wohltätig ist des Feuers Macht, / Wenn sie der Mensch bezähmt, bewacht.* [...] */ Doch furchtbar wird die Himmelskraft, / Wenn sie der Fessel sich entrafft ...*«

Dem heißen Sommer folgt ein warmer Herbst bis hin zum November. Die Ernte hat sich gelohnt, speziell das Kernobst ist schön, man hofft trotz der im Frühjahr schlechten Witterung auf den Esslinger

Wein. Auch Samson Mayer lobt Gottes Segen; er war an der eigenen Presse aktiv und annonciert nun im Wochenblatt, was zu haben wäre: *»Neuer, mußierender Bratbirn-Most in Bouteillen um billigen Preiß bei J. S. W. Mayer am Klösterle.«*

Doch noch so viel Tatkraft verpufft. Brachten einst die Lotterie oder der gepachtete Wirtsgarten etwas Geld ein, raubt nun finanzielles Elend den Mut. Manchmal läuft Samson abends am Ufer des Neckars entlang und sucht Halt im Gestern. Dann wird jene sonore Stimme wach, deren Klang er einer stattlichen Gestalt zuordnet. Sie spricht:

»Die Erinnerung ist das einzige Paradies, aus dem wir nicht vertrieben werden können.«

Wer hat das gesagt? Rektor Herwig im Pädagogium will es wissen, und Sami antwortet schnell: »Jean Paul.«

»Respektiert also diesen deutschen Dichter. Alle zusammen: ›Die-Erinnerung-ist-das-einzige ...‹ Tadellos.«

Als Samson seinem alten Lehrer innerlich lauscht, bricht das Heimweh nach der fernen Kindheit über ihn herein. Manche Menschen werden sanft aus ihr entlassen und halten wider jede Vernunft daran fest, andere lösen sich mühsam und finden Ziele. Wo steht er selbst, was ist ihm zugedacht? Hatte Jean Paul prinzipiell Recht? Oder gibt es im Leben weder Ankunft noch Paradies?

Man möchte weinen.

Eine weitere Erinnerung taucht auf. Sie schenkt aber Trost: Jean Paul, alias Johann Paul Friedrich Richter, lebte seit 1804 in Bayreuth und starb fast blind und verstummt Mitte November 1825. Wo er wirkte, hatte der Kommissionshändler Levi Frank aus Esslingen schon zwei Jahre zuvor angeboten, was Samson per Heimarbeit herstellt. Die »Baireuther Zeitung« warb damals anlässlich des Martinimarkts für chemische Feuerzeuge und Zündhölzer. Frank bat *»um Zutrauen des hochgeneigten Publikums«* und versicherte, er werde *»ganz solide Waare«* garantieren.

Warum auch nicht, denkt Samson Mayer. Treue Helfer sind kostbar, Jud Levis prozentuale Beteiligung am Geschäft soll wachsen.

Bald ist meine Produktion auch im Ausland begehrt: Österreicher, Eidgenossen, Briten oder gar Amerikaner werden mir schreiben. Glaubt man zu jeder Stunde an den Erfolg, stellt er sich irgendwann ein.

So endet das eher traurige Jahr 1827. Es war oft dunkel getönt und bleibt bis zum Schluss düster, zumal Friederike kurz vor Silvester glaubt: »Unser Julchen möchte verreisen.«

22

JA, JULIE IST KRANK. Wie viele Kinder des Jahrhunderts leidet sie unter einem Phänomen namens »Gichter«, obwohl die Eltern alles nur Mögliche dagegen tun. Sie schwitzt, bekommt keine Luft mehr und phantasiert. Niemand weiß Rat, nichts zeigt Wirkung – auch diverse Kräutlein, von klugen Nachbarn oder noch klügeren Apothekern empfohlen und in Julchens Milchbrei gemischt, helfen kaum.

»Nimm ein Löffelchen voll. Sei lieb ...«

Krämpfe schütteln den kleinen Leib. Doktor und Wundarzt wechseln sich ab; zur Ader jedoch darf man einen derart schwachen Organismus nicht lassen, dies würde das letzte Blut kosten. Was also tun? Man bittet Gott um Beistand. Die sechs Geschwister werden abgelenkt und von Julie ferngehalten.

Während Friederike ihr Bestes als Mutter gibt, arbeitet Samson amtlich. Schon 1812 war Esslingen in Viertel aufgeteilt worden, für die Beutau wurde der Schmied jetzt zum »Viertelsmeister« gewählt. Damit vertritt er dort alle Bürger in juristischer Hinsicht, kümmert sich wie bisher um Löschgeräte, leitet Kolonnen zur Brandbekämpfung, nimmt polizeiliche Aufgaben wahr, unterstützt Wahlen, organisiert Wachleute auf dem entsprechenden Teil der Stadtmauer und formuliert nicht zuletzt zahllose Eingaben. Wegen seiner gut lesbaren Schrift vertraut man ihm öfter Schwieriges an und hat Grund zum Applaus:

»Wenn Mayer reibt, zündet es schnell im Rat.«

Am 3. Februar 1828 ist Julchens Kampf vorbei. Sie war nicht mehr zu retten, die medizinische Kunst griff daneben. Wie ein aus dem Nest gefallener Spatz liegt Mayers jüngster Spross im Bett. Friederike schluchzt, Samson schmückt das fahle Gesicht mit Schneeglöckchen. Der alte Pfarrer Friedrich Köstlin, tief gebeugt und längst den eigenen Tod ahnend, sagt: »In Deine Hände befehle ich meinen Geist, Du hast mich erlöst.« Drei Tage später, im Friedhof am Schelztor, poltern harte Brocken auf Julies Sarg; wo schon Carl und Luise ruhen, findet auch noch ein drittes Kind Platz. Was trägt die Heilige Schrift zum Trauertag bei? Köstlin hat Hiob 1,21 gewählt, das Fazit des frommen Mannes aus dem biblischen Uz klingt fast wie Hohn:

»Der Herr hats gegeben, der Herr hats genommen, der Name des Herrn sei gelobt.«

Selig sind, die da Leid tragen? Diese angeblich von Gott verordnete Bürde wiegt schwer.

Samson indes weicht nicht aus. Man wandere durch Täler, um auf Gipfel zu steigen, sagt der neunfache Vater nach jedem Verlust. Friederike stimmt zu, doch sie peilt nun einen Diskurs mit ihrem Ehemann an; Sami soll Farbe bekennen. Andere Frauen sind zwar ebenfalls Jahr für Jahr schwanger – doch welche Dreißigjährige mag ewig Kartoffeln kochen, Weißzeug flicken, Socken stopfen, Wäsche bügeln, Dielen bohnern oder Fenster putzen und manchmal bis in die Nacht hinein dem Genius Mayer lauschen?

Dass er sich um das Wohl seiner Familie mit immer neuen Annoncen kümmert, liest Rike freilich schon bald nach Julies Begräbnis im Wochenblatt:

»Da die Subscription auf die beste Sorte chemischer Feuerzeuge nur noch wenige Tage eröffnet bleibt, so ersucht der gehorsamst Unterzeichnete diejenigen Liebhaber, welche noch nicht unterzeichnet haben, ihre Bestellungen in Bälde bei demselben zu machen, indem der ungewöhnlich wohlfeile Preis von 24 Kreuzer per Stück nur unter der Subscrip-

tion gemacht werden kann. Der frühere, ebenfalls sehr billige Preis à 36 Kreuzer bleibt für die Zukunft unabänderlich fest. – Die vorzügliche, das Leder stets weich erhaltende Glanzwichse ist immer der Schoppen à 7 Kreuzer zu haben bei J. S. W. Mayer am Klösterle.«

Friederike schwankt zwischen Respekt und Rebellion. Was soll sie gegen einen treu sorgenden Sami vorbringen? Kürzlich kratzte der sechsjährige Adolf den eigenen Schädel wund, worauf Samson spontan gegen Flechten vorging und folgende Rezeptur schrieb:

»Man nehme das Brühwaßer von stockdürren Hülsenbohnen und wasche Kopf wie Haare sehr gut damit aus. Nachdem alles abgetrocknet ist, salbe man die Haut mit unvermischtem Schmalz vom Murmelthier. Nach einigen Tagen Gebrauch wird man schon Beßerung wahrnehmen.«

Keine Woche verstrich, und Adolf war heil. Dauerhaft, wie sich später herausstellte. Statt Murmelfett hatte sein Vater ein Stück des heimischen Lamms auf den juckenden Grind gelegt. Wer nicht beweglich sei, sprach Samson Mayer nach dieser abgewandelten Therapie samt schnellem Erfolg, habe a priori verloren.

Eines Abends Ende April hockt er vor dem Schmiedehaus und schaut zur Burg empor, ihre Mauer glüht im letzten Licht. Der nahe Beutaubrunnen, dessen Wasser vom Geiselbach gespeist wird, strullt monoton. Friederike sitzt neben Samson, tastet nach seiner Hand und möchte das Herz erleichtern, doch Sami legt den Arm um sie und sagt rasch:

»Ich hab gestern addiert, wie lang wir schon zusammen sind. Bin vom Treff auf dem Katharinenmarkt bis heut auf gut 14 Jahre gekommen. Staunst du jetzt, Rikele? Was *haben* wir seither nicht alles erlebt.«

»Aber ...«, antwortet Friederike. Und Samson lächelnd: »An dir ist die Zeit vorübergegangen. Du bist nach wie vor eine hübsche Person.«

»Das meinst bloß *du!* Beim Frisieren entdecke ich graue Fäden im Haar, Monat für Monat mehr. Meine Haut ist spröde, der Bauch dick, manche Zähne wackeln – sieht so eine halbwegs junge Frau aus, die vielleicht noch drei oder gar vier Jahrzehnte lang schuften wird? Mit einem Dutzend hungriger Kinder am Hals? Das erste stirbt, das zweite brüllt, das dritte hat bereits Flausen im Hirn. Hinterher geht es wieder beim nächsten Säugling los. Ein Kreislauf, der mir die Knochen bricht. Auch *ich* will leben!«

Samson blickt zu Boden und hofft, dass kein Nachbar gelauscht hat. Es käme sofort zum »Hast du schon gehört« und würde am familiären Ruf schaben. Schlimm auch für den Betrieb, wo doch alles von Feuerzeugen und Zündhölzern abhängt. Die eigene Existenz könnte scheitern, weiß Gott.

Weil kein Wort zum Widerspruch taugt, steht Samson auf. Er verschwindet in seiner Werkstatt, dreht den Schlüssel und wählt dann stundenlang Rohstoffe aus. Ein Glas hier und ein Topf dort im Regal enthält Substanzen, deren Summe etwas ergeben soll, das Rike stärkt – eine Lebensessenz à la J. S. W. Mayer, mit Weingeist angesetzt und im Rezeptbuch verewigt.

»Rothe Sigillerde«, schreibt der Kupferschmied, *»Wurzel von Enzian, Weißem Diptam, Blut- und Zitwerwurzel, wenig Angelika* [Engelwurz] *sowie Baldrian-, Calmus-, Alanth- und Nelkenwurzel, Tausend Gulden Kraut, Ehrenpreiß, Benediktdistel, Rosmarin, Bergwohlverley* [Arnika], *Safran, Myrrhen, Guajakharz, Aloe, Buchenpilz, Rhabarber, Bibergeil* [stark riechendes Tiersekret], *Kampfer und Theriack* [Anis / Fenchel / Kümmel / Opium].«

Als Samson am frühen Morgen fertig ist, schmeckt er die Mixtur zum Schluss ab. Wie wird Friederike reagieren? Trotz des bitteren Aromas gelten ihm drei Löffel voll Lebenslust je Tag vor dem Essen als tolerabel, und siehe da: die Ehefrau nickt. Rike sagt weder »Unsinn« noch »scheußliches Zeug«, wer hätte das wissen können? Verborgen jedoch bleibt Rikes eiliger Gang zu Pfarrer Dahm. Sie hatte vom Nachfolger des Amtsbruders Friedrich Köstlin ein privates Gespräch erbeten, und Ludwig Dahm hat in der Tat offene Ohren.

»Redet nur«, sagt er freundlich.

Da wird nun ihr ganzes Elend vor Dahm ausgerollt: Silberhaar, Runzeln, Kurzatmigkeit, schlechter Schlaf, Magenweh, trübe Gedanken bis hin zur Schwermut. Wie schön ist es, wenn jemand alles begreift und sich nicht abwendet! Je mehr Friederike Mayer von aller Not auch im Zusammenhang mit den vielen Kindern erzählt, desto positiver wirkt Samson, dessen gutes Herz in seiner Essenz wieder spürbar wurde. Im Prinzip war Sami ja verständnisvoll …

Was antwortet der Stadtpfarrer, nachdem sie sich erleichtert hat? Welche Hilfe bietet er an?

»Mose, Kapitel neun. Das Alte Testament betont die Verbindung zweier Menschen. Gott gab Adam und Eva nach dem Sündenfall diese Botschaft mit: ›Mehret und regt euch auf Erden, daß euer viel darauf werden.‹ Nachkommen sind segensreich, spricht unser Herr. Glaubt also stets der Bibel, liebe Frau Mayer, findet Euer Heil im Heiligen Wort.«

»Ich möchte bloß …«

»Habt Ihr vergessen, was Paulus im ersten Korintherbrief schreibt? ›*Mulier taceat in ecclesia*, lasset die Frauen schweigen in der Gemeinde.‹ Damit gebe ich Euch meinen Segen. Geht getrost heim.«

Eine Tür schließt sich, denn Ludwig Dahm hat noch genug Arbeit am Hals: Er muß die Predigt des kommenden Sonntags durchdenken. Nicht zuletzt locken Suppe wie Hauptgericht, worauf man sich freuen darf. Friederike indes empfindet zwischen dem Pfarrhaus von Sankt Dionys und der Mittleren Beutau nur seelischen Schmerz. Ihr Jugendtraum war Illusion, der Alltag meist anstrengend, überall lauerten Häme oder gar Neid.

Rike ist lebenssatt und hungert dennoch nach Neuem.

Drei Monate später wird Samsons Ehefrau wieder schwanger sein.

Nach einem Umsturz in Portugal 1828 kommt dort erneut der Absolutismus zum Zug. Bayern und Württemberg bilden einen Zollverein. Als zweiter Europäer erreicht der Franzose René Caillié die legendäre afrikanische Wüstensiedlung Timbuktu und berichtet nach seiner Rückkehr, sie sei desolat. Der Leipziger Reclam-Verlag entsteht. Das einzige Konzert des österreichischen Komponisten Franz Schubert findet in Wien statt, er stirbt acht Monate nach der Premiere.

Was parallel zum Weltgeschehen am Neckar passiert, ist weniger spektakulär: Das Esslinger Rathaus wird zu klein, es ist ungeschickt eingerichtet, weshalb Erhard Caspart und Benjamin Neuffer als Stadt- und Armenpfleger beantragen, ein neues Objekt zu erwerben. Baron Jonathan von Palm würde sein Palais am Markt für 25 000 Gulden verkaufen, doch diese Offerte schreckt ab.

»Legen wir sie auf Eis«, heißt es bei den sparsamen Amtsträgern. Lieber zögern als ohne Widerspruch zahlen.

Ende Mai wird in Esslingen das erste Schwäbische Liederfest gefeiert, 500 Sänger aus den Nachbarstädten treten auf. Die Hauptrede hält der Stuttgarter Professor und Literat Gustav Schwab, nachmittags ist gesellige Unterhaltung angesagt. Man strömt zur Maille und erfreut sich am guten Wetter.

Während Friederike ihr nächstes Kind erwartet, ringt Samson wie bisher um die Finanzen. Das Esslinger Wochenblatt meldet am 9. Juli:

»*Bei Kupferschmid Mayer* [...] *ganz guten, alten Wein die Maas 8 Kreuzer.*«

Anfang Oktober schiebt er nach: »*Der Unterzeichnete empfiehlt sich über diesen Herbst wieder mit allen Sorten, nach den neuesten Kunstregeln von ihm selbst verfertigten, groß und kleinem Lustfeuerwerk. Auch wird auf Vorbestellung jede Art von nicht gewöhnlichem Brilliantfeuerwerk billigst verfertigt. Indem er billigste Preiße zusichert, hofft auf eine bedeutende Abnahme J. S. W. Mayer am Klösterle.*«

Am 26. November schließlich heißt es:

»*Dem vielseitigen Wunsche zu entsprechen, hat sich der Unterzeichnete entschlossen, eine 2te Subscription auf beste chemische Feuerzeuge zu eröffnen. Da der Preis zu 24 Kreuzer per Stück auf diesem Wege um ¼ wohlfeiler ist als im einzelnen Verkauf, so schmeichelt er sich, in Kürze mit zahlreichen Unterschriften sich beehrt zu sehen. Unterzeichnet kann täglich werden bei Kupferschmid Mayer am Klösterle.*«

Die Resonanz enttäuscht, denn nichts wirkt so flau wie Attraktionen von gestern. Im Kontrast dazu kündigt ein Schausteller vor dem Katharinenmarkt an, dass er mit sensationeller Begleitung zum Spitalplatz komme. Das Mädchen sei sechs Jahre alt, die *»Arme, Hände, Schenkel und Füße sind wegen ihrer übernatürlichen Fleischmasse zu bewundern.«* Eine andere junge Dame sei wahrhaft winzig, habe jedoch *»eine ausnehmend schöne Gestalt, besitzt alle Annehmlichkeiten und Fähigkeiten, welche ein Frauenzimmer der allgemeinen Bewunderung würdig machen. Dadurch hat sie bei vornehmsten Personen* [...] *den größten Beifall erworben.«*

Ähnliches hatte schon der Komponist und Dirigent Carl Friedrich Zelter ein Jahr zuvor beobachtet. Er schrieb im Oktober 1827 aus Augsburg an seinen Freund Goethe: *»Es war eben Messe hier. Auf dem Markte in einer Bude ward ein Mädchen gezeigt, siebzehn Jahre alt, acht Pfunde schwer, ganz ausgewachsen an Händen, Beinen, Brüsten und dergleichen und doch, besonders von Gesicht, von widerlichster Ungestalt, kurz, eine vollkommene Kretine: ein menschliches Tier. Sie macht Affenkünste auf einer Leiter, spricht einige Worte Deutsch oder Französisch ohne Zusammenhang, ist gierig nach dem Gelde.«*

Samson mault. Missgeburten und Gaffer findet er widerlich. Wäre es nicht humaner, sich am Feuerwerk aus seiner Werkstatt zu ergötzen? Doch wer zieht schon die beste Speise dem Pfeffer vor, wenn der Instinkt regiert? Auch Friederike teilt Samis Haltung. Sie wiederum leidet seit Monaten unter Übelkeit, besonders morgens, und hat deshalb Maria Margarethe Keller zum Kaffee gebeten. Die Meinung ihrer Hebamme zählt:

»Das wird wieder ein Bub.«

»Hoffen wir, dass er von Krankheit verschont bleibt. Influenza, Gichter, Gallsucht, Keuchhusten, Halsbräune, Rotlauf, Ziegenpeter ... Ich hab langsam genug. Bei neun Kindern drehst du dich irgendwann nur noch im Kreis. Die Schwächsten halten bloß ein paar Wochen durch. Wenn ich daran denk, dass mein Julchen seit zehn Monaten im Himmel ist! Sie war so herzig.«

»Sauberkeit für den Säugling«, sagt Madame Keller mit ernster Miene. »Genug Fett, weil die Muttermilch manchmal mager ist, unmittelbar nach der Geburt taugt sie nichts. Wascht vor jedem Stillen Eure Brust und passt auf, dass sie sich nie entzündet.«

Kurz vor Weihnachten erinnern warme Worte an Julies Tod, den Rike nach wie vor kaum verwinden kann. Samsons Patenonkel Johann Tobias schreibt am 18. Dezember 1828 aus Göttingen:

»*Werthgeschätzter Vetter und Gevatter. Es ist nun wieder beynahe ein Jahr verfloßen, daß ich nicht an Sie geschrieben habe. Auch wäre es schon eher meine Pflicht gewesen, Ihnen meine herzliche Theilname an dem Verlust Ihres lieben Töchterchens zu bezeugen. Aber bei Ereignißen, die so traurig sind, wartet man bis der Schmerz* […] *durch Ergebung in den Willen Gottes in eine süße Rückerinnerung des gehabten Besitzes übergegangen ist. Das wird denn auch bey Ihnen gewiß der Fall seyn. So wie es derselbe bey mir ist, der ich bereits so viele meiner Angehörigen habe müßen in die Ewigkeit vorausgehen sehen und denselben wohl bald nachfolgen werde. Doch laßen Sie uns hiervon abbrechen.*

Eine herzliche Freude haben mir dagegen die zwey Briefchen Ihres Armand Tobias Wilhelm und Carl Johann Erhart verursacht, die Sie Ihrem vorletzten Schreiben an mich beygelegt hatten. Ich ersehe daraus die rühmlichen Fortschritte, die diese bereits in ihren Schulstudien gemacht haben. Es ist kein Zweifel, daß wenn sie so fortfahren, Sie an ihnen viel Freude erleben werden.

Laßt euch ja, ihr lieben Kinder, es recht angelegen seyn, nicht allein durch Fleiß und Geschicklichkeit euch dereinst zu brauchbaren Mitgliedern der menschlichen Gesellschaft auszubilden, sondern auch durch Gottesfurcht und religiöse Gesinnungen, […] *welche leyder bei einer großen Menge junger Leute nur gar zu lau werden. Insbesondere hat es mich gefreut, daß ihr auch ein Vergnügen an der Geometrie findet. Wozu ihr euch auch bestimmen werdet: diese Wißenschaft ist ein herrliches Mittel unser Nachdenken zu üben und einen Geist der Genauigkeit und Ordnung in alle künftigen Geschäfte zu bringen.*

Daß dieser Brief, lieber Herr Vetter, Sie und Ihre Angehörigen recht wohl und gesund antreffen möge, ist mein innigster Wunsch am Schluß des gegenwärtigen Jahres wie immer. Was uns anbelangt, so ist auch unsere Gesundheit im verfloßenen Jahr ganz erträglich gewesen. Wie lange es mit mir, in meinem 77ten Jahr, noch seyn wird, muß ich Gott überlaßen, dem ich nicht genug dafür danken kann. [...]

Da mein Auditorium von meinem Hause 400 Schritt [knapp 300 Meter] *entfernt ist, welchen Weg ich öfters zu meinen Vorbereitungen* [...] *täglich drey bis viermahl hin und her machen muß, und das oft bey dem schlechtesten Wetter, so können Sie leicht denken, wie sehr ermüdend dies für mein Alter ist. Doch denke ich auf der anderen Seite, daß diese Bewegung wohlthätig auf meinen Körper gewürkt hat. Denn viele meiner Collegen, die weit jünger als ich sind, fühlen sich sogleich krank, wenn sie bei rauher Witterung nur einmahl zum Fenster hinausschauen. In gegenwärtigem halben Jahr lese ich die Experimentalphysik zum 85sten mahle. Ich glaube, so oft ist sie noch von keinem Lehrer dieser Wißenschaft vorgetragen worden.*

Empfehlen Sie mich und meine Tochter [Christiane] *den lieben Ihrigen und seyen Sie versichert von der Freundschaft und Liebe, mit der ich verbleibe* [als] *Ihr aufrichtig ergebener Vetter und Gevatter J. Tob. Mayer.«*

Samson seufzt. Ob der alte Hofrat es noch bis zum Achtzigsten schafft, ist ungewiss, zu gern hätte er einmal mit ihm parliert und Neues zum Thema Physik erfahren. Wenigstens sind sie sich schreibend begegnet! Dass Johann Tobias den Fortschritt beider Söhne lobt, gefällt dem Vater, denn mehr als Carl braucht Armand seinen Zuspruch. Samis heimlicher Liebling strotzt nicht vor Talent, doch dieses Manko wird durch Exaktheit und Fleiß ersetzt. Der ferne Freund Armand Klein, dessen Name er trägt, wäre gewiss stolz auf ihn gewesen. Die viel zu früh verstorbene Christiana ohnehin.

Man hat heuer im Haus Mittlere Beutau 6 nachgedacht, welches Präsent sich zum Christfest eigne und zugleich billig sei. Resultat:

»Ein Klavier wird zu miethen gesucht; das Nähere sagt J. S. W. Mayer am Klösterle.«

Nun steht das schwarze Ding da, es ist alt aber eindrucksvoll und kostet zehn Kreuzer je Woche. Sechs Buben klimpern darauf herum.

Speziell der dreijährige Immanuel greift forsch in die Tasten; er lacht laut bei jeder Dissonanz, bis die Mutter einschreitet.

»Denkt an unsere Nachbarn«, mahnt Friederike, »zwischen Heiligabend und Dreikönig ist kein Lärm erlaubt. Besinnlich wollen wir Jesu Geburt feiern.«

Samson stimmt zu, allein schon wegen des religiösen Aspekts und weil der Viertelsmeister sein Metier kennt. Vorschrift bleibt Vorschrift! Ruhe als erste Pflicht im Quartier, vor allem nachts – wenn sie fehlt, wäre ein ehrenvolles Amt von heute auf morgen gefährdet. Zugleich würden auch Kunden entschwinden. Man glaubt ja gar nicht, wie es dann herumgeistert: Den Schmied hat man bestraft.

Mayer hört Ende Dezember, wie sein ältestes Kind mit Madame Musica vom alten ins neue Jahr wechselt. Ohne Anleitung fügt Armand kleine Tonfolgen aneinander, die sehr harmonisch klingen. Entwickelt sich hier ein Tête-à-Tête, von dem man noch nicht weiß, ob es zur festen Verbindung führt?

Auch Samsons existenzielle Zukunft ist nach wie vor zweifelhaft: Der englische Drogist John Walker hat in Stockton-on-Tees eine Melange aus Kaliumchlorat und Schwefelantimon fabriziert, damit benetzte Hölzchen werden zwischen Sandpapier gerieben und flammen auf. Walker nennt das Produkt »Congreve Matches«, um den Erfinder der Brandrakete zu ehren (William Congreve aus Kent starb Mitte Mai 1828 in Toulouse). Walker jedoch meldet die Zünder nicht zum Patent an, weshalb sein Landsmann Samuel Jones sie nachahmt und unter dem werbewirksamen Namen »Lucifer Matches« vertreibt.

»Überall droht etwas«, stöhnt Johann Samson Wilhelm Mayer. »Ob im Königreich Württemberg durch Herrn Kammerer oder außerhalb. Ich *muss* gewinnen!«

»Leider bist du ein schlechter Kaufmann«, warnt Friederike, »was uns noch um Hab und Gut bringen kann.«

23

SCHON IM LETZTEN JAHR hatte Johann Karl von Pistorius dem Magistrat mehrmals einen allerhöchsten Wunsch aus Stuttgart vorgelegt, doch die Bitte des Oberamtmanns blieb ohne Resonanz. Nun aber wird endlich ein Corps sogenannter Bürgerschützen formiert. Seine Aufgabe: Besonders bei Feuer soll es Ruhe und Ordnung sichern, falls dies der Esslinger Polizei nicht gelingt. Das 100 Mann starke Corps erhält Waffen von der Regierung, Lederzeug stellt die Stadt, passende Uniformen zahlt jeder Schütze selbst.

Samson Mayer widerspricht Letzterem »submissest« und zeigt Flagge als Viertelsmeister, aber er findet kein Gehör.

So manche Nacht vergeht jetzt schlaflos oder halbwach. Friederike lauscht bang, wenn Sami sich wälzt, sein Hemd ist morgens nass und muss dann gewechselt werden. Sorgenvoll zählt der Schmied Monat für Monat zusammen, wie viel die ganze Familie ihn kostet – lieber Himmel, denkt er, es nimmt immer noch zu und wenig Geld folgt nach. Ende März wird ein weiteres Kind mit Geschrei seine Ankunft verkünden: Madame Keller hat den 24. ausgerechnet, einen Mittwoch, als erfahrene Hebamme irrt sie selten.

Man muss dankbar sein, wenn diese Gottesgabe nicht vorzeitig stirbt oder monatelang kränkelt und wiederum das Budget belastet. Denn der Doktor lebt auch nicht von Luft.

Wie wirtschaften andere Leute? 1828 war in Esslingen derart fleißig gekeltert worden, dass die Wengerter auf ihrem Vorrat sitzen und ihn selbst ausschenken wollen. Nicht mit uns, antwortet das Oberamt, weil zu viele Besenwirtschaften bedenklich seien, der Stadtrat freilich hält es traditionell mit Riesling oder Silvaner und stimmt gegen den Einspruch mehrerer Bierbrauer zu. Hopfen und Malz sind also verloren, doch am Klösterle ist die Stimmung gut:

Am 23. März 1829, kurz vor neun Uhr abends, wird einem glücklichen Paar der siebte Bub geschenkt. Er wiegt acht Pfund, hat hellrotes Haar wie die Mutter und einen großen Kopf. Seinem seligen

Schwesterchen Julie zuliebe soll das Kind Julius heißen, was Friederike durchsetzen konnte. So ist nun Julchen in neuer Gestalt da: voller Runzeln und blutverschmiert, aber munter.

»Wenn jedes Kind so schnell kommt«, sagt Frau Keller, »werd ich bald arbeitslos.«

Die sechs Tage später vollzogene Taufe gibt Rike nochmals Gelegenheit, sich klar zu äußern. Ihr liegt Ludwig Dahms Pauluswort noch immer im Magen, mit dem sie Anfang Mai vorigen Jahres traktiert worden war. *»Lasset die Frauen schweigen …«*, lautete jener Satz, den Stadtpfarrer Dahm verkürzt hatte und der so endet: *»… denn es soll ihnen nicht zugelassen werden, dass sie reden, sondern sie sollen untertan sein, wie auch das* Gesetz [es] *sagt.«* Deshalb löst Pfarrer Gottlob Friedrich Schumann auf Friederikes dringenden Wunsch hin den Kollegen ab und nennt vor Gott alle Namen des Täuflings: »Julius Reinhold Albert.«

Schumann wird Samson und Friederike noch lange verbunden bleiben.

Während Julius strampelt, fasst der Vater einen definitiven Entschluss. Samson erinnert Jean-Louis Chancels Versuche von 1805 und bleibt nicht beim Tunkfeuerzeug stehen. Er mischt chlorsaures Kali, Phosphor und Gummiarabikum, bestreicht damit die in Schwefel getauchten Hölzchen, trocknet jedes Teil separat, schickt Gebete zum Himmel, hält den Atem an, reibt ein einziges Mal auf rauer Fläche …

»Ich habs!«, ruft Mayer, als das Objekt brennt.

Es spritzt nicht, kein glimmender Rest entfacht Feuer und lässt Nachbarn die Wehr alarmieren. Weder John Walker, Samuel Jones noch Jakob Friedrich Kammerer (dessen Konkurrenz der Kupferschmied bisher fürchtete) können ihn schrecken. Er allein und niemand sonst wird bald ganz Europa mit den Esslinger Produkten beliefern und sie eventuell »Wachslichter« nennen. Denn wer denkt angesichts dieses harmlosen Namens an Zauberei? Bald öffnet sich ein weltweites Terrain; nichts wie hin jetzt zu Deffner und Kessler, um beide Freunde zu instruieren.

Tatsächlich sind sie beeindruckt. Carl Deffner war es, der Samson geraten hatte: »Verbessert rasch Eure Hölzer, weil Haut und Kleidung beim Zünden nicht leiden sollen.« Christian Kessler zieht mit und schreibt Briefe nach Frankreich. Als früherer Kompagnon des Sektunternehmens Cliquot-Ponsardin preist er die *Alumettes de qualité superiéure du royaume du Wurtemberg* an. Seine Aktion hat zwar kaum Erfolg, doch aus dem näheren Umfeld treffen Bestellungen ein – erst fünf am Tag, dann zehn und zuletzt hundert je Monat.

Deffner hält auch Kontakt mit Griechenland. An der Ägäis rumort es, das alte Hellas revoltiert gegen die Türken, ein neuer Markt könnte entstehen. Aber vorerst kann man nur Bestes hoffen und die glorreiche Stunde Null erwarten. Samson Mayer zeigt vor solchem Hintergrund seinem ältesten Sohn Armand, wie man aus Schindelholz kleine Stifte schnitzt; er selbst ist für das Applizieren der Mixtur aus Kali, Phosphor und Gummi verantwortlich. Adolf darf die noch feuchten Fabrikate auf Rahmen trocknen, Gustav schließlich zählt voller Stolz: »Zwei Dutzend, drei Dutzend, vier ...«

Armand zischt: »Schau lieber, dass du bis 20 kommst!«

»So gehts nicht«, stellt Samson bald fest, »eine Manufaktur muss her. Wer viel produziert, braucht mehr Personal. Ich gebe Frauen den Vorzug. Bei knappem Lohn sind sie beweglicher, haben flinke Finger und arbeiten schnell. Wir bauen aus.«

Nach ähnlichem Muster tüftelt man auch jenseits von Neckar, Rhein oder Donau. 1829 konstruiert der Slowake Ányos Jedlik den Gleichstrommotor, Abel Shark stellt in New York eine mit Dampf betriebene Feuerspritze vor. Zusammen mit zwei Söhnen erhält Cyrill Demian aus Wien ein Patent für seine »Accordion« genannte Ziehharmonika. Die Donau-Dampfschifffahrts-Gesellschaft und das Deutsche Archäologische Institut werden gegründet, der britische Generalgouverneur Lord Cavendish verbietet in Indien die Witwenverbrennung. Einer von dem Naturforscher Friedrich Parrot angeführten Gruppe gelingt der Aufstieg zum Gipfel des 5137 Meter hohen armenischen Vulkans Ararat. Goethes radikal verändertes Drama »Faust« wird am Braunschweiger Theater uraufgeführt.

Am 1. Januar 1800 hatte ein neues Jahrhundert begonnen, weshalb von da an aufwärts gezählt wird. Doch nur pfiffige Rechner wissen dies und sprechen jetzt vom dreißigsten Jahr, das Ende Dezember abgeschlossen ist. Egal ob so oder so: Der Esslinger Rhythmus kippt nicht aus dem Takt. Zwar berichten manche Zeitungen von gewissen Unruhen dort, wo niemand deutsch spricht, doch welcher Mensch schläft deshalb schlecht? Nach den Turbulenzen napoleonischer Kriege (sie sind schon verschmerzt) wird die Gegenwart als eine Zeit des Plauderns und Promenierens empfunden. Das Volk genießt sie, zumindest sonntags bei schönem Wetter. Weder dunkle Wolken noch Donner deuten einen Sturm an.

Erst 1847 wird der revolutionäre Bürgerpoet Ludwig Pfau in diesem Kontext spötteln: »*Schau, dort spaziert Herr Biedermeier / und seine Frau, den Sohn am Arm; / sein Tritt ist sachte wie auf Eier, / sein Wahlspruch: Weder kalt noch warm.*«

Achtzehn Jahre früher gibt es auch am Neckar arme und reiche, hungrige und satte, kranke und gesunde, klagende und wegen ihres finanziellen Polsters lachende Leute. Gott will nun einmal seit jeher, dass kleine Bäume nicht in den Himmel wachsen. Denn Großes braucht Raum, um zu gedeihen.

Vor diesem Hintergrund kreuzt Samson stille Gewässer. Ins offene Meer hinaus wagt er sich selten, weil seine Familie die Navigation behindert. Das Fahrzeug »Feuerwerk« schwankt, sieben Kinder und eine Frau erschweren den ohnehin heiklen Kurs, Kapitän Mayer muss ihn oft ändern und ist dann mutlos. Zum Glück sind zwei Lotsen in greifbarer Nähe. Sie muntern ihn auf.

Carl Deffner und Christian Kessler sagen: »Samson, wir glauben an Euch. Die Qualität Eurer Zündhölzer und das solide Konzept werden alle Welt überzeugen. Auf Dauer kommt Ihr zum Ziel.«

»Aber mein Personal! Ich kann nicht wie bisher mit drei Buben werkeln, deren Leistung im Unterricht sinkt, und mich zugleich dem

Vertrieb widmen. Meine Kraft lässt nach, ich bin nicht mehr jung. Rike schimpft schon und macht mir das Leben schwer …«

»Du kannst von uns eventuell einen Vorschuss erwarten.«

»Also gut. Wenn ihr meint? Habt tausend Dank.«

In Esslingen spricht es sich nun trotz größter Diskretion seitens der beiden Freunde herum, dass Johann Samson Wilhelm Mayer acht Helferinnen oder Helfer sucht. Geschick ist Bedingung; wer die Zahl sauber gefertigter und verpackter Hölzchen steigert, wird bald besser entlohnt. Dies hat eine junge Frau angelockt, deren rege Hand sofort auffällt. Sabine Casper arbeitet unermüdlich von morgens bis abends, zehn Stunden Akkord sind ihr offenbar nicht zu viel. Sie interessiert sich außerdem für Mayers Mischung und will Details kennenlernen:

»Darf ich, Herr Meister?«

Nur langsam, denkt der Kupferschmied. Dann memoriert er zum hundertsten Mal seine Rezepte für »Hölzer à la Congreve«:

»*Sie entzünden sich durch Reibung an jedem trocknen Körper. Verwendet werden dazu 4 Loth Kaliumchlorat* [ein Lot = knapp 15 Gramm], *2 Loth Schwefelblumen, ¼ Loth Zinnober, 1 ½ Loth Gummi arabicum, 1 Loth Phosphor, 1 ½ Loth Tragant und 4 Loth Antimonium.*« Nicht zu vergessen die Zündhölzer zur Herstellung von Friktions-Feuerzeugen. »*Hier braucht man wiederum 8 Theile Kaliumchlorat, 6 Theile Antimonium sowie 1 Theil Schwefelblume und 1 Theil Tragant. Legt man das Hölzchen zwischen zwei Schieferpergamenttäfelchen, drückt beide fest zusammen und zieht das Hölzchen pfeilschnell heraus, so wird es brennen.*«

Samson hat alles im Kopf und gibt nichts freiwillig her. Selbst wenn er zerspringen sollte.

»Ich krieg keine Luft«, keucht der Patient. »Warum ist die Röhre so eng?«

J. S. W. Mayers Wohn- und Werkstatthaus Mittlere Beutau 6 hinter dem Brunnen (Bildmitte), um 1870 fotografiert von seinem Sohn Wilhelm. Das Gebäude musste vor rund 50 Jahren dem Innenstadtring weichen.

Caroline Mayer hatte ihn vor ein paar Minuten allein gelassen, weil sie ratlos war und trotz Doktor von Steudels treuer Assistenz (er erscheint regelmäßig, um Samsons Puls zu fühlen) das Vokabular ihres Mannes verwirrend fand. Caroline fragt sich jetzt wiederholt, was »Röhre« bedeuten soll. Meint Sami den eigenen Hals? Erstickt er demnächst und wenn ja: Was wäre dagegen zu tun? Nach wie vor atmet er mühsam, noch immer zerren seine mageren Finger am Plumeau. Als wolle der Kupferschmied sich vor etwas verbergen, das von den Zehen in Richtung Herz zielt.

Lieber Gott, steh mir bei!

Wieder schneit es. Heute, am 16. Dezember 1852, dringt der Duft frisch gebackener Lebkuchen durch das Haus Mittlere Beutau 6. Die Mayerin möchte sich ihre Vorbereitung fürs Fest nicht nehmen lassen, schließlich sollen vier Kinder ein wenig Freude haben. Zu ihnen zählt auch Wilhelm Fridolin Tobias, der schon groß ist, den Beruf des Graveurs erlernt und genau weiß, was Vaters Zustand bedeutet: Mutter, Luise, Reinhold, Rudolf und er selbst werden ihn bald zum letzten Mal sehen.

Wilhelm spricht sogar jetzt von der »Lichtbildnerei«. Niemand kann sie dem Sechzehnjährigen ausreden, diese am Rand zwischen Handwerk und Kunst angesiedelte Novität interessiert ihn sehr. Aber Caroline mag davon nichts hören.

Lasst mehr Kerzen als sonst brennen, hat Pfarrer Schumann gesagt, damit kein Grau die Stimmung trübe. Johann Samsons Ehefrau stimmt zu und fischt Vergangenheit aus einem kleinen Glas. Es trägt den Hinweis »Proben der selbst erfundenen Streichzündhölzer vom Jahr 1830–31« und stammt aus einer Zeit vor ihrer Heirat. Damals träumte Sami vom Welterfolg …

Nicht benutzen, denkt sie. Alles vorbei.

Die Kälte von 1829 auf 1830 ist streng und dauerhaft wie selten zuvor. 40 Raummeter Holz werden durch den Stadtrat gekauft, damit arme Leute nicht frieren müssen. Noch im Februar des neuen Jahrs ist der Neckarkanal zugefroren, Arbeiter hacken ihn auf. Das Eis staut sich bei Untertürkheim so stark, dass man Artillerie aus Ludwigsburg einsetzt; erst nach ein paar Schüssen fließt Wasser ab. In Esslingen ragten die zackigen Schollen bis zum Geländer der Äußeren Brücke empor.

Mit 1830 kommt ein politisch heißes Jahr in Gang. Paris prescht vor: Citoyens stehen gegen König Karl X. auf; er hatte zusammen mit Adel und Klerus wider den Geist der Revolution regiert, was einen neuen Napoleon-Mythos schuf. Intellektuelle und Arbeiter kämpfen Seite an Seite, der reaktionäre Monarch wird am 2. August gestürzt und durch den zunächst liberalen Herzog Louis-Philippe von Orléans ersetzt. Dieser letzte französische König folgt dem Leitbild einer parlamentarischen Demokratie. Dann kracht es rundum: Aachen erlebt soziale Proteste wegen miserabler Lebensbedingungen, die Bürgerwehr stoppt sie gewaltsam. Schneider rebellieren in Berlin. Herzog Karl II. muss aus Braunschweig fliehen und hinterlässt ein zerstörtes Schloss, schrankenlose Prunksucht hatte für Wut gesorgt. Mehrere Kantone der Schweiz erzwingen bis 1831 liberale Verfassungen. Ein Aufstand polnischer Kadetten soll Russland als Besatzer entmachten.

Am Neckar jedoch bläst bisher kein Sturm. Freilich regt sich auch hier etwas. Nach den tüchtigen Unternehmern Kessler und Deffner tritt der aus einer alten Ravensburger Kaufmannsfamilie stammende Johannes Merkel an: Er gründet zusammen mit dem Tuchmacher Conrad Wolf eine zuvor schon aktive, größere Kammgarnspinnerei; 80 000 Gulden Kapital stehen dahinter. Die Firma Merkel & Wolf bestätigt Esslingens Rang als wachsenden Standort industrieller Entwicklung.

Samson Mayer sitzt am Tisch seines »Guten Zimmers« (wo sonst Gäste empfangen werden und man nur dann den Ofen heizt). Der jetzt zweiundvierzigjährige Schmied liest den »Schwäbischen Merkur«, dem unter anderem zu entnehmen ist:

Vincenz Prießnitz aus Gräfenberg preist die Kaltwasserkur, Belgien wird unabhängig von den Niederlanden, 2000 Menschen sind der Cholera zum Opfer gefallen. Wo war das? Aha, in Wien. Seeleute fahren nun sicherer die deutsche Nordseeküste entlang, weil man auf Wangerooge einen Leuchtturm mit Blinkfeuer gebaut hat. Aus Berlin wird berichtet, dass das neue Königliche Museum des preußischen Architekten Karl Friedrich Schinkel fertig sei. Viel Applaus erntet der junge Frédéric Chopin in Warschau, sein selbst dargebotenes Klavierstück soll wundervoll klingen.

Soeben will Samson das Blatt zusammenfalten, als er eine sehr kleine Meldung entdeckt. Fast wäre sie übersehen worden.

»Der Indian Removal Act«, heißt es da, »leitet die zwangsweise Umsiedlung nordamerikanischer Indianer ein.«

Umsiedlung ... Mayer steht auf und geht zum Bücherschrank. An vorderster Stelle steht James Fenimore Coopers Werk »Die Ansiedler«, in dem vom Ende des alten Chingachgook erzählt wird. Häuptling »Große Schlange« starb während eines Waldbrands, sein Freund Lederstrumpf hinderte ihn nicht daran und erwies ihm mit dieser Tat einen letzten Dienst. Samson öffnet das Buch, findet nach kurzer Suche den entsprechenden Abschnitt und liest, was Cooper schildert:

»Er hatte die Beine untergeschlagen und starrte mit stoischer Ruhe auf die Flammen, die sich wie eine Meeresbrandung auf ihn zuwälzten. Es schien, als horche er in eine ferne Zukunft. Dann stimmte er in der Sprache der Delawaren ein Totenlied an.«

Tragisch, denkt Samson, aber ich kann den Indianer verstehen. Wenn es keinen anderen Weg zum endlosen Jagdrevier gab? Schon König Friedrich II. von Preußen ließ jeden Untertan nach eigener Façon selig werden. Zumindest was dessen Religion betraf.

Wenig später empfängt er im Haus des Konditors Studenmund den Zinngießer Johann David Kodweiß. Beide trinken Kaffee zu kleinem Gebäck, werten Entschwundenes positiv und halten die Zukunft für miserabel. Da sagt Kodweiß (anno 1820 neben dem Händler Grünzweig, Frau Oberjustizrat Schott und Frau Adlerwirtin Marz vierter Pate der nach sieben Wochen verstorbenen Louise) ohne Vorwarnung:

»Ganz privat, bester Sami. In deiner Eigenschaft als Feuerwerker und Spritzenmann ... Hast du dir schon einmal gewünscht, etwas anzuzünden, um es löschen zu können?«

»Welche Idee«, antwortet Mayer mit rotem Kopf. »Das würde ich niemals tun. Es verträgt sich nicht mit meiner Moral.«

»Aber man könnte doch ...«

»Kein Gedanke daran!«

Wie zum Beweis seiner Distanz vor solchen Einfällen liest das Publikum am 21. April 1830 im Esslinger Wochenblatt:

»Der Unterzeichnete macht hiemit die Anzeige, daß es ihm durch mehrjährige Versuche und Erfahrungen gelungen ist, dem künstlichen oder Mineral-Magnet eine ungewöhnlich große Kraft zu geben. Da dieser nur in äußerster Kraft die schnellste und subtilste Hilfe gewährt, so wird es Manchen erwünscht seyn, daß sich der Unterzeichnete nicht nur in Verfertigung aller Sorten von Gesundheits-Magneten von 1 bis 50 Pfund Anziehungskraft, sondern auch in erneuter Sättigung alter, geschwächter Magnete bestens empfiehlt. Unter Zusicherung billigster Preiße bittet um gefälligsten Zuspruch J. S. W. Mayer am Klösterle.«

Mit dem Magnetismus sprosst ein neuer Trieb am Baum der Erfindungen, dessen Kuriosität die Hölzchen à la Congreve hinter sich lässt. Welcher Quacksalber hier souffliert hat, ist rätselhaft. Noch acht Jahre nach solcher Werbung wird Samson den heilsamen Stahl loben:

»Kommt, Ihr Herren, jung und alt / Kommt auch, schöne Frauen! / Des Magnetes Allgewalt / Geb' ich Euch zu schauen ...«

Vorerst aber grollt es in Europa. Die südliche Region der Vereinigten Niederlande fordert eine liberale Ordnung und will sich mit Frankreich verbinden. Weil England jedoch keine Großmacht an Flanderns Küste duldet, entsteht dort das Königreich Belgien. Anderswo lernt man rasch: Östlich vom Rhein werden Rufe nach der Bundesreform, landständischen Verfassungen sowie »Preßfreiheit« laut. Liberale Politiker aus Baden und Württemberg blicken begeistert nach Paris, wo nicht zuletzt die erwachsene Frau für Fortschritt kämpft: als *»freie Genossin des freien Bürgers«*.

Auch Samson Mayer spürt den frischen Westwind. Im Deutschen Bund wabert etwas, 36 bisher patriarchalisch gelenkte Staaten wären von Grund auf zu reformieren – ist dies zu schaffen, ohne dass Blut fließt oder gar Köpfe rollen? Bisher war das Leben unter Wilhelm I. ja recht kommod, denkt er, wenn man gehorchte. Was aber jetzt?

Samson sitzt mit drei Freunden am Stammtisch im »Goldenen Adler« beim Bier. Sie besprechen die Haltung des guten Esslingers, falls ein Debakel droht. Wie reagieren wir, wenn morgen der Demokrat kommt und für den Umsturz wirbt? »Still sein«, meint David Kodweiß. Johann Tobias Grünzweig nickt: »Lieber den Mund halten. Ein falsches Wort zur falschen Zeit – schon wirst du aufs Rathaus zitiert.« Doktor Friedrich Kaufmann stößt ins gleiche Horn und warnt vor unüberlegten Schritten: »Wir alle hier haben doch seit jeher nicht aufbegehrt. So soll es bleiben. Zum eigenen Wohl. Wer die alte Ordnung abschaffen möchte, hat schlechte Karten.«

Zinngießer Kodweiß, Handelsmann Grünzweig und Notar Kaufmann sind einer Meinung, Kupferschmied Mayer schweigt, nur Christian Fuchs widerspricht. Der Bäcker läuft puterrot an und ruft:

»Kein Pardon! Schießen! Hoch unser König!«

In diesem Moment betritt Friedrich August Herwig das Lokal. Einst Rektor des Pädagogiums und anschließend Stadtpfarrer, amtiert er seit 1820 als Dekan. Die Kanzel zu Sankt Dionys stellt frei nach Luther seine »feste Burg« dar. Dort predigt Herwig mit kraftvoller Stimme; gern werden Texte aus dem Alten Testament verwendet, weil sie sich gut zur Erziehung eignen. Manchmal regnen dann Feuer oder Schwefel von oben herab wie im Fall der sündigen Städte Sodom und Gomorrha am Toten Meer.

»Was höre ich da?«, fragt der Geistliche. »Bin perplex. Auch für Euch, Meister Fuchs, gilt Gottes Gebot. Du sollst ...«

» ... nicht töten«, antwortet Doktor Kaufmann servil und bietet dem Gast einen Stuhl an. »Paragraph ... äh ... Gebot Nummer fünf, selbstverständlich. Nehmt bitte Platz. Fuchs hat bloß geschwafelt.«

»Dann lasse ich Gnade vor Recht ergehen.«

»Marie, ein Viertel Remstäler für den Herrn Dekan!«

Die Kellnerin eilt.

Wie schön, dass es noch Inseln im Ozean gibt, wo man sich vom Alltag erholen darf. Jene 1810 gegründete »Liebhaber-Harmonie-Gesellschaft« zum Beispiel, deren aktives Mitglied Johann Samson Wilhelm Mayer nach wie vor Basstuba bläst und neuerdings singt. Sein liebstes Lied drückt aus, was er ahnt: Eine Flut namens Freiheit naht, sie fasziniert und schreckt zugleich wie die industrielle Entwicklung. Wer weiß, was beide Phänomene bedeuten. Ertrinken wir drin oder tragen sie uns?

Esslingen schenkt kleine Fluchten aus mancher Misere. Eine pietistisch geprägte Stadt leistet sich zwar kein Theater (anders als etwa das größere Ulm an der Donau), auch wenn man früher gern Fastnacht mit Mummenschanz feierte oder nach wie vor privat zur Unterhaltung erscheint. Doch Soireen sind modern, abends wechseln sich Scherz und Spiel ab. Manchmal wird auch stundenlang musiziert, Gesang schließlich weitet das Herz und bietet Trost. Beim Sommerfest seines Vereins, Anfang August 1830, schmettert Samson mit hellem Tenor zur Freude des Esslinger Publikums:

»Die Gedanken sind frei / Wer kann sie erraten? / Sie fliegen vorbei / Wie nächtliche Schatten / Kein Mensch kann sie wissen / Kein Kerker verschließen / Wer weiß, was es sei? / Die Gedanken sind frei!«

Großer Applaus, doch schon zeigt der Dirigent den Rückzug an:

»Ich werde gewiß / Mich niemals beschweren / Will man mir bald dies / Bald jenes verwehren / Ich kann ja im Herzen / Stets lachen und scherzen / Es bleibet dabei / Die Gedanken sind frei.«

»Vivace!«, ruft jemand. »Feuer!«

»Ich denk, was ich will / Und was mich erquicket / Und das in der Still / Und wenn es sich schicket / Mein Wunsch und Begehren / Kann niemand mir wehren / Wer weiß, was es sei? / Die Gedanken sind frei.«

»Mehr Mut!«

Worauf es dem Chor, Harmonie hin oder her, endlich *vivace con fuoco* gelingt:

»Ja fesselt man mich / Im finsteren Kerker / So sind doch das nur / Vergebliche Werke / Denn meine Gedanken / Zerreißen die Schranken / Und Mauern entzwei / Die Gedanken sind frei!«

Knapp zwei Jahre später findet auf dem Hambacher Schlossberg am Rhein ein nationales Fest statt. Einheit, Freiheit und Volkssouveränität werden dort proklamiert; schwarz-rot-goldenes Tuch flattert sechs Tage lang, nicht zuletzt in Erinnerung an die Niederlage napoleonischer Truppen anno 1813.

Wie man es dreht oder wendet: Samson Mayer ist ein heimlicher Freund der französischen Revolution von 1789, obwohl er damals den Eltern Jacob Wilhelm und Paulina kaum bis zum Knie reichte. Sein Herz schlägt für das in Paris erstrittene Recht jedes Bürgers, sich ohne Maulkorb zu äußern. Auch wenn man die Nachfahren jakobinischer Kämpfer auf deutschem Boden als »Schwindlinge« diffamiert. Doch kann man den Widerstand gegen die Allmacht des Königreichs wagen? Als Solist ohnehin nicht. Schon jeder Gedanke daran wäre fatal.

Friederike jedenfalls hat keine Lust auf Experimente. Dem Wohl ihrer Lieben bleibt jede Mutter verpflichtet – wer von morgens bis abends ackert, braucht irgendwann Ruhe. Es reicht schon, so lässt sie manchmal wissen, dass Sami mit den Zündhölzern und anderem Hokuspokus auf ein lahmes Pferd setzt. Ob der Gaul zur Futterkrippe findet oder vorher zusammenbricht, wird sich noch zeigen.

Immerhin: Samson sieht neues Land am Esslinger Horizont. Dieses Terrain trägt den Namen Carl Deffner senior; der Fabrikant schwäbischer Herkunft wurde jüngst für Ölmüller Bertsch ins lokale Parlament gewählt, was dem politischen Klima nutzt und Mayers Manufaktur nicht schadet. Deffners Energie ist beispielhaft. Die Innovation steckt im Blut des aus Ludwigsburg stammenden Sohns eines Hofmalers, liberale Unternehmer wie er sind rar.

»Schwung fördert ein Talent, werter Freund«, sagt Carl Deffner. »Euer Können hilft ohnehin weiter. Substanz aber muss man haben, versteht Ihr? Fruchtbarer Boden, damit jedes Samenkorn treibt. Gedüngt wird mit Optimismus. Ich geb Euch Kredit bei fairem Zins.«

»Hundert Gulden zu vier Prozent aufs laufende Jahr?«

»Perfekt.«

Wenn Windstille herrscht und das Wetter stabil ist, kann man problemlos arbeiten; dann fährt kein Wind in die Werkstatt. Zwar handelt der örtliche Kaufmann Rommel am Hafenmarkt seit mehreren Monaten mit *»Schieß-Pulver nebst Feuerwerk aller Art«*, und ein gewisser Traugott Weber offeriert Ähnliches, doch Samson zieht nach. Dem Wochenblatt ist am 13. Oktober 1830 zu entnehmen:

»Der Unterzeichnete nimmt sich die Freiheit, sein selbstverfertigtes und zur vollsten Zufriedenheit erprobtes Feuerwerk auch diesen Herbst über zu empfehlen. Auf Bestellung verfertigt er jede Sorte von splenditem Dekorations- und Brilliant-Feuerwerk in den billigsten Preißen. [...] *J. S. W. Mayer am Klösterle.«*

Kommt, Leute, kauft! Unweit vom Beutaubrunnen warten spektakuläre Produkte. Alles wohlfeil, Mayers Renommee garantiert beste Funktion!

Im frühen Winter, als seine Frau aufsteht und heizt, denkt Samson an Spuk. Er rätselt, was ihn nachts aus dem Bett trieb; ein seltsamer Ruf offenbar, dessen Herkunft unklar bleibt. Mit Friederike, die schon wieder schwanger ist, wäre kaum darüber zu reden, denn sie hat keinen Draht zum Jenseits (das hier vielleicht spricht). Der Schmied glaubt zwar an Gott, aber auch den Satan darf man nicht leugnen. Wem gilt das Phänomen? Nach zwei Tagen, Anfang Dezember, herrscht Ruhe.

Doch das ist eine Täuschung. Wenig später wird aus Göttingen gemeldet, dass Johann Tobias Mayer am 30. November 1830 im hohen Alter von 78 Jahren verstorben ist. Seine Tochter Christiane teilt mit, bis zum letzten Atemzug habe er des fernen Neffen gedacht und sich stets für alle Erfindungen interessiert. Egal ob Zündholz oder Magnet.

Eine vor ewiger Zeit dem damals noch jungen Kupferschmied-Obermeister Jacob Wilhelm gestellte Frage steht jetzt im Raum: »Hat er Gaben?«

Zweifellos, antwortet die Gegenwart.

»Mit ihm ist mehr als ein Onkel von mir gegangen«, sagt Samson zu Christian Kessler. »Dieser Mensch war wunderbar. Wie Ihr und Deffner, deren Edelmut auf mich baut. Ich hab dem Hofrat viel zu verdanken. Meine Trauer mag niemand ermessen. Gulden, Kreuzer, Silber und Gold? Lachhaft. Nichts behält seinen Wert, wenn der Gönner stirbt.«

24

DIE MONATE TRÖPFELN. Kurz nach Weihnachten hatte Christiane Mayer erklärt, ihr Vater Johann Tobias habe dem Patensohn Geld vermacht. Dieses Legat wird aus mancher Not helfen und wirkt wie ein Gruß vom Jenseits zum Neckar, mitten hinein ins Leben unter der Burg. Es schafft Luft, zumal Samsons Familie Anfang März 1831 wieder gewachsen ist: Bertha Christiane Kunigunde heißt das jüngste Kind, es trinkt gierig zur Erleichterung seiner Eltern. Sie hoffen auf gute Gesundheit des Mädchens und bitten den Herrn, dass kein weiteres kleines Grab angelegt werden muss.

Sofort schickt Samson einen Brief nach Göttingen. Christiane, schreibt er, solle Taufpatin werden. Die Antwort lässt auf sich warten.

Zum Glück bleibt Bertha vom Frieselfieber verschont, das seit Januar bis zum April rund um Esslingen 41 Menschen tötet. Atemnot, starker Durst und schmerzhafte Konvulsion kennzeichnen diese Epidemie. Dem 1828 zum Oberamtsarzt ernannten Ernst Gottlieb Steudel kommen manche Symptome bekannt vor. Die Nähe zur Cholera scheint evident.

Wie stets vertreibt warme Luft den heuer recht harten Winter, dessen Kälte viel Eis beschert hatte. Auch der Schnee war nur langsam getaut. Samson lobt jetzt im Zusammenhang mit dem endlich spürbaren Frühling das eigene Schicksal, denn Friederike nimmt ohne Protest ihren Part als Hausfrau und Mutter wahr. Sie geht nicht mehr dagegen an.

Eines Morgens Mitte April verlässt Mayer die Manufaktur, nachdem Sabine Casper Instruktionen für weitere tausend Zündhölzer erhalten hat (»wird gemacht«), und wandert zur Neckarhalde – dorthin, wo vor knapp zweieinhalb Jahrzehnten ein junger Geselle stand. Am Tor der Wengerter den Sack des Freundes Armand Kern schulternd, strich Samis Blick damals zum Albtrauf und verschleierte sich: gerade so, als gäbe es im Königreich keine Zukunft. Als sei diese Stadt zwischen Fluss und Berg das Postskriptum im Roman seines Lebens.

Samson lehnt an einem Baum und holt Atem. Der Anstieg war doch nicht steil, oder wie?

»Ich bin dick geworden«, schnauft er. Rike kocht gut und legt mir die größte Portion auf, wenig Bewegung macht ebenfalls fett. Dazu Bier während etlicher Abende außer Haus. Schau in den Spiegel, alter Mann!

Der Schmied zieht nolens volens Bilanz. Besser jetzt, ehe es zu spät ist und jemand schlechte Nachrufe schreibt. Eine Rückschau ist zwischendrin angebracht, denkt Samson; Frauen befassen sich wohl eher damit, am liebsten im Kreis treuer Freundinnen. Da wird dann erzählt und gebeichtet, jedes Herz darf sich öffnen, und zum Schluss bleibt alles beim Alten. Hab ich recht? Aber dennoch ...

Also los:

Von hier aus betrachtet gleicht meine Biografie dem Gang durch ein Labyrinth. Erst zwölf karge Kinderjahre, danach dank Onkel Tobias' Weitsicht das Wunder des Pädagogiums, schließlich die vom strengen Obermeister verordnete Zucht. Ohne Armand Kerns Assistenz wäre ich nicht entkommen und würde bis heute leiden. Immerhin sorgten vier Wanderjahre dafür, dass aus mir ein Mann wurde. Eine Persönlichkeit, die draußen gereift war und deren Stolz ihr niemand mehr rauben konnte. Zu meiner Vergangenheit zählt auch Christiana Agatha als Stern am Himmel, welcher nach kurzer Zeit unterging. Sie hatte verkörpert, was Mutter Paulina fehlte – das warme Empfinden.

Samson Mayer schneuzt sich.

Wenigstens hat Christiana den jetzt sechzehnjährigen Armand Tobias hinterlassen. Sein Vater wird ihn in Doktor Kaufmanns Kanzlei vorstellen, denn der Herr Notar sucht momentan einen »Schreiberei-Gehülfen«, was im Vergleich zum Klimpern daheim am Klavier besser ist. Es wäre zwar ideal gewesen, wenn Armand für die Werkstatt votiert hätte. Doch ehrlich: Wer mit Hölzchen handelt und unter dem Druck vieler Konkurrenten steht, weil alle Welt nach Feuerwerk ruft, schnürt einem Sohn bald die Kehle ab. Selbst wenn der im Geschäft folgen wollte. Hinzu kommt, dass acht Kinder samt Ehefrau zur Sparsamkeit zwingen. Jede Hose kostet zu viel, jeder Kreuzer wird umgedreht, ehe man etwas bezahlt. Welcher Ausweg bleibt da noch?

»Beten«, murmelt Samson.

Er bittet Gott um Beistand und läuft dann bergab in Richtung Klösterle, wo Friederike wartet. Beim zweiten Frühstück erzählt sie, Bertha habe vor ein paar Minuten erstmals gelächelt. Ihr stolzer Papa meint daraufhin:

»Seltsam, dass Christiane noch immer schweigt. Will sie keine Taufpatin werden? In Erinnerung an Johann Tobias, den ich geliebt hab und der mein Mäzen war? Das Geld aus dem Nachlass sollte bald eintreffen.«

Christiane Mayer, die Tochter des am 30. November 1830 verstorbenen Professors für Physik, hat Samsons Bitte zugestimmt. Er weiß nur nicht, dass sich sein Anliegen mit ihrer Absicht kreuzt. Sechs Monate nach dem Tod ihres Vaters heißt es in einem Expressbrief aus Göttingen:

»Lieber Herr Vetter und Gevatter! Schon lange werden Sie einer Antwort auf Ihr theilnehmendes Schreiben vom 10ten März entgegen gesehen haben und mich vielleicht eines geringen Antheils der Ihnen durch Gottes Hilfe vermehrten Vaterfreude beschuldigen. Könnten Sie aber in mein Herz sehen, welches innig und warm Theil nimmt an Allem was Sie und Ihre Familie betrifft, so würden Sie gewiß eines anderen überzeugt seyn.

Die Ursache meiner verspäteten Antwort liegt darin, daß ich von 8 zu 8 Tagen mit der Obligation [Wertpapier] *hingehalten wurde, welche, neuer Coupons* [Dividendenscheine] *wegen, nach Berlin geschickt werden mußte und jetzt erst zurückgekommen ist. Ich überschicke Ihnen hiermit das Ihnen bestimmte Vermächtnis unseres theuern Vaters. Möge es in Ihrer Hand, vielleicht durch guten Unterricht der Ihren Kindern zu Theil wird, Ihnen Freude und Seegen bereiten. Dieses war gewiß Zweck und Absicht des gütigen Gebers.*

Ihr lieber Brief, theurer Vetter, wurde unter Vergießung vieler Thränen von mir gelesen. Haben Sie Dank für Ihre Liebe, die Sie auf mich übertragen wollen. Es thut so wohl, sich auch in weiter Ferne von guten braven Menschen geliebt zu wißen. […]

Daß meine Wünsche, Pathin eines Ihrer Kinder zu werden, in Erfüllung gegangen sind, freut mich herzlich. Könnte ich doch Ihr liebes Töchterchen sehen! Sie sind wohl recht glücklich, daß ein Ersatz wurde für das Ihnen so früh genommene Kleinod? Möchte der Himmel es gesund erhalten und Sie viel Freude an dem kleinen Mädchen erleben. […]

Werden Sie mir auch bald einmal wieder schreiben? […] *Meinem lieben Pathgen schicke ich ein kleines Geschenk, Ihrer Frau und Kindern sagen Sie viel Freundliches von mir. Sie aber, mein lieber Herr Vetter, versichre ich meiner Liebe und Hochachtung. Ihre treue Base und Freundin Christiane.«*

Johanna Christiane Charlotte Mayer wird das Gelöbnis der Treue halten und die Korrespondenz mit Samson pflegen. Als unverheiratete Frau, deren Empathie dem verwitweten Vater galt und von ihm wohl auch erwartet wurde, hütet sie nach dessen Tod den Kontakt zur »Sippe« im Schwabenland wie ein kostbares Gut. Vorgegebene Leitbilder lassen ihr keine Wahl; allein zu bleiben muss akzeptiert werden, für eine Ehe samt Kindern ist es zu spät. Christiane findet dieses Leben, wenn nicht alles täuscht, akzeptabel, und stirbt 1866.

Was aber geschieht 35 Jahre zuvor?

1831 schlagen russische Truppen den Aufstand in Polen nieder. Der deutsche Prinz Leopold von Sachsen-Coburg und Gotha wird König von Belgien, das seit einem Jahr unabhängig ist, die Rebellion schwarzer Sklaven im US-Staat Virginia unter Führung des Predigers Nat Turner endet mit einer blutigen Niederlage. Der Kapitän James Clark Ross aus London entdeckt den magnetischen Nordpol. Dem Mediziner Samuel Guthrie gelingt gleichzeitig mit Justus von Liebig und Eugène Souberan die Herstellung von Chloroform, es wird erstmals bei einer Amputation eingesetzt. Der Philosoph Georg Friedrich Wilhelm Hegel stirbt in Berlin. Im Großherzogtum Baden wird die Pressezensur aufgehoben.

»Unsere Nachbarn haben Fortüne«, sagt Samson Mayer voller Respekt zu seinem Freund Carl Deffner, während dieser die Bildung einer Bürgergesellschaft zum Zweck (wie er formuliert) *»anständiger Unterhaltung über städtische und vaterländische Angelegenheiten sowie offener Aussprache«* vorantreibt. Der Fabrikant antwortet gelassen: »Eile mit Weile. Wer langsam läuft, kommt oft schneller zum Ziel. Möchtest du nicht Sekretär unseres neuen Vereins werden? Ich würde dich vorschlagen. Freisinnig denkende Leute und nicht zuletzt Handwerker sind willkommen, es geht hier nicht nur um die Hautevolee!«

Mayer nickt. Das hört sich gut an.

»Welche Männer unseres Standes«, fragt er, »wollen denn mitmachen?«

Carl Deffner zeigt ihm daraufhin wenige Tage nach diesem kurzen Gespräch im Kontor der Lackiererei, die er 1819 von Johann Rudy erworben hat, eine Liste möglicher Interessenten. Samson nimmt sie zur Hand und liest:

Bäcker Agner, Mechanikus Bopp, Steinhauer Brintzinger, Schmiedmeister Christe, Graveur Dessauer, Zimmermeister Eisele, Seifensieder Falch, Flaschner Frick, Maler Geist, Metzger Gugel, Schönfärber Haisch, Schlosser Hemminger, Knopfmacher Japp, Tuchscherer Kurfeß, Zinngießer Kodweiß, Schuhmachermeister Levi, Weingärtner Mangold, Bierbrauer Pfau, Schreiner Pflüger, Buchbinder Raab, Rotgerber Schaller, Lithograph Schreiber, Metalldrechsler Schweizer, Flaschner Volland, Beindreher Weber und Schneidermeister Weith.

»Da wär ich ja in bester Gesellschaft«, sagt der Kupferschmied. »Aber fehlen nicht noch ein paar Herren?«

Das nächste Papier enthält weitere Namen in alphabetischer Folge:

Konditor Berkhemer, Stadtrat Bonz, Fabrikteilhaber Brodhag, Stadtrat Deffner, Fabrikant Deffner junior, Wundarzt Eyppert,

Dr. jur. Faber, Gerichtsnotar Frank, Stadtrat Geisel, Kaufmann Grünzweig, Tuchfabrikant Hardtmann, Polizeikommissär Harprecht, Kaufmann Hopf, Papierfabrikant Katz, Handschuhfabrikant Keller, Stadtrat Knecht, Oberreallehrer Lauch, Goldwarenfabrikant Levi, Ratsschreiber von Marchtaler, Gutsbesitzer Motteler, Apotheker Neuffer, Handelsmann Perlen, Konrektor Pfaff, Blattfabrikant Salzer, Cafétier Sauter, Rechtskonsulent Seefried und Oberamtsarzt Dr. von Steudel.

»Wenn Ihr wirklich meint, lieber Deffner …«

»Durchaus.«

Nach jenem Präludium unter vier Augen wird Ende September 1831 im Saal von Jakob Mottelers Gasthaus »Zum Goldenen Löwen« die Bürgergesellschaft gegründet. Konditor Christoph Friedrich Berkhemer übernimmt den Vorsitz, man wählt Samson einstimmig zum Sekretär. Jedes Mitglied weiß, dass es mit ihm korrekt zugehen wird, als Viertelsmeister des Beutau-Quartiers hat er dort wie anderswo keinen Feind und ist beliebt. Nur die in der Werkstatt beim Klösterle produzierten Zündhölzer oder Feuerwerke ängstigen manche Nachbarn. Sie fürchten, dass irgendwann Funken fliegen und Häuser brennen könnten. Dann wäre ganz Esslingen in Gefahr.

Als Samson Mayer aufsteht und für das Vertrauen dankt (»hoch« brummt ein Bass hinter der Theke), fällt ihm etwas auf: Dieses tief gestimmte Organ wurde bisher nicht wahrgenommen. Kein Wunder, denn er selbst war im »Löwen« seit seiner zweiten Heirat nie mehr zu Gast. Friederike, die Alkohol meidet, fordert strikt Abstinenz und hat ja recht, speziell, was bessere Weine angeht. Spätlesen leeren leider den Beutel, deshalb trinkt Samson gern Mokka im Café Sauter. Die »Colonial-Waare« hält jedem Vergleich mit Malz oder Zichorie stand. Dazu passt ein Törtchen, was Rike klug toleriert.

Wer also ist der Mann am Tresen? Nicht sehr groß, schlanker Körperbau, aufrechte Haltung, kurz geschnittenes Haar, straffes Kinn – Wirtsleute sehen selten so aus. Er schmunzelt, kommt mit raschem

Schritt näher, setzt sich nach einer knappen Verbeugung zu ihm und fragt:

»Ists erlaubt? Benedikt Peter mein Name, Weinschenk und Speisewirt dieses Lokals. Ihr seid der Hölzlesmayer, nicht wahr? Man redet in Württemberg viel von Euch. Alle Achtung, Respekt vor dem Erfinder! Ihr sollt mir berichten. Aber zuerst …«

Peter fängt an, holt aus, spinnt einen langen Faden. Rund um die beiden Männer entsteht nach und nach jene fast schon vergessene Welt grausamer Kriege, die Samson erregt. Zwei Stunden lang lauscht er dem Gastgeber und kaut nachts, weil schlaflos, das Ganze noch einmal durch. Es schmeckt zum Speien schlecht.

Der Sohn des Landmessers Matthias Peter aus Wellendingen bei Rottweil ist zwei Jahre jünger als Samson Mayer. Im Krieg gegen Preußen diente er seit 1806 seinem mit Kaiser Napoleon I. verbündeten König Friedrich von Württemberg als Königsjäger, ritt während Napoleon Bonapartes Russlandfeldzug bis Moskau und überlebte nur knapp. Dann wurde die Front gewechselt: Vor Leipzig schlugen Russen, Preußen, Österreicher und Schweden das französische Heer; dieses Hauen und Stechen im Herbst 1813 wirkte auf Benedikt Peter fatal, weit schlimmer aber fand er den Empfang in der Heimat. Bonapartes Stern ging zwar mit dessen Abdankung unter, doch Friedrich I. ließ Veteranen wie Dreck behandeln. Wer kein Offizier war, hatte Pech.

»Welches Elend«, hört Samson Mayer den Gastwirt klagen, »wenn man jahrelang seinen Kopf für fremde Eroberungssucht hinhält und zum Ruhm fremder Fahnen stirbt. Der Soldatenstand war schwierig unter einem Despoten wie Friedrich, weil der Gemeine nie hat sagen können, er kämpfe für sein Vaterland. Wir sind verschoben worden wie Billardkugeln!«

Wohl wahr, denkt Samson im Bett und erinnert jenen dicken »Herrscher von Gottes Gnaden«, dem mit König Wilhelm I. ein liberaler Monarch gefolgt ist. Freilich dürfen kritische Leute auch jetzt nicht alles riskieren, denn Wilhelms Spitzel sind wachsam. Das Wort Demokratie bedeutet offenen Widerstand, revolutionäre Sätze verbreiten sich rasch. Sie kosten zwar nicht gleich den Kopf, doch die eigene Existenz könnte wanken, falls es hieße: »Dieser Mensch arbeitet gegen das Königreich.«

Ein paar Tage später sitzt der Schmied wieder neben Benedikt Peter im »Goldenen Löwen« und schildert dem Wirt seinen Werdegang als Erfinder des Feuerwerks – vom frühen Experiment anno 1824 mit Kalium, Schwefel, Gummi, Zucker und Zinn bis hin zur Mischung aus chlorsaurem Kali, Phosphor und Gummiarabikum vor drei Jahren. Sie zünde problemlos, sagt er stolz, nichts spritze mehr oder hinterlasse Gestank. Seither gelte der Konkurrent Jakob Friedrich Kammerer aus Ludwigsburg als chancenlos:

»Große Aufträge winken und machen Mut, zwei namhafte Esslinger fördern mein Unternehmen.«

»Beachtlich«, staunt Benedikt Peter. »Wie gehts denn zu beim Entwickeln neuer Produkte? Dauert es lang, bis der Karren rollt? Wann kommt Geld herein?«

»Du lieber Himmel, Kreuzer und Gulden sind stets knapp. Ihr müsst wissen, wie schwer acht Kinder und ein immerhin regsames Weib an mir hängen. Die kleine Bertha ist erst sieben Monate alt; für Armand, den ältesten Sohn, hab ich zum Glück einen brauchbaren Platz gefunden. Er schreibt Briefe und Urkunden in Doktor Kaufmanns Notariat.«

»Sehr schön. Was weiter?«

»Mit Gottes Hilfe wird alles gut. Ich seh ja schon Licht am Horizont.«

Samson verschweigt, dass er momentan nichts weniger hat als Erfolg und finanziell ausblutet. Ohne die Dotation des Onkels Johann Tobias würde der Teufel ums Haus pirschen.

Anfang Februar 1831 las ein mehr oder minder geneigtes Publikum:

»Um den Wünschen verschiedener Liebhaber vollkommen zu entsprechen, empfiehlt der Unterzeichnete seine nach neuester Zusammensetzung verfertigte dicke Glanzwichse. Dieselbe ist vermöge ihrer Be-

standtheile nicht nur für die Erhaltung des Leders vorzüglich, sondern ertheilt auch dem mit Fett gesättigten Leder das tiefste Schwarz und den lebendigsten Glanz ohne sonderliche Mühe. [...] *Die flüßige Wichse wird stets um den äußerst billigen Preis zu 7 Kreuzer per Schoppen abgegeben. J. S. W. Mayer am Klösterle.«*

Am 18. Mai wurde schließlich verraten, dass die englische Stiefelwichse *»nun auch in Blechbüchsen à 12 Kreuzer«* lieferbar sei.

Damit nicht genug. Samson inseriert Mitte Oktober zum Auftakt herbstlicher Unterhaltungen oder Feste:

»Auch heuer empfiehlt der Unterzeichnete sein von ihm selbst verfertigtes Lustfeuerwerk in allen Sorten. Er garantirt frische und aprobirte [amtlich erlaubte] *Waare nebst Zusicherung billigster Preise.«*

So freilich schwindet kein Defizit.

Die Mayers wirtschaften möglichst autark. Samson hat noch als Junggeselle Apfel- und Birnbäume ersteigert, längst liefern sie Most und füllen seine Kasse in schlichtem Umfang. Friederike spart, wo immer sie kann; alle Kinder essen morgens den Schwarzen Brei und kriegen davon rote Wangen. Nur der Vater darf manchmal Konditor Sauter besuchen, was jedoch selten geschieht. Rike entschuldigt Samis Passion als harmlosen Seitensprung; andere Frauen erleben Schlimmeres, glaubt sie und fügt im Herzen hinzu: Er würde nie vom Weg abweichen. Hoffentlich ...

Samson jedenfalls lässt die nächsten Annoncen drucken.

»Mousierender [perlender] *Bratbirnmost in Champagnerbouteillen, sammt Glas zu 24 Kreuzer bei Kupferschmied Mayer am Klösterle«* wird am 16. November publik gemacht. Kurz vor Weihnachten heißt es dann noch: *»Einige Mitleser zu Merkur, Wochenblatt und Stadtpost werden gesucht.«*

Beißt auch der nächste Gast an? Ende 1831 taucht in Samsons Werkstatt ein Lithograph namens Jakob Ferdinand Schreiber auf. Er ist 22 Jahre alt, hat hier die aus betuchter Familie stammende Maria Karoline König geheiratet (was 4500 Gulden Mitgift und das Bürgerrecht einbrachte), treibt seit September »J. F. Schreibers Leihbücherei« um und steht einer kürzlich gegründeten lithographischen Anstalt vor. Als Basis dienen ihm 44 Steinplatten, die er vom Stuttgarter Prinzipal Georg Ebner hatte erwerben können.

Sein Lehrherr wäre zweifellos stolz, wenn er wüsste, welches Tempo Schreiber am Neckar vorlegt. Dass dieser Sohn eines 1812 samt Frau im russisch-französischen Chaos verschollenen Unteroffiziers sofort ein stattliches Esslinger Haus kauft, imponiert auch dem Schmied. Der in Ulm geborene junge Mann verbindet technisches Können mit Kunstverstand. Er sagt zu Samson: »Ich beginne mit Blättern, deren Qualität überzeugt. Sie stellen unsere Stadt und die Umgebung dar. So wird beides ins Licht gerückt. Möchtet Ihr subskribieren?«

»Generell gern. Nur nicht jetzt.«

Das diesjährige Fest zur Feier von Christi Geburt findet stiller als sonst statt. Obwohl Friederike kein Kind enttäuschen mag, ist die Zahl der Geschenke begrenzt: Hier wollene Strümpfe für Adolf und Gustav, da eine warme Haube für Großmutter Paulina oder dort Immanuels bunt illustrierte Fibel (am modernen ABC-Buch führt nach Samsons Meinung kein Weg vorbei). Bis hin zum kleinen Julius Reinhold Albert, dessen Spaß an Klötzchen aus Holz den Heiligen Abend erhellt, sind alle im Haus zufrieden.

Während Rike mit Sami einen Blick wechselt und spürt, dass auch ihr Ehemann momentan nichts entbehrt, steht Armand vom Tisch auf. Er möchte offenbar reden, bleibt jedoch stumm.

»Was ist denn?«, fragt Samson.

»Ich will …«

»Nur zu!«

»Doktor Kaufmann hat mir gestern zehn Kreuzer geschenkt. Wegen der sauberen Schrift. Hier sind sie.«

»Behalt nur das Geld«, antwortet der Vater und muss sich räuspern. »Mach deine Eltern auch künftig froh.«

Friederike jedoch ist den Tränen nah. »Guter Armand«, sagt die Stiefmutter. »Du wirst es noch weit bringen.«

25

ADIEU DEZEMBER, willkommen im Jahr 1832. Zum Wechsel läuteten wie stets alle Glocken, die Knallerei und das Gebell herrenloser Hunde führten einmal mehr zu Protesten beim Magistrat. Sie werden zwar anerkannt, doch nicht polizeilich verfolgt. Da könnte ja jeder Depp quengeln.

Johann Samson Wilhelm Mayer hat zwischen Weihnachten und Silvester wieder ein wenig Mut gefasst, was seinen Geschäftsgang betrifft. Doch schon am 18. Januar lernt er, dass kein Baum in den Himmel wächst. Dem Esslinger Anzeiger ist schwarz auf weiß zu entnehmen, welcher Luxus aus Schweinfurt geliefert wird:

»*Chemische Feuerzeuge. Von der neuerfundenen Art in Form einer kleinen Brieftasche, in welcher man die Hölzchen hat, welche sich mittelst Friktion plötzlich entzünden, habe ich dieser Tage eine Sendung erhalten. Sie können wegen ihrer Niedlichkeit* [flaches Packmaß] *zu Hause und auf der Reise bei sich getragen werden, verlieren nie an Brennstoff und sind, weil keine flüßige Materie dabei ist, durchaus an jedem Ort ohne Feuergefahr. Das Stück mit 100 Zündhölzchen erlaße ich in Saffianleder à 30 Kreuzer, in Saffianpapier à 24 Kreuzer. Louis Hopf am Hafenmarkt.*«

Elender Mensch, denkt Samson. Er macht Front gegen mich und spielt dem Publikum vor, hier der Primus zu sein. Wenn alles Volk zu ihm rennt, ist das lokale Geschäft verloren. Dann geht meine Firma über kurz oder lang kaputt und die Familie mit ihr. War ich naiv? Wohin man schaut, wird massenhaft produziert, ein Hersteller jagt den anderen. Hundert hochfein verpackte Hölzchen für 30 Kreuzer ... Wer hält da auf Dauer mit? Außerdem bin ich bei Carl Deffner im Wort. Sein Kredit zahlt sich nicht von selbst zurück.

Neue Ideen sind also fällig, auch am trübsten Tag kann kein Mäzen die eigene Initiative ersetzen. Deshalb heraus aus dem dunklen Loch! Vielleicht hilft eine Agentur für Wünsche anderer Kunden weiter? Einen Probelauf ist es wert. Samson lässt Ende Januar 1832 in dieser Richtung den folgenden Text drucken:

»Logis-Gesuch. Für eine bejahrte, wiewohl noch gesunde Weibsperson wird ein Logis, wo möglich bei einer kinderlosen Familie, gesucht. Die Person würde sich mit einer ordentlichen geschloßenen Kammer begnügen, wenn sie sich den Tag über während ihres wenigen Zuhauseseyns im gemeinschaftlichen Wohnzimmer aufhalten könnte. Gefällige Anträge besorgt weiter J. S. W. Mayer am Klösterle.«

Gut möglich, dass der Schmied Frau Paulina entfernen will – definitiv und gleichwohl diskret. Samsons fünfundsechzigjährige Mutter krittelt nach wie vor an zahllosen Dingen herum und reizt Rike oft bis zur Glut, weshalb der Haussegen dauerhaft schief hängt. Aber weil niemand sich auf die Anzeige meldet, bleibt alles wie bisher.

Friederike ist nun zum elften Mal schwanger. Zum Ärger mit Paulina Mayer, geborene Brinzinger, kommt eine maßlose Übelkeit hinzu; so schlimm war es selten seit Johann Carl Erharts Geburt anno 1818. Nach drei Monaten war er tot, Gott hatte den Erstling viel zu rasch heimgerufen. Rikes Trauer und Samis verhaltene Wut auf das Schicksal wollten damals kaum enden. Ach, kleiner Carl ...

Margarethe Keller sagt auch jetzt voraus, dass wieder ein Bub heranwächst und avisiert Mitte Mai als Termin für die Niederkunft. Doch momentan hält Bertha ihre Mama auf Trab, denn das bisher letzte Kind hat hohes Fieber. Es zahnt, schreit Nacht für Nacht durch, will weder trinken noch essen. Holt der Herr es zu sich wie Louise und Julie? Gott sei Dank, Bertha Christiane Kunigunde überlebt trotz langsamer Heilung.

Seit Ende März wütet in Paris die aus London eingeschleppte Cholera, fast 19 000 Menschen sterben daran. Der 1831 von Deutschland nach Frankreich emigrierte Publizist und Poet Heinrich Heine berichtet: *»Wo man nur hinsah auf den Straßen erblickte man Leichenzüge, oder, was noch melancholischer aussieht, Leichenwagen, denen niemand folgte.«*

Als rund um Esslingen alle Bäume verblüht sind, hat Samsons Stamm einmal mehr ausgetrieben. Am 20. Mai halten die Eltern den achten Sohn im Arm, sieben Tage nach seiner Geburt tauft Pfarrer Schumann ihn auf den Namen Alfred Ferdinand Wunibald.

Zugleich wird im Pfälzerwald gejubelt: 30 000 Menschen folgen westlich des Rheins dem Aufruf der Publizisten Philipp Jakob Siebenpfeiffer und Johann Georg August Wirth zum Zug auf das Hambacher Schloss. Vom 27. Mai bis zum 1. Juni 1832 feiert man dort ein »Fest für Einheit und Freiheit«, Schwarz-Rot-Gold weht sechs Tage lang in Erinnerung an den Krieg vor knapp 20 Jahren. Damals wurde das napoleonische Joch abgeschüttelt, nun geht es um die Bildung einer deutschen Republik. Zwei Wochen später schließen sich württembergische Studenten und Bürgerrechtler an. Ihre Zusammenkunft vor der Nebelhöhle bei Genkingen dient demselben Ziel, sie wird durch Landjäger scharf beobachtet.

Opposition in Wilhelms Königreich? So etwas fehlte noch.

Samson freilich glaubt die Vivatrufe vom Berg über Hambach zu hören. Nicht sehr laut, aber unverkennbar. Er fragt Carl Deffner, der seit kurzer Zeit als Vertreter seiner liberalen Partei im Stuttgarter Landtag sitzt:

»Wie steht ein Fabrikant zu solchen Leuten?«

»Ich bin auf ihrer Seite. Das Volk ist aber für die Demokratie noch nicht reif. Geduld, lieber Mayer, sonst werden wir um den Lohn unseres Engagements gebracht. Schaut ostwärts!«

Deffner meint Griechenland und redet weiter. In Hellas haben Großbritannien, Frankreich und Russland ganz Europa vor dem republikanischen Virus bewahrt – aus Sicht jener Staaten war dies nicht nur klug, sondern nahezu genial: Der erst sechzehnjährige Bayernprinz Otto von Wittelsbach wurde zum König ernannt, er nahm wohl oder übel die Krone an und soll bald gewählt werden. Ein regierender Rat hilft Otto I. bis zur Volljährigkeit, damit die junge Monarchie stabil bleibt.

»Wenn alle Herrscher so lasch sind«, sagt Samson dumpf, »zieht man sich besser zurück. Aus und Amen.«

Der Esslinger Abgeordnete widerspricht: »Nie nachlassen, werter Freund. Haltet Euch immer vor Augen, dass Nacht und Tag Geschwister sind. Auf dunkle Stunden folgt stets das Licht.«

Wie zur Bestätigung trifft Ende Juni Christiane Mayers nächste Botschaft am Klösterle ein. Die treue Seele schreibt aus Göttingen:

»*Lieber Herr Vetter und Gevatter! Ihre beyden lieben Briefe* [mit der Nachricht von Alfreds Geburt] *habe ich erhalten und mich recht herzlich darüber gefreut. Daß Ihre liebe Frau die besorgnißvolle Zeit so glücklich überstanden und Ihnen einen kräftigen gesunden Knaben geschenkt hat, erregte meine ganze Theilname. Daß Sie auch bey diesem Kind meiner in Liebe gedacht haben, war mir sehr erfreulich zu hören. Ich wünsche von Herzen, daß Sie an meinem Pathgen recht viele Vaterfreuden erleben mögen. Viele Sorgen werden Ihrer freilich auch noch warten, mein lieber Herr Vetter, denn bis 8 Knaben erzogen und versorgt sind, dazu gehört Kraft und Muth. Doch steht zu erwarten, daß die Kinder eines so thätigen und auf Gott vertrauenden Mannes nicht von der Bahn weichen werden, welche ihr Vater wandelt.* [...]

Ein wahrer Trost ist Ihnen in Ihrer so fleißigen und braven Frau gegeben. Sie muß ein herrliches Weib sein. Ich bin ganz Ihrer Meinung, daß eine tüchtige Frau ein Seegen des Himmels ist. Bey diesen schweren Zeiten, wo der Erwerb danieder liegt, hat ein Familienvater oft mit Noth und Sorgen zu kämpfen. Fühlt er sich und seine Frau aber unverschuldet in so trüben Tagen, dann läßt sich auch das Drückende mit mehr Muth ertragen, und der Geist stärkt sich an der Hoffnung, daß auch wieder beßre Tage kommen werden. [...] *Daß mein kleines Pathgen so niedlich geworden ist, freut mich recht sehr. Aber daß es mit dem Zahnen so langsam geht, beunruhigt mich ordentlich. Gott erhalte Ihnen das liebe Kind, es ist ja Ihr einziges Töchterchen und gewiß recht Ihr Augapfel.* [...] *Leidet denn Ihr armer Kleiner noch so an Krämpfen? Ich wünsche sehr, daß sich seine Gesundheit befestigen möge.*

Nun, mein lieber Vetter und Gevatter, wünsche ich, daß mein Brief Sie alle recht gesund antreffen möge. Leben Sie mit Ihren Lieben wohl und melden Sie mir öfter, wie es Ihnen geht. Ich nehme immer großen

Antheil an allem, was Sie betrifft, denn ich habe Sie herzlich lieb. Ihrer Frau viele Grüße und Ihren Kindern, besonders meinem lieben Pathgen, viele Küße. Unverändert Ihre Sie liebende und hochachtende Base Christiane Mayer.«

Schwere Zeiten beklagt Christiane in ihrem Brief vom 25. Juni. Sie liegt damit nicht falsch, denn auch am Neckar leiden Bürgerinnen und Bürger wiederholt unter starker Not. Oberamtmann Karl von Pistorius ruft deshalb zur Gründung eines Armenvereins auf. Im Rat beschließt man, statt des Schmalzalmosens ein Scherflein für Brot auszuteilen, »*bis der sechspfündige Laib von 24 auf 18 Kreuzer*« komme. Die seit dem Monat April extrem trockene Witterung macht den Betreibern örtlicher Mühlen zur Pflicht, jeweils zwölf Stunden lang wechselnd das Wehr zu schließen. Sogar den Privatbrunnen wird Wasser entzogen. Obst und Wein gedeihen aber recht gut trotz aller Dürre, was manchen Landwirt dennoch murren lässt.

Samson sitzt sonntags vor seiner Werkstatt und denkt: Seltsam, dass Bauern oft ohne Grund schimpfen. Ob viel oder wenig – nie sind sie mit ihrer Ernte zufrieden. An Gottes Segen sei alles gelegen, sagt zwar das Sprichwort, doch was hilft es, wenn Städter hungern wie anno '16 und '17? Bleibt nur zu hoffen, dass diese Plage nicht noch einmal droht.

Mayer seufzt. Dann steht er auf und läuft langsam zum Neckar hinunter, wo ein 1823 durch Karl Friedrich von Duttenhofer konstruiertes Wehr den Fluss staut. Ideal für das Badevergnügen! Kein Vergleich allerdings mit dem großen Rhein bei Köln, an dessen Ufer Sami einst stand und Armand Kerns Felleisen in die Strömung warf. Der lederne Sack trieb vor 24 Jahren meerwärts und wurde bis zur Nordsee geschwemmt, um dem ertrunkenen Freund als Schutz zu dienen.

Die Trauer um Armand ist nach wie vor frisch. Sie tut weh, man mag es kaum glauben. Samson schaut ins trübe Wasser und stutzt. Er nimmt vor Duttenhofers Bau kleine Ringe wahr, immer wieder steigen sie empor und ebben dann ab. Der Betrachter empfindet beim

Anblick dieses Strudels keine Furcht, doch sein Instinkt wehrt sich dagegen: Sei wachsam, komm mir nicht zu nah. Sekunden später sieht Samson Mayer zwei Fische springen und atmet auf, als sei nichts geschehen.

Alles in bester Ordnung wie eh und je.

Am 8. August 1832, einem Mittwoch, sagt Doktor Friedrich Kaufmann im Notariat zum ältesten Sohn des Kupferschmieds: »Morgen hast du Vakanz, Armand. Du bist fleißig und schreibst fehlerlos. Ich erhöhe dein Salär um 30 Kreuzer je Monat, zu gegebener Zeit folgt eventuell mehr. Mach dir also einen schönen Tag. Grüße mit dieser Nachricht den Papa und vergiss nicht, der Frau Meisterin meine Empfehlung zu überbringen. Adieu.«

Armand Tobias nickt. Dann verbeugt er sich rasch und antwortet: »Habt Dank, Herr Notarius. Werde auch in Zukunft ordentlich sein. Trete gern wieder ans Pult.«

Der 9. August beginnt mit einer fast tropischen Hitze. Schon gegen sechs Uhr misst man vor dem Esslinger Rathaus 24 Grad Réaumur (30 Grad Celsius), was riskant ist – mittags oder gar nachmittags sollte jetzt niemand das Haus verlassen. Friederike Mayer hängt feuchte Wäsche in den Wohnräumen auf, damit kein Kind leidet. Ihre Schwiegermutter Paulina stöhnt, Samson schwitzt wortlos. Die Werkstatt bleibt wohl oder übel geschlossen. Nur Armand ist guter Stimmung, denn er darf faul sein.

»Ich geh heut zum Neckar«, sagt der junge Schreiber, »und treff mich mit Kameraden.«

Friederike Mayer: »Du willst …?«

»Ins Wasser, genau. Aber bloß bis zum Bauch.«

Samson warnend: »Wer nicht schwimmen kann und es trotzdem wagt, versucht Gott.«

»Habt keine Angst, liebe Eltern. Ich pass bestimmt auf.«

Armands Freunde heißen Ludwig, Christoph, Kaspar und Robert. Sie erwarten ihn kurz vor sieben Uhr abends am Ufer, spritzen einander nass, rennen lachend herum, tragen wilde Wettkämpfe aus,

Das »Klösterle« (früherer Kaisheimer Pfleghof. Mittleres Haus) unter der sogenannten Burg mit dem Beutaubrunnen. Rechts die ehemalige Kelter, wo Georg Christian Kessler von 1826 an Sekt produzieren ließ.

stolzieren wie Gockel und merken endlich, dass es höchste Zeit für die Heimkehr ist. Christoph mahnt, doch Armand widerspricht.

»Nur noch ein paar Minuten«, sagt er und läuft fort. Sein letzter Halbsatz wird bald in Esslingen von Mund zu Mund eilen: »Lasst michs probieren …«

Der Fluss schimmert bei sinkender Sonne.

»Zurück!«, schreien Kaspar und Robert, aber Samson Mayers Sohn steht schon im Wasser. Es reicht ihm rasch bis zur Brust.

Die Abonnenten des »Wöchentlichen Anzeigers« lesen hinterher das, was längst kolportiert worden war:

»Allen denen, welche sich mit so viel Anstrengung bemühten, an dem für meine Famille so unglücklichen Abend des 9ten August meinen nun verklärten Wilhelm aus der dunkeln Tiefe des Waßers zu ziehen und ihn durch vielerlei angewandte Mittel wieder ins Leben zurückzurufen, meinen herzlichsten Dank! – Dank den Freunden, welche den Entseelten mit so vieler Mühe nach Hause besorgten. Gerührtesten Dank den Jugendfreunden […], *welche am 12. dieses Monats so liebevoll der Freundschaft den letzten Tribut zollten und dessen sterbliche Überreste zur Grabesstätte trugen. – Wärmsten Dank den Jünglingen, welche am offenen Grabe unaufgefordert in schmelzend harmonischem Gesang himmlischen Balsam in die unheilbar verwundete Seele des zerknirschten Vaters gossen. – Tausendfachen Dank den edlen Bewohnern Eßlingens, welche die herzlichste Liebe der nun ins Grab gesunkenen Krone meiner Famille in so überreichem Maaße zu Theil werden ließen. – Herr, bewahre sie alle vor ähnlichen Prüfungen! Um dies bittet der in Staub gebeugte Vater am 14. August 1832: J. S. W. Mayer am Klösterle.«*

Nichts bleibt, wie es war. Nach dem Tod seiner ersten Frau Christiana hat Samson jetzt auch Armand verloren. Der Schmied resigniert, aber nicht genug: Friederike, die an ihm einen Narren gefressen hatte, fiel vor seiner Leiche in Ohnmacht und ist seither stumm. So besorgt sie den Haushalt, mehr schlecht als recht werden Pflichten erledigt, Rikes Schwiegermutter Paulina hilft dabei.

Als ihr Enkel daheim auf dem Bett lag, sagte Paulina Mayer: »Schaut her.« Armand schien zu schlafen – leicht gebräunt, das Haar glatt, der Mund offen, nur die Lippen waren ein bisschen blau. Christoph berichtete atemlos, dass er von einem Moment zum anderen weggesackt sei; Robert tauchte dreimal und zog ihn an Land, Kaspar massierte zehn Minuten lang den Brustkorb ... umsonst.

»Wach doch auf, Bub«, fleht Samson.

Der Vater sieht mysteriöse Mächte am Werk. Sie haben Armand vor England ins Meer gerissen und dann jenes Kind gleichen Namens ersäuft, das ihn selbst anno 1815 ins Leben zurückrief. Welcher Schlag folgt nun? Was der Lauffener Poet Friedrich Hölderlin als Gesang eines Eremiten ausgab, spiegelt die Trauer des Kupferschmieds. Er kennt »Hyperions Schicksalslied«, weil Rektor Herwig es im Pädagogium oft mit dem Zusatz empfohlen hatte, dass niemand so wunderbar schreibe und man Hölderlins lyrische Prosa nur träumend verstehe:

»Uns ist gegeben / auf keiner Stelle zu ruhn. / Es schwinden, es fallen die leidenden Menschen / blindlings von einer Stunde zur andern / wie Wasser, von Klippe zu Klippe geworfen, / jahrlang ins Ungewisse hinab.«

Samson Mayer hat gelesen (wo oder wann, weiß er nicht), dass Hölderlin Jahr um Jahr seltsamer wirkt. Er haust am Tübinger Neckar im Haus des ihm bis zum Kniefall ergebenen Tischlers Ernst Zimmer, kritzelt Kryptisches auf Papier, stellt sich Besuchern als Signor Scardanelli vor und nennt sie »Euer Heiligkeit«. Der zweiundfünfzigjährige Genius schaut offenbar, dem antiken Hyperion gleichend, *»ins Ungewisse hinab«*.

Schicksal, denkt Samson, was hast du mit mir vor? Werde auch ich von Fels zu Fels geschleudert?

Friedrich August Herwig, seit 1820 Dekan in Esslingen, vergisst Sami nicht. Sein früherer Zögling braucht Hilfe, weshalb es einer schriftlichen Botschaft bedarf. Ihr Text zeigt, dass Herwig das Leben kennt: Statt zu salbadern spendet er Trost. Weinen sei heilsam, heißt es zum Schluss des Briefs, Tränen lösten die Bitternis nach und nach auf. Herwigs gut gemeinter Versuch läuft freilich ins Leere, denn der trauernde Vater hat weder Augen noch Ohren für Empathie.

Samson igelt sich ein. Was weltweit geschieht, lässt den Kupferschmied kalt. Nichts außer Armands frischem Grab auf dem Friedhof beim Schelztor bewegt ihn, dort ruht alle Hoffnung. Wenn Mutter Paulina meint, er magere ab und solle essen, sagt ihr Sohn kurz:

»Dich hat niemand um Rat gefragt.«

Sabine Casper baut während dieser Zeit ihren Ruf als treue Kraft aus. Sie ahnt die Krise und meistert von heute auf morgen Mayers Manufaktur. Vom Bestellen neuer Ware bis zum Liefern der Zündhölzer geht alles flott voran, so dass keine Fertigung stockt oder gar rund um Esslingen verbreitet wird, man produziere nicht mehr am Klösterle. Samson staunt, als Paulina ihm davon erzählt (auch Friederike redet wieder, zum Glück). Eines Morgens steht er wie ausgewechselt im Flur seiner Werkstatt und teilt der Casperin mit:

»Jungfer, Ihr habt Respekt erworben. Ich zahle monatlich doppelt, wenn Ihr so weitermacht. Hier einen Louisdor fürs Erste.«

»Immer zu Diensten, Herr Patron. Werd Euer Vertrauen rechtfertigen.«

Sie knickst, was Mayer abwehrt. Vier andere Arbeiterinnen sind überrascht und heben jeweils den Kopf.

Johann Wolfgang von Goethe stirbt am 22. März 1832 und hinterlässt eine leuchtende Spur. Sein Gönner, Großherzog Karl August, ist seit 1828 tot – die Dichterstadt Weimar beklagt auch diesen Verlust. Samson hat Goethes »Faust« und als Bräutigam den »Werther« gelesen, dessen Leid ihn damals zu Tränen rührte, vom Landsmann Schiller hält er aber mehr: Im Karl Moor des Schauspiels »Die Räuber« erkennt der alternde Schmied sich selbst. Moors komplizierte Stellung zum Vater gleicht dem Drama seiner Jugend, jedoch …

»… tempi passati«, sagt Samson zu Rike und verwendet das einst bei Rektor Herwig im Pädagogium erlernte Latein. »Diese Zeiten holt kein Mensch zurück. Gott sei Dank.«

Nach längerer Unterbrechung liest er nachmittags wieder den »Schwäbischen Merkur«, dazu steuert Friederike echten Kaffee aus Westindien bei, was Luxus bedeutet. Mayers Blick wandert von Spalte zu Spalte. Aha, schau an:

Seit dem Hambacher Fest sind politische Abzeichen verboten, dies zielt auf Schwarz-Rot-Gold als Beweis nationaler Gesinnung. Außerdem ist jetzt die Presse-, Vereins- und Versammlungsfreiheit eingeschränkt. Wo soll das enden? Margarethe Eichler aus Berlin hat eine Beinprothese samt Kniegelenk konstruiert. Der amerikanische Ethnologe Schoolcraft stieß jüngst zur Quelle des Mississippi vor. Emanuel Schweizerbart, Stuttgart, druckt Eduard Mörikes Novelle »Maler Nolten«. War Mörike bisher nicht Pfarrer? Spielt keine Rolle. In Schweden wird ein Kanal für Schiffe eröffnet, er verbindet Göteborg mit Norrköping. 58 Schleusen mussten gebaut werden, doch man konnte fünf Seen nutzen.

Aus Paris wird gemeldet, dass Hippolyte Pixii den ersten Wechselstrom-Generator vorgeführt hat. Louis Adolphe de Milly, ein Chirurg, beginnt im nahen Passy mit der Fabrikation rußarmer Stearinkerzen. George Catlin schließlich erforscht die Sitten nordamerikanischer Indianer. Er reist von Stamm zu Stamm, seine Zeichnungen werden bewundert.

»Wieder was gelernt«, sagt Samson zu Rike. »Es lohnt sich halt, über fremde Schultern zu schauen.«

Er faltet den Merkur zusammen, wechselt von der Wohnung zur Werkstatt und öffnet das Auftragsbuch. Aus Griechenland ist gestern ein Brief eingetroffen, denn seit König Otto I. von Wittelsbach inthronisiert wurde, hat Mayers Freund Deffner direkten Zugang zum Hof. Beim Militär werden Tag für Tag zahllose Zündhölzer gebraucht, man bittet deshalb um Proben. Der bayerische Generalmajor Karl Wilhelm von Heideck als Ottos Ratgeber endet mit dem Satz: »Spätere Order nicht ausgeschlossen.«

Samson zeigt die Nachricht erst seiner Frau und dann dem Fräulein Sabine. Beide sind froh, wenn auch aus unterschiedlichen Gründen: Die Casperin glaubt, dass ihr Prinzipal bald im Gold schwimmen und sie entlohnen wird, Friederike wiederum atmet auf, weil das familiäre Schiff nun nach schwerem Sturm den Hafen erreicht. Wer hat es gelenkt? Gott allein.

Drei Tage nach Armands Tod waren Rike und Sami Schlag zwölf Uhr dem Sarg gefolgt. Vor großem Publikum sprach Pfarrer Schumann das Vaterunser und endete so laut, dass jeder Mensch rund ums Grab bis hin zum Leichenhaus ihn hören konnte: »*Aquis submersus*, in den Wassern versunken.« Dann gab er Armand Tobias Wilhelm seinem Schöpfer zurück. Zur selben Zeit traf Graf Alexander von Württemberg, Oberstleutnant des Dritten Reiterregiments, nebst Gattin am Esslinger Marktplatz ein. Er bezog das Palmsche Palais, was der Magistrat abends mit einer Illumination feiern ließ.

»Heil Euch, erlauchter Herr. Seid uns willkommen!«

»Habt gnädigsten Dank.«

Streng jedoch schritt man zum Vollzug, als Oberamtmann Karl von Pistorius im Herbst den nächtlichen Lärm und das Hetzen des Schlachtviehs durch streunende Köter beklagte. Auch zu schnelles Reiten, hieß es, sei tabu. Die Konsequenz bekam prompt ein Polizist zu spüren, weil er jenen jungen Offizier nicht angezeigt hatte, der durch Esslingen galoppiert war. Mit einem Gulden, zahlbar sofort, durfte dieser Mann noch zufrieden sein.

Der Winter von 1832 auf 1833 naht. Lokale Wengerter loben den Riesling und handeln ihn wie weißes Gold, weil die trockene Witterung seinen Wert im Gegensatz zum Vorjahr verbessert hat. Zwar wurde wenig geerntet, weshalb einmal mehr in manchen Weinstuben unter dem Burgberg räsoniert wird (Wirte nehmen daran aus guten Gründen nicht teil). Was aber an Menge fehlt, machen Qualität und Einnahmen wett. Wer sparen muss und kein Bier mag, trinkt Apfelmost. Das Getränk mit Birne zu schönen ist ratsam.

Der Neckar friert schon Anfang November zu, nach einer milden Weihnacht herrscht kurz vor Silvester grimmiger Frost. Samson, Friederike, Paulina und acht Kinder hocken stiller als sonst am Ofen, nur der sieben Monate alte Alfred und die unentwegt plappernde Bertha sind fidel. Dauerhaft kreist das Gespräch von Vater, Mutter und Großmutter um den scharfen Schnitt im August. Samson Mayer versucht zwar wieder ins Lot zu kommen, doch es gelingt höchstens mit Hilfe des jetzt ältesten Stammhalters.

Carl Johann Erhart, geboren vor gut 13 Jahren, geht dem Papa gern zur Hand. Er interessiert sich für Zahlen und addiert mühelos, so dass Samson zu Rike sagt: »Dieser Bub hat Talent. Den lass ich Kaufmann lernen, wir müssen schließlich an morgen denken. Eh mein Kopf schwach wird, trete ich ab. Dann leitet Carl unsere Firma und wird sie voranbringen. Die Frucht fällt nicht weit vom Stamm ins Gras. Was meinst du?«

»Psalm 104 ist mir lieber: ›*Es warten alle auf Dich, dass Du ihnen Speise gebest zur rechten Zeit.*‹ Ohne die Gunst des Herrn kein Erfolg.«

26

ES RUMORT IM KÖNIGREICH Württemberg. Das Stuttgarter Parlament tagt zwischen Januar und März 1833 ohne Ergebnis, drei liberale Abgeordnete namens Ludwig Uhland, Paul Pfizer und Friedrich Römer greifen die konservative Regierung forsch an. Doktor Uhland wie Doktor Pfizer agieren als gewählte Vertreter der »Guten Städte« Stuttgart und Tübingen, während Römer für das Oberamt Geislingen spricht. Auch Carl Deffner aus Esslingen mischt sich ein. Er redet Fraktur, was Samson Mayer fabelhaft findet, ohne dem Freund zu applaudieren. »Alles mit Maß« ist sein Motto. »... *und das in der Still / Und wenn es sich schicket / Mein Wunsch und Begehren / Kann niemand mir wehren.*«

Denn die Gedanken sind frei. Jawohl!

Konrektor Pfaff, »Sängervater« im Liederkranz und Redakteur des Anzeigenblatts, hält es anders als Samson mit der Praxis. Er lässt sich kein Wort verbieten – Karl Pfaff trifft den politischen Gegner frontal und ist trotz aller Präzision fair. Dies hat gleichwohl Konsequenzen: Dem König wird Ende Januar eine Esslinger Bittschrift überbracht, deren Text die Entfernung des Pädagogen vorschlägt. Es bleibt jedoch beim internen Tadel wegen »verabsäumter Schuldisziplin«.

Passt so, meint Samson Mayer und stellt fest, dass Stuttgart manchmal (wenn auch selten) mild kocht, während der eigene Rat öfter stark würzt und im Widerspruch dazu alte Rezepte liebt. Wie jenes:

Eberhard Friedrich Honold junior, Doktor beider Rechte, hatte 48 Jahre lang treu am Neckar gewirkt. Er war seit 1785 Archivar, seit 1794 Ratskonsulent, seit 1803 Bürgermeister der nicht mehr reichsfreien Stadt Esslingen und wurde 1819 zum Oberbürgermeister ernannt. Honold, immerhin 71, sollte nun mit dem Pfandkommissär Amand von Marchtaler einen Gehilfen bekommen. Er zog aber den Ruhestand vor und starb schon am 17. März 1833.

Wer folgt diesem Herrn im Amt? Gewählt wird Erhard Conrad Friedrich Weinland, dessen Ruf als Regimentsquartiermeister fleckenfrei ist und der einen konservativen Kurs garantiert. Weinlands Schwur Ende Mai verspricht Kontinuität nach innen und außen, wenn auch fortschrittlich denkende Bürger enttäuscht sind. Zu ihnen zählt Samson.

Anfang April sah es anders aus. In Frankfurt stürmten Studenten zwei Polizeiwachen; sie wollten die allgemeine Revolution auslösen, doch der Versuch schlug fehl: Neun Tote und 44 Blessierte kostete das Blutbad am Main. Prompt wurde auf Betreiben des Wiener Staatskanzlers Metternich eine »Bundes-Central-Behörde« geschaffen. Sie registriert sogenannte Umstürzler und jede verdächtige Schrift. Danach schließen sich Österreich, Russland und Preußen gegen den Liberalismus zusammen – England, Frankreich, Spanien sowie Portugal werden folgen.

Samson sieht einmal mehr die demokratischen Felle davonschwimmen. Wenigstens bietet sein sechsundfünfzigstes Lebensjahr auch ein kleines Stück neuer Hoffnung: Das Esslinger Anzeigenblatt lockt wieder Mayers Klientel zur Werkstatt, denn »... [ihm] *wurde kürzlich von einem geschickten Metallarbeiter ein vortreffliches Putzpulver in Commission gegeben. Durch dieses Pulver wird auf allen Metallen ohne viel Mühe auf naßem wie auf trocknem Wege reinster Politurglanz hervorgebracht. Das gesiegelte Päckchen* [kostet] *6 Kreuzer. Zur gefälligen Abnahme empfiehlt sich* [...]«

Keine schlechte Idee, weil dieser Preis den Beutel schont. Doch die Enttäuschung lässt nicht auf sich warten, denn der Kaufmann Louis Hopf am Hafenmarkt schmückt sich mit fremden Federn:

»*Von den erst seit kurzer Zeit neu erfundenen kongrevischen Zündhölzern und Fidibus* [harzreicher Holzspan], *welche sich durch eine schnelle Reibung an jedem etwas rauhen, trockenen Körper sogleich entzünden und nie versagen, sind um den Fabrikpreis à 8 Kreuzer die 100 Stück zu haben bei* [...]«

Worauf Mayer Herrn Hopf sofort unterbietet: »*Die neuerfundenen Fricktions-Zündhölzchen à la Congrève werden nun auch bei mir fabrizirt, die 100 Stck. à 6 Kreuzer. Dergleichen zum Scherz mit Knall à 10 Kreuzer.*«

Was dem Kupferschmied Mut macht und nicht nur örtlich für Aufsehen sorgt, ist Anfang Juli evident: Mayers Rivale Jakob Friedrich Kammerer aus Ludwigsburg hat sich einen Fehltritt geleistet, der Fabrikant »Döbereinscher Platin-Zündmaschinen« und »Congrevescher Zündhölzer« wurde infiziert; das Virus heißt »Montagsgesellschaft« und peilt offenbar die Revolution an. Kammerer wird verhaftet und auf den Hohenasperg gebracht. Dort sitzt er wie ein Verbrecher, hustet Blut und muss am letzten Tag des Monats Oktober entlassen werden. »Auf Ehrenwort« erklärt man und warnt ihn, sein Prozess könne ewig dauern. Wolle er etwa gestehen? Dann sehe es anders aus.

Samson weiß nicht, was Jakob Friedrich Kammerer Tag für Tag in der feuchten Zelle getan hat. Es wird von Experimenten gemunkelt, Phosphor und Kaliumchlorat seien ihm durch einen Wachmann zugeschanzt worden, niemand bestätigt oder widerlegt das. Sicher scheint, dass er dem solventen Nürnberger Haus Leuchs & Compagnie verbunden ist und schon vor seiner Haft mit ihm verkehrte.

Johann Carl Leuchs, seit sieben Jahren Teilhaber dieses Unternehmens, fabriziert unter anderem »Ulmer Feuerschwämme« aus Baumpilz und kauft gern Zündhölzer an. Die hat auch Mayer zu bieten, sogar je 1000 Stück billiger, doch gegen Kammerer kommt der Schmied nicht zum Zug. Da lernt er vom Landwirt: Wer zeitig das Korn liefert, mahlt zuerst.

Vor solchem Hintergrund sucht Samson Ersatz. Zugleich findet er daheim eine Lösung für Carl. Theodor Friedrich Seefried, Handlungsvorstand in Esslingen, stellt den Vierzehnjährigen als Commis ein und will ihn zum Buchhalter ausbilden. Nun wiederholt sich, was Mayer widerfahren war und woran seine Kindheit zerbrach: Er meldet Carl Johann Erhart von der Realklasse des Pädagogiums ab. Warum? Weil die große Familie zur Sparsamkeit zwingt. Weil jeder Kreuzer umgedreht wird, bevor man ihn ausgibt.

Zur Sorge trägt Friederikes Zustand bei. Sie schläft schlecht, ist kurzatmig, beide Beine schwellen an. Deshalb muss Doktor Steudel konsultiert werden. Nach längerer Prüfung des ganzen Körpers meint er, ihr Herz sei labil, spricht separat mit Samson und warnt vor einer weiteren Schwangerschaft. Die nächste *Graviditas* ende im schlimmsten Fall tödlich. Ob man denn Mutter Natur keinen Lauf lassen dürfe wie seit 16 Jahren, fragt der Schmied sehr direkt, worauf Ernst Gottlieb von Steudel den Kopf schüttelt:

»Unter uns Männern – nein. Haltet Euch zurück und zeigt, dass Ihr Euer Weib liebt.«

»Ich wills versuchen.«

Rikes Lebenslicht flackert. Als Samsons erste Ehefrau Christiana im Juli 1815 drei Monate nach Armands Geburt starb, hatte Samson kurz zuvor seinem Tagebuch anvertraut, ihre Kraft nehme ab *»wie eine Lampe«*. Weniger rasch arbeitet das Schicksal jetzt. Friederike Sophie Mayer widmet sich zwar allen Aufgaben, doch sie hat keinen Elan mehr. Rike weiß weder aus noch ein, zentnerschwer lastet die

Verantwortung. Was wird, wenn ich nicht mehr bin? Wer hilft dann der Familie?

Zu dieser Zeit blüht Samis alte Zärtlichkeit wieder auf. Er erinnert heimliche Treffs mit seiner jungen Verlobten während des Winters vor fast 20 Jahren und ist dankbar, dass sie damals den Schmerz um Christiana teilte; so wuchs Sympathie trotz aller Kritik seiner Eltern. An ihrer Seite zu streiten war selbstverständlich, gewiss! Wie liebevoll umarmte die Braut den kleinen Armand Tobias und ließ ihn kaum mehr los …

Genau dies wiederholt sich jetzt. Wenn auch spät mit vertauschten Rollen.

»Du bist mein Kapital«, sagt Samson zu Friederike und küsst ihre Stirn.

»Umgekehrt auch, Sami.«

»Verzeih mir manch schlimmes Wort. Lass uns immer zusammenhalten.«

»So lang es nur geht.«

Mayers Leistung lässt nicht nach. Noch am 21. August hatte er *»beste englische Stiefelwichse* […] *den Schoppen à 6 Kreuzer«* und dicke Qualität *»ohne Säure per Pfund 16 Kreuzer ohne Gefäß«* angeboten, was der Kaufmann Hopf mit *»Ludwigsburger Glanzwichse auf englische Art in Achtel- und Viertelpfundschachteln, so gut wie die von Georg Fleetword in London«* beantwortete. Samson wiederum spornte dies zu noch größerer Aktivität an: *»Bei Unterzeichnetem findet noch ein Mädchen von 14 bis 15 Jahren Beschäftigung als Tagarbeiterin; ebenso ein junger gewandter Bursche als Wochenlöhner. J. S. W. Mayer am Klösterle.«*

Eines Abends im November ordnet der Schmied sein Schreibpult und entdeckt unter vergilbtem Papier 13 Hefte. Sie gehören zu jenem Tagebuch, auf dessen zweites Blatt er einst rückblickend notiert hatte: *»(Decbr). Im Jahr 1813, kurz vor dem dem Pfeffertag, lernte ich die Tochter des Schullehrers aus Baltmannsweiler kennen. Sie gefiel mir so, daß ich Anstalten machte sie zur Frau zu bekommen.«*

Von weither naht plötzlich eine vertraute Gestalt: Schmale Figur, meergrüner Blick, fuchsrotes Haar. Dann aber mischen sich Gestern und Vorgestern auf seltsame Weise, weil Friederike Sophie erscheint. Dieses Doppelbild, denkt Samson, wirkt diffus. Leuchten Christianas wie Rikes Farben bis heute nicht höchst intensiv? Meine Biografie wäre ohne die Jungfern Hausch und Heggenberger bis heute arm. Ich trenne sie, um beiden gerecht zu werden. Jede läuft nun allein – parallel, aber doch souverän.

Damit schließt Mayer den Deckel des Pults, um in den zwischen 1814 und 1826 geführten Journalen nie mehr zu blättern.

Seit dem Gespräch mit Friederike ruht Samsons zweites Glück auf festerem Grund. Während sie immer weniger wiegt, nimmt er an Menschlichkeit zu. Sami unterstützt seine Partnerin, keine Arbeit ist ihm zu viel, Rike wird bestens betreut. Weil diese kranke Frau sich als Geschenk erweist – zur Leihgabe, die jeder gute Mensch herzt und hegt. Mit Doktor Steudel ist er sich einig, dass nicht alles verloren sein muss.

Ernst Gottlieb von Steudel nickt: »Aber jede Kunst stößt an Grenzen. Auch *ich* bin kein Zauberer.«

Im Salon der Esslinger Bürgergesellschaft sieht man den Amtsarzt stets gern als Gast, denn Steudels Wort hat Substanz. Beim Punsch werden dort Pfeifen gestopft, das Diskutieren über Politik und Privates bleibt Männern vorbehalten, nur die Bedienung ist feminin.

»Schon gehört? Elsle, bring Gläser!« So beginnt jeder Treff. Alsbald kommt ein lebhafter Austausch in Gang: Lissabon meldet rund 13 000 Choleratote, Großbritannien schafft die Sklaverei ab, in Leipzig macht das neue »Pfennig-Magazin« als erste deutsche Illustrierte von sich reden. Carl Friedrich Gauß und Wilhelm Weber aus Göttingen entwickeln den elektromagnetischen Telegraphen, mit beiden Physikern kann man sich weltweit sehen lassen. Da fällt kaum ins Gewicht, dass der Münchner Musensohn Alois Senefelder den Ölfarbendruck erfunden hat.

Das letzte Kolloquium des Vereins Ende 1833 würde wie sonst am dritten Advent stattfinden, aber fast alle Mitglieder bleiben fern, weil noch dies oder das zu erledigen ist. Deshalb passt auch Samson Mayer sich an. Er gönnt Sabine Casper außer drei Pfefferkuchen zum Fest ein »gut so«, verriegelt seine Werkstatt und ist zufrieden. Zwar trübt Rikes zittriger Zustand den ohnehin grauen Morgen, doch die Familie soll darunter nicht leiden.

Der Kupferschmied sitzt am kürzesten Tag des Jahres im Sessel und raucht badischen Tabak aus dem Rheintal. Diese Passion kostet zwar diverse Kreuzer, wird aber nicht übertrieben. Samson hat Mutter Paulina einen starken Tee brauen lassen und nimmt sich wie gewohnt den »Schwäbischen Merkur« vor. Das Blatt enthält außer Regularien kaum Neues. Abgesehen von jenem Bericht, dessen Schlagzeile schreit:

»Findling ermordet!«

Dieser junge Vagant tauchte 1828 zu Nürnberg auf, wurde Kaspar Hauser genannt und sorgte für Spekulation. Ist er ein Erbprinz, der Nebenlinie des badischen Fürstenhauses im Weg und deshalb zu eliminieren? Lügt er dreist und stillt nur seine Selbstsucht? Jakob Friedrich Binder, Nürnbergs Erster Bürgermeister, betreut Kaspar als Vormund; zahllose Rechercheure in ganz Europa riechen die Sensation. Dann schleppt sich Hauser Mitte Dezember 1833 zu seinem Ansbacher Heim. Er stöhnt, jemand habe ihn niedergestochen …

Die »Münchener Politische Zeitung« druckt Binders Nekrolog, worauf der »Merkur« jeden Satz übernimmt:

»Kaspar Hauser, mein geliebter Kurand [Mündel], *ist nicht mehr. Er starb zu Ansbach gestern Nacht 10 Uhr an den Folgen der am 14. dieses Monats erlittenen Verwundung. Ihm, dem Opfer greuelvoller elterlicher Unnatur, sind nun die Räthsel gelöst, an welche die Vorsehung sein trauriges Daseyn geknüpft hatte. Im ewigen Frühling jenseits wird der gerechte Gott ihm die gemordeten Freuden der Kindheit, die untergrabene Kraft der Jugend und die Vernichtung für ein Leben, das erst seit fünf Jahren ihn zum Bewußtseyn des Menschen erhoben hatte, reich vergelten. Friede seiner Asche!«*

Als Samson den Nachruf gelesen hat, zitiert er leise vier Zeilen aus Friedrich Schillers dramatischem Werk und fügt lauter hinzu, sein Landsmann habe die Realität erfasst: »*Rasch tritt der Tod den Menschen an, / Es ist ihm keine Frist gegeben, / Es stürzt ihn mitten in der Bahn, / Es reißt ihn fort vom vollen Leben.*«

Während der Nacht vom 22. auf den 23. Dezember zählt er im Bett die Glockentöne von Sankt Dionys: eins, zwei, drei, vier. Der Nachtwächter tutet, er singt jede Stunde aus und kürzt den Schlaf. Neben Samson liegt wie gewohnt Friederike. Sie bebt, während ein böiger Wind um das Haus fegt und Läden rattern.

»Du frierst, Rikele?«

»Ein Berg macht mir Angst.«

»Ich trag den Buckel ab.«

Sami streichelt Rikes kalte Stirn, bis seine Frau ruhiger wird. Dann deutet ein kaum erkennbares Heben und Senken ihrer Brust an, dass Morpheus nicht mehr fern ist oder sie schon umfangen hat. Nun aber wälzt Samson sich von rechts nach links. Er spürt eine Hand, die ihn packt und nicht mehr loslässt. Schließlich ruft jemand mit hohler Stimme, Samson Mayer zu Esslingen habe Friederike Heggenbergers Leben durch wachsende Selbstsucht zerstört und werde bestraft. Man plädiere auf Einsamkeit.

»Herr Staatsanwalt«, flüstert der Delinquent, »ich war kein Teufel. Lasst Milde walten.«

Milde? Zwei Stunden Schlummer sind Samson geschenkt worden, der Prozess vor dem Obersten Richter ist vertagt. Über Silvester hinaus darf man hoffen.

»Rike!« Sie antwortet nicht. Also noch einmal: »Rikele!«

Sieben Uhr morgens und kurz vor Weihnachten, mahnt Sami freundlich, da gebe es noch viel zu tun. Man schreibe den 23. Dezember. Es sei schon spät am Tag. Ob sie jetzt mit ihm aufstehen und Milch für die Kinder heiß machen wolle?

Friederike denkt nicht daran. Sie wird nie wieder denken oder gar reden. Zwei starre Pupillen fixieren einen sehr fernen Punkt – erstaunt wirkt ihr Blick, als sei etwas Unerhörtes passiert. Rikes Mund sieht aus, als sei er zum Sprechen bereit, die Zähne schimmern matt wie Perlmutt. Vielleicht hat sie im letzten Moment noch etwas sagen wollen (Samson solle getrost sein, alles werde sich regeln lassen) und ist damit nicht fertig geworden.

Aber wer weiß das schon? Der große Meister, den wir Tod nennen, sagt kein Wort.

Er regt sich, spürt nach wie vor ein inneres Brodeln und atmet schwer. Seine Lider sind verklebt. Sorgt heute niemand für ihn? Warum kommt Friederike nicht ans Lager? Offenbar gibt sie ihren Ehemann auf, so ernst, wie es angeblich um ihn steht. Dabei stimmt das partout nicht. Im Gegenteil: Ich, Johann Samson Wilhelm Mayer aus Esslingen, der die Zündhölzer erfunden hat und jetzt ohne eigene Schuld darbt, bin fast wieder gesund. Doktor von Steudel wird dies bald bestätigen. Mit 65 schon sterben – lächerlich.

»Rike, Himmel nochmal! Guck doch nach mir …«

Caroline Mayer, Tochter des Calwer Bürgers Georg Gottfried Volz, ist ins Zimmer geschlüpft und entfernt rasch das gestrige Blatt vom Wandkalender. Sami, der Ordnung hält, würde sonst murren. Jetzt schreibt man den 17. Dezember 1852, so viel steht fest. Aber damit endet bereits jede Präzision, weil es dem sterbenden Kupferschmied offenbar nicht mehr gelingt, zwischen Rike und Line zu unterscheiden. Er redet wirr, keine Frage. Deshalb nähert sich Caroline dem Bett und sagt behutsam:

»Ich bins. Deine Pflegerin.« Bis zum Tod, denkt sie dabei und wischt ein paar Tränen von ihrem Gesicht.

»Warum weinst du, Friederike?«

»Weil ich froh bin, dass es dir gut geht.«

»Wer glaubts denn … wahrhaftig … mein Linchen. Seit langer Zeit Madame Mayer. Wo sind Luise, Wilhelm, Reinhold und Rudolf? Schick den Arzt über Weihnachten fort, Caroline. Mir fehlt nichts. Noch wenige Tage, und wir feiern das schönste Fest miteinander. Wenn nur Adolf und Gustav hier wären. Welches Fatum, dass sie verschwunden sind.«

»Fatum?«

»Ein Schüler des Pädagogiums muss halt … lateinisch reden. Du weißt vielleicht nicht, dass Rektor Herwigs liebster antiker Poet der Vergil war. ›*Fata viam invenient*‹ hat er manchmal doziert, jedes Schicksal findet seinen Weg. Oder ›*Omnia vincit amor*‹, die Liebe siegt über alles.«

»Das stimmt ja auch, Sami.«

In diesem Moment schellt jemand am Haus Mittlere Beutau 6.

»Herr von Steudel!«

»Lass ihn herein.«

Der Gast klopft Schneeflocken ab, wickelt sich aus dem Pelz und setzt das Hörrohr an Mayers Brust.

»Tief atmen. Halt.« Er lauscht, wiederholt die Prozedur, neigt den Kopf seitwärts und murmelt:

»Rasselnde Lunge.«

Dann wird der Pulsschlag ertastet.

Ernst Gottlieb von Steudel gratuliert wider besseres Wissen und verbeugt sich vor Samson, worauf Caroline ihn zur Küche bittet (weil die »Gute Stube« selten geheizt wird). Ein Kännchen Kaffee vielleicht? Gern, ohne Zucker und Milch.

»Werte Meisterin«, heißt es nun nach dem ersten Schluck, »ich muss Euch warnen. Mir bleibt keine Wahl. Mutter Natur nimmt ihre Regeln ernst und achtet gering, was unsereins plant. Sie stemmt sich zwar oft gegen den Exitus, gibt aber dann doch ihren Kampf in weiser Voraussicht auf. Leben heißt Sterben, seit jeher und für alle Zeit. Macht Euch also mit Samsons letzter Stunde vertraut.«

Caroline Mayer antwortet nicht. Der Arzt indes erkennt an ihrer Miene, dass sie seinen Rat längst befolgt hat.

27

UNWEIT DES SCHELZTORS wird das Loch für Friederikes Sarg ausgehoben: sieben Fuß lang, dreieinhalb breit, viereinhalb tief. Der Totengräber hackt und schimpft, weil die Erde gefroren ist. Als später eine kleine Schar auf dem Friedhof steht und Pfarrer Schumanns »Amen« hört, ist aller Groll perdu. Ein Trinkgeld aus Samson Mayers Hand stimmt den abseits wartenden Mann freundlich, während die Hinterbliebenen trauern. Bertha und Alfred verstehen noch nichts, Carl stützt seinen Vater, so gut er kann, Großmutter Paulina weint. Die jüngeren Kinder Imanuel und Eduard schauen zum Himmel empor – als ob die Mutter von dort aus zusehen könne.

Nur Julius lächelt.

Noch am selben Tag öffnet Samson seine Werkstatt und lauscht der Stille. Alles in ihm ist kalt, nichts wärmt ihn, das Leben hat keinen Sinn mehr. Der Kupferschmied hatte Fräulein Casper bis nach Silvester von ihrer Arbeit entbunden und erklärt, dies sei die Quittung für ihren Fleiß. Jetzt sitzt er im Raum und zerbricht sich den Kopf.

Es muss ja weitergehen. Wenn nicht heute, dann Anfang Januar. Schlimm genug, dass das Weihnachtsfest trist war! Wem jedoch nutzt ein Fabrikant, der kapituliert? Meine Produktion darf nicht stocken. Wenn ich tot bin und man mich neben Rike bettet, wird ohnehin kein Mensch mehr von mir reden. Vom Kupferschmied Mayer junior, der das Zündholz erfunden hat, zumindest nach neuer Rezeptur. Aber was heißt schon neu? Die Hölzer à la Congreve sollten verbessert werden! Her mit dem alten Papier, denn mein Gedächtnis macht mir zu schaffen. Zum Glück halte ich Ordnung im Schrank.

Samson räumt jedes Fach aus und wieder ein.

»*Hilf* mir doch, Friederike …«

Das Rezept fehlt.

Auch Sabine Casper ist verschwunden. Samson meldet den Fall umgehend bei der Polizei, wo man ihm kaum Hoffnung macht.

Schließlich liegt kein Beweis für eine Straftat vor. Doch es wird sehr bald gemunkelt, dass die Arbeiterin in Richtung Ludwigsburg abgereist sei und ihren Fang dort verkauft habe: an Jakob Friedrich Kammerer, wen denn sonst. Der Rivale werde Mayer beerben oder gar komplett erledigen, wird im Amt spekuliert.

Trotz aller Furcht wirft Samson nach diesem weiteren Malheur nicht die Flinte ins Korn. Priorität hat jetzt seine halb verwaiste Familie, denn Großmutter Paulina dürfte das Tagwerk langfristig überfordern. Also setzt er am 2. Januar 1834 ein Inserat auf, dessen Text im »Schwäbischen Merkur« schildert, was ansteht. Kein Ersatz für Friederike als Ehefrau ist dringend gefragt, sondern eine Haushälterin: möglichst belastbar, entsprechender Lohn garantiert.

Prompt spricht nach kurzer Wartefrist ein proper gekleidetes Mädchen namens Caroline Christiane Volz unter der Burg vor. Sie wird freundlich empfangen und antwortet klar auf jede Frage, die Samson ihr stellt. Im Hintergrund hört Paulina zu.

»Ich stamme aus Calw«, sagt Caroline selbstbewusst. »Bin achtzehn, gesund und scheue als ältestes Kind des Tuchmachers Georg Gottfried Volz keine Arbeit. Falls Ihr mögt, bleib ich hier.«

»Calw ... warum nicht. Was führt Euch von der Nagold zum Neckar?«

»Wir sind neun Leut daheim.«

»Wie seid Ihr auf mich gekommen?«

»Man liest auch bei uns den Merkur.«

Samson mustert die junge Frau: Schwarzes Haar, braune Augen, hohe Stirn, ein Grübchen am Kinn. Eher rund als schlank, etwa sechs Fuß groß, ihre volle Brust kann sich sehen lassen. Kräftige Hände deuten an, dass sie im Zweifelsfall zupackt und nicht zimperlich ist.

»Habt Ihr Kinder gern?«

»Gewiss.«

»Wie stehts mit dem Kochen?«

»Ganz gut.«

»Dann sind wir uns einig, Fräulein ...«

»... Caroline ...«

»… wenn Ihr mit zwölf Gulden pro Jahr zufrieden seid, Kost und Logis inklusive. Zehn wären einer Weibsperson angemessen, doch meine Kalkulation rät mir davon ab. Was meinst du dazu, Mutter?«

Paulina Mayer nickt, während Carolines Gesicht glüht:

»Ich werd Euch gern helfen.«

Hilfreich ist auch eine ebenso kurze wie tröstende Kondolenz von Christiane Mayer aus Göttingen. Sie wurde am 2. Februar 1834 verfasst und trifft spät, aber durchaus erwünscht, in Esslingen ein. Die Tochter des Patenonkels Johann Tobias schreibt:

»*Lieber Herr Vetter und Gevatter! Mit großer Betrübniß haben wir durch Ihren Anfang vorigen Monats erhaltenen Brief den Tod Ihrer treuen Lebensgefärtin und liebevollen Mutter Ihrer armen verlaßnen Kinder erfahren. Recht tief erschüttert hat uns diese Nachricht, und gerne hätte ich Ihnen gleich geantwortet.* […] *Die Mutter ist ja der größte Schatz eines Mannes, den Sie gewiß zu schätzen und zu würdigen gewußt haben, das haben Sie so oft in Ihren Briefen durch die dankbarsten Äußerungen angedeutet und ausgesprochen. Wie dauern* [mich] *auch Ihre armen Kleinen, die zum Theil ihren großen Verlust noch nicht einmal zu erkennen im Stande sind. Wie habe ich gewünscht Ihnen näher zu seyn.* […]«

Wie gewonnen, so zerronnen. Wäre nicht dieses Sprichwort bekannt, müsste man es erfinden.

Mit der Volzin hat Samson offenbar einen Gewinn kassiert, sie ist resolut und ordnet das Leben unter dem Burgberg gleichwohl tolerant. Es geschieht sogar mehr, denn der Schmied rafft sich auf und lässt am 15. Januar wissen: »*Noch einige Mädchen finden Tag- oder Wochenlohn-Arbeit bei J. S. W. Mayer am Klösterle.*« Danach nimmt er wieder sein sorgsam verwahrtes Rezeptbuch zur Hand, laboriert nächtelang und hat schließlich vier Mixturen parat:

»*Frostbalsam. 1 Loth besten Gampher* [Kampfer] *wird in ¾ Schoppen Alkohol aufgelößt. Dann ½ Quent* [Quentchen = knapp vier Gramm] *ganzen Safran in ½ Alkohol ebenfalls aufgelößt, welches bei mäßiger Wärme in einigen Tagen geschehen kann. Die Zusammensetzung geschieht durch 2 Theile des Obigen und 1 Theil des gelben Balsams. Die Frostbeulen werden täglich mit einer Feder 4mal überstrichen.*

Wundtinktur. ¼ Pfund trockenes Löffelkraut [Bitterkresse] *und 2 schön gelbe Zitronen werden in 1 ½ Maß Alkohol warm angesetzt, dann das Ganze ausgepreßt. Zum Gebrauch mit etwas Waßer mischen.*

Zahntinktur. ¼ Pfund Saßafras [Holz vom Fenchelbaum] *wird mit etwas Zitronenschalen in 3 Schoppen gutem Wein oder Branntwein etliche Tage destelliert. Von diesem ein Kaffeelöffel voll in dem Mund behalten, besänftigt die größten Schmerzen angefreßner Zähne.*

Vorzügliches Pflaster, besonders für alle unheilbare Schäden. 4 Loth Moenium [etwa 58 Gramm Schlauchpilz] *werden mit 8 Loth Baumoel* [Olivenöl] *sehr langsam bis zu völliger Auflösung des Moeniums auf Kohlenfeuer gekocht. Nachdem es eine feine Fadenzähe (welche im Abkalten sichtbar wird) erhalten hat, mengt man 1 Drittel 2 Loth Saffran und 1 Sechzehntel Loth Gampher darunter und 2 Loth weißes Wachs.«*

An ihrem Sohn, sagt Samsons Mutter nicht ohne Stolz zu Caroline, sei ein Apotheker verloren gegangen. Der hätte es sogar bis zum Arzt gebracht. Beide falten eines Nachmittags trockene Wäsche im Garten neben dem Haus zusammen, und Paulina bemerkt, dass das Fräulein schneller als sonst atmet, wenn die Rede auf den Kupferschmied kommt. Sie sieht etwas entstehen und eventuell außer Kontrolle geraten. Wächst eine Wölfin im Schafspelz heran? Was meint Sami dazu?

Man muss ihn warnen, überlegt Paulina Mayer und läuft bereits außerhalb jenes Spiels, das sich zwischen der Jungfer aus Calw und dem trotz seines Embonpoints noch respektabel wirkenden Mann anbahnt. Zwar trägt jede Knospe den Keim des Welkens in sich, doch Caroline Volz steht alle Zeit zur Verfügung.

Samson hat entschieden, dass die Wirtschafterin nicht in der Küche isst, sondern mit der Familie am Tisch speisen darf. Trautes Heim, denkt Paulina spöttisch und schaut voller Argwohn zu: Erst glimmt ein Span, danach flackern Flämmchen, schließlich knistert ein Feuer zwischen dem ungleichen Paar und führt es zusammen.

Alles fing damit an, dass Caroline den Arm des Meisters streifte. Er umfing ihre Taille und zog wie ertappt seine Hand zurück. Wenige Tage nach dieser Begegnung drängten sie sich unter der Treppe im Erdgeschoss aneinander, bis die Jungfer Volz flüsterte, jetzt sei aber Schluss. Wer kein Glück wolle, stieß Johann Samson Wilhelm Mayer daraufhin heiser hervor, habe vom Leben mehr als genug. Ob sie das verantworten könne?

Caroline bat um Bedenkzeit. Sie müsse sich selbst und dann auch die Eltern daheim fragen ...

Mayer strich sein zerknittertes Hemd glatt: »Ich dränge Euch nicht. Aber Ihr sollt wissen, dass hier im Haus eine Mutter und Ehefrau fehlt.«

Am 5. März 1834 sucht der Schmied per Inserat *»einen treuen und gewandten Weingärtnerspurschen als Feldknecht. Vorzüglich würde ein braver Filialiste* [Helfer im Nebenerwerb] *berücksichtigt werden. Solider Lohn neben guter Behandlung wird zugesichert von J. S. W. Mayer am Klösterle.«* Gut einen Monat später finden *»noch einige gewandte und fleißige Mädchen«* Arbeit in Samsons Werkstatt, denn die Produktion von Zündhölzern steht trotz Sabine Caspers Flucht nicht still.

Das bemerkt auch ein Paläontologe und Naturwissenschaftler aus Stuttgart. Professor Theodor Plieninger schreibt im »Correspondenzblatt des Königlich Württembergischen Landwirthschaftlichen Vereins« nicht ganz fehlerfrei über Johann Samson Wilhelm Mayers Manufaktur:

»Im Jahr 1818 [richtig ist 1826] *veranlaßte Hr. Deffner den Unternehmer dieser Fabrik, sich mit der Fabrikation chemischer Zündhölzer einzulaßen. Durch die Zusage bedeutender Abnahme aufgemuntert, wurden von ihm sogleich Versuche unternommen, welche bald zu einem günstigen Resultate führten. Zugleich wurden auch Versuche über Knallpulver-Mischungen gemacht, wobei der Zufall den Unternehmer schon damals auf die sogenannte congrevische Masse führte. Die Verfertigung der Pariser Zündhölzchen beschäftigten (ohne das Schneiden derselben) bis vor zwei Jahren mehrere Individuen. Im Juli vorigen Jah-*

res waren congrevische Zündhölzchen öffentlich angekündigt worden. Ein schnell erhaltenes Muster überzeugte den Unternehmer, daß diese Masse ihm schon vor Jahren gelungen war.

Eine ähnliche Bekanntmachung und schleunige Fertigung der Hölzchen wurde plötzlich [sofort] *ausgeführt. Einige entfernte Bestellungen brachten neue Verlegenheit hervor, denn die allzuleichte Zerstörung auf dem Transport war vorauszusehen. Der Gedanke, die Hölzchen zwischen Kleie in kleinen Köfferchen zu verpacken, hat sich bis heute bewährt befunden. Auch die Haltbarkeit der Masse auf 1 Jahr bestätigt sich bis jetzt, indem Muster vom August letzten Jahres vorliegen, welche frischen Hölzchen gleich gut sind.*

Gegenwärtig beschäftigt diese Fabrikation mehrere arme Familien mit dem Zuschneiden der Hölzchen. Zwei Schreiner-Familien haben fortdauernd mit weiteren Arbeiten für diese Fabrik zu thun, und einige andere Handwerker haben zeitweise Lieferungen zu machen. Im Hause sind immer 9 bis 12 Personen mit Anfertigung der Zündhölzer beschäftigt, so daß täglich 60 bis 70 000 fertig werden. Der Hauptversandt geht in die Rheinlande, nach Alt- und Neubayern, Baden und in die Schweiz. Nach Mittheilung der Abnehmer gehen auch beträchtliche Sendungen nach Amerika, Ostrußland und Griechenland.«

Während es also keinen Grund zur Klage wegen schlechter Verkaufszahlen gibt, trübt etwas anderes die Stimmung des Witwers. Er hofft auf Carolines Ja und fürchtet sich insgeheim vor einem Nein. Sie hatte vier Tage Urlaub erbeten, um nach Calw zu fahren und mit dem Vater zu sprechen, denn Mutter Volz hat offiziell keine Gewalt über das Wohl oder Weh ihrer Tochter. Darüber entscheidet der Mann souverän. Was wird Georg Gottfried Volz sagen? Vermutlich holt der Tuchmacher diverse Erkundigungen ein (man sollte ihm vielleicht den Aufsatz im »Correspondenzblatt« empfehlen) und hebt oder senkt erst dann seinen Daumen?

Fatale Lage, denkt Samson. Wenn Carolines Herz zustimmt und Volzens Kopf hart bleibt, muss sie meinen Haushalt verlassen. Ich habe mich schon zu weit vorgewagt.

Dazu kommt es aber nicht. Denn eines Sonntags im März rumpelt der Klopfer am Mayerschen Haus. Samson öffnet das Guckfenster und sieht …

»Jungfer! Ihr seid wieder da?«

Sie keucht wie nach eiligem Lauf und sagt nur:

»Ich will.«

Wir schauen nach vorn und drehen im selben Moment den Kopf, um rückwärts zu blicken. Vor uns liegt ein Dokument, dessen steile Schrift den Kanzlisten verrät. Wenn wir es wenden, rieselt feiner Löschsand vom Blatt.

»Eßlingen den 28. November 1834. Privatim errichtete Zubringens-Inventur des Johann Samson Wilhelm Mayer, Bürgers und Kupferschmieds dahier, Wittwer, und seiner III.ten Ehefrau Caroline Christiane, Tochter des Georg Gottfried Volz, Bürgers und Tuchmachers in Calw. Vorstehende Ehleute haben sich den 24. Juli 1834 verehlicht. Zu bemerken ist, daß beide die Übereinkunft trafen, daß das Beibringen des Ehmanns der vorliegenden Eventual-Theilung, welche auf Absterben seiner II.ten Ehefrau Sofie Friederike, geb. Heggenberger […] *errichtet wurde, gleich belaßen und nur der etwaige Zuwachs oder Abgang in Betracht gezogen wurde. Die in der Eventual-Theilung aufgeführten 8 Kinder leben noch.«*

Alles bleibt also in Balance: Samson behält sein erwirtschaftetes Hab und Gut, Caroline wiederum nimmt teil am Zugewinn oder an eventuellen Verlusten.

Die Heirat wurde unauffällig vollzogen. Nach dem obligatorischen Gang zum Rathaus traute Pfarrer Schumann das Paar und fand rührende Worte; beim Ringwechsel in Sankt Dionys musste Caroline ein bisschen schlucken, fasste sich aber schnell. Hinterher trank man Kaffee, die Kinder bekamen Brause und durften spielen. Dem ältesten Sohn Carl spendierte der fröhlich gestimmte Papa zur Feier des Tages ein halbes Maß Bier.

Caroline aber lehnte den Kopf an Samsons Schulter und sagte wie einst ihre Vorgängerinnen:

»Ach, Sami …«

Anno 1834 treten 18 Fürstentümer dem Deutschen Zollverein bei. Sie verbessern dadurch ihre wirtschaftliche Situation. Georg Büchner entwirft ein Pamphlet über soziales Elend, das den Titel »Der hessische Landbote« trägt und im Großherzogtum kursiert, außerdem gründet er die vom ersten Tag an illegale »Gesellschaft der Menschenrechte«. Lyon meldet einen Aufstand republikanischer Seidenweber mit 600 Toten. York, bisher Hauptstadt der britischen Provinz Oberkanada, wird in Toronto umbenannt. Der US-Amerikaner Jacob Perkins erfindet die Eismaschine und William Marr aus London den feuerfesten Geldschrank.

Der Tod schlägt nun am Neckar Schneisen, denn wieder grassiert dort die Ruhr. Diesmal werden in Esslingen mehr als 240 Opfer gezählt, so dass folgender »Rath an Hausväter und Hausmütter« erteilt wird:

Kamillentee oder *»starken Thee von Brennesselsaamen«* solle man zu sich nehmen, auch lauwarme Mandelmilch sei erlaubt. Verboten sind *»Wein, Branntwein, Liqueur, Most und Bier, von Gewürzen und allerlei erhitzenden Dingen hat sich der Kranke gänzlich zu enthalten«*. Völlig tabu aber bleiben rohes Obst, saure Milch, Käse, blähende Gemüse und fettes oder geräuchertes Fleisch. Auch Zugluft sowie kaltes Wasser gelten als schädlich. *»Der Topf, dessen er* [der Patient] *sich zum Stuhlgang bedient, muß immer gleich wieder ausgeleert und* [...] *sorgfältig ausgespühlt werden. Das gleiche Geschirr darf von Andern nicht gebraucht werden.«* Summa summarum [werde] *»jedermann ernstlich ermahnt und ihm ins Gewissen gebunden, die Hülfe eines geprüften Arztes zu gebrauchen.«* Unterschrift: *»Einige Freunde der Nothleidenden«*.

Dies alles wird streng beachtet, und so geht die Ruhr am Haus Mittlere Beutau 6 vorbei.

Der Sommer ist heiß. Die trockenen Monate Juni, Juli und August liefern wenig Getreide, aber viel Obst sowie guten Wein. Merkel & Wolf bauen in diesem Jahr ihre Fabrik auf dem Pulverwasen beim Wasserhaus, Wilhelm I. inspiziert sie persönlich und erweist dem Duo damit eine besondere Ehre. Da Esslingen samt allen Vororten nun mehr als 10 000 Einwohner zählt, könnte es künftig als »Gute Stadt« gelten und einen eigenen Abgeordneten in den Landtag schicken. Den entsprechenden Antrag stellt der Rat beim Monarchen, die Resonanz bleibt aber aus.

Eines Sonntags Anfang September hat Samson Lust auf einen langen Bummel, nicht zuletzt um Caroline seine Heimatstadt vorzuführen. Er kleidet sich nach neuester Mode, und auch sie ist in dieser Hinsicht nicht faul. Der Meister trägt blanke Schnürschuhe, bis zum Knöchel reichende *pantalons*, ein weißes Hemd mit gestärkter Brust, die Piquéweste zum braunen Leibrock, eine violette Halsbinde und den schwarzen Zylinder. Dieser steife Hut ist stets parat, weil man alle paar Schritte jemanden grüßen muss. Frau Meisterin staffiert sich etwas lockerer aus mit Musselinkleid (Volants plus Dekolleté), Schirm und Schutenhut, die sogenannten Stocklocken rücken ihre Jugend ins rechte Licht.

Mayer, schon jetzt wegen warmer Witterung schwitzend, lenkt seine Ehefrau durch Rebenhänge zur Burg hinauf. Die gepflasterte Steige ist steil, doch oben im Hof weht ein angenehm frischer Wind. Beide kennen den Spott des zu dieser Zeit erst dreizehnjährigen Ludwig Pfau noch nicht; der Zögling des Heilbronner Karlsgymnasiums wird sich als erwachsener Mann zur Revolution von 1848 bekennen und ironisch reimen:

»Schau, dort spaziert Herr Biedermeier ...«

Samson führt Caroline herum. Vom Burghof geht es zur Neckarhalde (wo er ihr das Tor der Weingärtner zeigt und vom Abschied eines jungen Gesellen im April 1807 erzählt), dann zum Pädagogium (mit Hinweis auf Rektor Herwig), hinterher durch den Maillepark (dort schlief Sami im Freien nach seiner Heimkehr aus Holland). In der Nähe des Wolfstors wird das längst verkaufte Elternhaus gestreift (dunkle Erinnerung an Jacob Wilhelm Mayers Regiment), und schließlich stehen beide am Neckar (dessen Ufer beim Wehr Armand Tobias' Tod durch Ertrinken im August 1832 beschwört).

»Weißt du«, meint Samson selbstkritisch, »ich hab manches versäumt.«

Dankte er jemals dem Rektor Herwig für dessen Förderung? Warum widersprach er seinem rabiaten Vater nur ein einziges Mal? Hätte man nicht auch die erst stumme und dann krittelnde Mutter in ihre Schranken weisen sollen? Weshalb wurde Armand nicht deutlicher vor der Tücke des Flusses gewarnt, und zuletzt: Welche Lehre zog er aus dem missbrauchten Vertrauen, das er der Arbeiterin Sabine Casper entgegenbrachte?

Sami sagt: »Meiner armen Friederike hätte ich konsequenter beistehen sollen, als ichs getan hab. Von Christiana Agatha gar nicht zu sprechen. Hoffentlich kann dein Mann an dir, liebe Line, etwas gutmachen – bis ihn Gott holt. Wie er zwei Frauen und vier Kinder zu sich genommen hat.«

»Was redest du da! Lass uns lieber nach vorn schauen.«

28

DREI MONATE EILEN dahin. Vor Weihnachten 1834 verrät Caroline, sie sei schon seit Wochen nicht wohl gewesen. Samson Mayer ist darüber froh und arbeitet mit doppelter Lust in Werkstatt und Küche (wo ebenfalls experimentiert wird). Was freilich nicht verhindert, dass dem Kupferschmied bald eine Fessel angelegt wird. Dem Ratsprotokoll vom 4. März 1835 ist zu entnehmen:

»Die Nachbarn des Wilhelm Samson Mayer, namentlich Flaschner Vetter, laßen dem Stadtrath durch die Brandversorgungs-Einschätzungs-Commission Anzeige machen, daß die Fabrikation chemischer Zündhölzer im Mayerschen Hause für ihre Gebäude deshalb Gefahr drohend seye, weil sich der Vorrath an Zündhölzern, welchen Mayer im Hause habe, leicht entzünden und dadurch eine Feuersbrunst entstehen könnte.

Beschluß: Der Localfeuerschau den Auftrag zu ertheilen, daß sie in möglichster Bälde Augenschein an Ort und Stelle einnehme und in der nächsten Stadtrath Sitzung Bericht über den Erfund erstatte.«

Als Samson dies durch Informanten erfährt, fragt er sich: Was steckt dahinter? Sorgen sich Bürger ums eigene Wohl oder neiden sie ihm den Erfolg? Man legt eine Schlinge, um zu warten, bis das Tier hineintappt und verendet. Genau!

Esslingens amtliche Mühle mahlt jedoch so, dass ihm kein Nachteil entsteht, denn die Feuerschau endet glimpflich mit einem Verweis. Damit nicht genug, steht ein familiäres Ereignis ins Haus: Am 19. Juli 1835 bringt Caroline ihr erstes Kind zur Welt; das Mädchen erhält die Namen Friederike Caroline Beate und wird trotz des geringen Gewichts von sechs Pfund als Gottesgabe begrüßt. Auch diesmal hilft Margarethe Keller als Hebamme, sie mahnt allerdings zur Vorsicht und empfiehlt außer der obligaten Muttermilch oder Brei viel frische Luft.

»Erkältet das kleine Wurm sich denn nicht?«

»Aber nein. Seid froh, dass es säuft.«

Alle Freude kann nicht übertönen, was aus Bayern zu vernehmen ist: Dort nimmt zwischen Nürnberg und Fürth die erste deutsche Dampfeisenbahn ihren Betrieb auf. Neun Waggons werden von der Lokomotive »Adler« gezogen, ihr Chef ist ein Engländer namens Wilson. In Frankreich wird das Bekenntnis zur Republik unter Strafe gestellt, der Frankfurter Bundestag verbietet die Bewegung »Junges Deutschland« und deren Schriften. Carl Bertelsmann gründet einen Verlag samt Druckerei, Johann Staedtler beginnt in Nürnberg mit der Fabrikation hölzerner Schreibstifte. Paris schließlich meldet, dass Monsieur Charles-Louis Havas ab sofort eine *Agence des feuilles politiques* betreibt – Vorläuferin der späteren *Agence France-Presse (afp)*.

Was aber nutzt das ganze Trara, wenn der Nachbar in Esslingen keine Ruhe gibt?

Am 15. Oktober 1835 geht es im Stadtschultheißenamt um folgenden Punkt:

»Diesen Abend um 4 Uhr machte der Flaschner Vetter [...] *die Anzeige, daß bei dem Fabrikanten der chemischen Zündhölzer, Mayer,*

schon wieder etwas verpufft seye. Der Stadtschultheiß [Erhard Conrad Friedrich Weinland] *begab sich sogleich unter Hinzuziehung des Polizei Commissairs* [Hofrat Amand Erhard von Marchtaler] *in das Mayersche Haus und in die obere im 2. Stock befindliche Küche, die von dem Flaschner als Ort bezeichnet worden, in welchem irgend ein Präparat in Brand gerathen.*

Man fand daselbst den W. Mayer selbst anwesend; auf dem Herd brannte ein kleines Feuer in einer Kohlenschüßel, auf demselben [Herd] *stand ein Keßel mit rother Farbe u. Sand vermischt, und einer seiner Söhne im Alter von etwa 12 Jahren* [Gustav] *war beschäftiget, dieses Friktions Zeug* [...] *auf kleine Kofferchen, welche je mit 100 chemischen Schwefelhölzchen und Klaye gefüllt sind, mittels eines Pinsels aufzutragen.*

Da es auch etwas nach verbranntem Schieß Pulver roch, so wurde Mayer über die Ursache gefragt. Darauf gab er an, sein älterer Sohn [Adolf] *habe auf den bevorstehenden Herbst für sich etwas Feuerwerk machen wollen und deshalb in 2 Schüßeln, die er vorzeigte, den Satz dazu angemacht. Diese Schüßeln habe er ohne des Vaters Wissen unbedeckt auf das obere Küchenbrett gestellt und durch das, daß der andere Sohn Feuer auf dem Herd angemacht u. darin geblasen, habe dieser Pulversatz Feuer gefangen und seye in den Schüßeln abgebrannt.*

Der nicht ganz ausgebrannte Satz war in den vorgezeigten Schüßeln, an deren innerem Umfang Ruß klebte, fühlbar. Das Küchenbrett war äußerlich vom Pulver auch etwas geschwärzt, u. an der [...] *geweißten Decke der Küche war ein röthlichter Anflug, den Mayer als eine Folge des abgebrannten Raketensatzes bezeichnete. An einem Fenster Flügel waren einige Scheiben zerbrochen.* [...]

Mayer, über die Ursache gefragt, gab an, daß dieses Fenster offengestanden, daß einer seiner Söhne es schnell habe zumachen wollen u. daß darüber einige Fenster zerbrochen seyen. Auf die Unvorsichtigkeit aufmerksam gemacht, Pulver Satz in eine offene Schüßel und in der Küche aufzubewahren, gab Mayer an, daß diß sein älterer Sohn ohne sein Wissen gethan habe.

Auf die Frage, ob er auch farbiges Feuerwerk vorräthig habe, gab Mayer an, daß er diß Jahr aus Mangel an Zeit keines laborirt habe, daß er aber über den Herbst einen kleinen Handel damit zu treiben beabsichtige, wozu er die Fabrikate von Stuttgart kommen laße.

Testes [bestätigt] *und gelesen: J. S. W. Mayer«.*

Fünf Tage später tagt der Stadtrat, wobei beschlossen wird: *»1. Dem Mayer deswegen, weil er auf seine Söhne nicht die gehörige Acht hatte, so daß von diesen in seinem Hause eine Unvorsichtigkeit begangen wurde, wodurch ein Brandunglück hätte geschehen können, eine Geldstrafe von 1 Reichsthaler zuzuerkennen. 2. Demselben zu eröffnen, daß ihm bey Strafe verbothen seye, so lange in seinem Hause Zündhölzer fabricirt werden, mit Feuerwerk zu handeln* [hantieren].«

Ein Reichstaler entspricht im Königreich Württemberg dem Wert von 105 Kreuzern, was man vor dem entlastenden Hintergrund sehen muss, dass *»in den übrigen Gemächern des Hauses nichts Verdächtiges oder Feuergefährliches gefunden* [wurde], *vielmehr scheint die Fabrikation u. Verpackung der chemischen Zündhölzer mit gehöriger Vorsicht betrieben zu werden. Diß beurkunden Stadtschultheiß Weinland und* [Polizeichef] *v. Marchtaler«* am 20. Oktober 1835.

Die Familie atmet auf, denn allzu schnell ist der gute Leumund beschädigt. Gustav und Adolf jedoch müssen intern einen Rüffel einstecken – obwohl auch ihr Vater nicht unschuldig war.

Im Hintergrund schwelt es. Das »Wochenblatt für Land- und Hauswirthschaft, Gewerbe und Handel« verdeutlicht die Konkurrenzsituation, in der sich Mayer befindet. Dort heißt es in aller Ausführlichkeit zum Thema Feuerzeuge:

»Der eigentliche Erfinder dieser Zündhölzer ist, so viel wir erfahren konnten, der Chemiker Aumüller in Waiblingen, derzeit in der chemischen Fabrik zu Oedendorf [Ottendorf am Kocher] *angestellt.* [...] *Die ersten Fabrikate dieser Art hatten aber noch lange nicht die gute Beschaffenheit, von welcher sie gegenwärtig insbesondere von Herrn J. F. Kammerer in Ludwigsburg und Herrn G. Friedrich Ebner & Compagnie in Stuttgart verfertiget werden, besonders in Beziehung der Zündkraft. Außer einem richtigen Verhältniß und einer besseren Bindung des Phosphors wurde später auch für eine bessere Verwahrung*

dieser Hölzer gesorgt, in dem man sie in hölzerne, mit Kleie gefüllte Kistchen packt und sie dadurch sowohl vor zufälligem Druck als [auch] *vor dem Einfluß der Feuchtigkeit schützte.*

Gegenwärtig gibt es nicht nur in Württemberg bereits 6 größere Fabriken für Congrevische Feuerzeuge (3 in Stuttgart, 1 in Ludwigsburg, 1 in Eßlingen und 1 in Blaubeuren), sondern es werden diese Schnellzünder auch schon in Baiern, Oestreich, der Schweiz und Italien im Großen verfertiget. [...]

Um einen Begriff von der Ausdehnung dieser Fabrikation zu geben, führen wir nur an, daß Herr Kammerer in Ludwigsburg in seinem Fabriklokale 24 Personen ständig beschäftigt und außerdem fortwährend 6 Familien mit dem Schnitzeln der Hölzchen und 5 Schreiner mit dem Verfertigen der Kistchen zu tun haben. Mit diesem Personal werden täglich bei ihm 1200 Kistchen, jedes mit 100 Hölzchen gefüllt, fertig und nebenbei noch die Fabrikation der Zündkerzchen und des Reibschwamms getrieben. [...]

Was den Absatz *der hier genannten Fabriken betrifft, so beschränkt sich derselbe nicht bloß auf Deutschland, sondern es gehen nach allen Theilen Europas und selbst nach Amerika bedeutende Sendungen. Was aber freilich nicht lange Bestand haben kann, da bald in allen Ländern eigene Fabriken der Art bestehen werden.*

Um nun noch ein Wort über die Gefährlichkeit *dieser neuen Zündhölzer beizufügen, so ist* [es] *wohl keinem Zweifel unterworfen, daß sie so, wie sie anfangs gefertiget wurden und auch jetzt noch häufig bei schlechter Fabrikationsweise* [gefertigt werden], *allerdings sehr gefährlich sind.* [...] *Bis indessen die wünschenswerthe polizeiliche Aufsicht überall eintritt, wird wohl einige Abhülfe gegen das Fabriciren Unkundiger dadurch von selbst eintreten, daß durch die Concurrenz von allen Seiten die Preise so herabgedrückt werden, daß das Geschäft nur bei höherer Intelligenz, bei größeren Einrichtungen und namentlich beim Gebrauch von Maschinen noch lohnen kann.«*

Irgendwann abends quert Samson eine fremde Stadt und weiß nicht, wie oder wann er dort hingekommen ist. Das Labyrinth zahlloser Straßen und Gassen irritiert ihn; wo immer er Menschen um Auskunft bittet, antworten sie in einem kaum verständlichen Idiom: »Wir kennen nichts von dem, was Ihr sucht. Mayersche Zündholzfabrik? Unbekannt.« Schließlich gibt der im dünnen Rock fröstelnde Wanderer die Fragerei auf, auch weil aus der Dämmerung eine tiefe Finsternis wird, und erwacht. Offenbar haben mehrere Rufe des Esslinger Nachtwächters gegen Morgen den Albtraum beendet. Neben ihm liegt Frau Caroline und schläft.

Dieser Vorgang wiederholt sich, bis Mayer Bilanz zieht, wie er es schon früher gelegentlich tat – und jedes Mal klarer sah als zuvor:

Neun von 13 Kindern leben noch, vier schauen vom Himmel zur Erde hinunter. Armands Tod im Neckar schmerzt dauerhaft, Carl lernt seit einem Jahr als Commis, Adolf wie Gustav sind intelligent und gehen zum Unterricht ins Gymnasium. Eduard, Imanuel, Julius, Bertha und Alfred eifern den auch daheim aktiven Älteren nach. Friederike Caroline Beate aber, die Jüngste, wächst nur langsam und schreit viel zu oft. Was mag der Grund sein? Caroline Mayer sorgt sich um sie, doch ihre Hebamme winkt ab.

»Für einige Schreiner oder dergleichen Holzarbeiter hat noch Beschäftigung J. S. W. Mayer am Klösterle«, lässt der Schmied am 21. Oktober 1835 ins Wochenblatt setzen. Er demonstriert damit, dass er den ihm als Strafe verordneten Reichstaler bezahlt hat und weiterhin werkelt. Wenn die Kaufleute Louis Hopf und Gottlieb Schumann junior parallel dazu *»vorzüglich schöne schwarze Dinte«* anbieten, *»welche leichtflüßig ist, nicht schimmelt und nicht durchschlägt«*, macht Samson dieses Produkt keinen Kummer. Auch wenn der Schoppen bloß sechs Kreuzer kostet.

Während jener Zeit, also im zweiten Drittel des 19. Jahrhunderts, sitzt Karl Friedrich Vollrath Hoffmann vor dem letzten Teil eines großen Wurfs. Das Werk »Deutschland und seine Bewohner« umfasst vier gehaltvolle Bände, es erscheint 1836. Der aus Mecklenburg stammende Geograph lebt jetzt in Stuttgart und berichtet fast atemlos über das kleinere Esslingen:

»… einst Ezelingen und Hetsilinga […] *südöstlich von Kannstadt, rechts am Neckar, alte mit starken Mauern und Thürmen umgebene ehemalige Reichsstadt mit 3 Vorstädten, sehr vielen Thoren, 5 Kirchen, einem schönen massiven, 200 Fuß langen und 150 Fuß breiten Rathhause, mit etwa 1000 meist schlecht gebaueten, halbhölzernen Häusern, 6250 Einwohnern* [im Kern]*, unter denen 100 Katholiken und 100 Juden sind. Die Stadt ist 200 Schritt lang und im Verhältniß zu ihrer Einwohnerzahl sehr groß. Von den Brücken über den Neckar hat die eine 11 Joche* [Abschnitte zwischen zwei Pfeilern] *und 312 Schritt Länge, die andere 10 Joche. Gewerbe sind wenig, einen großen Theil der Bürger beschäftigt der Weinbau. Etwas Tuch und lakirte Blechwaaren.* […]*«*

Schon 1837 heißt es in dem bei Ernst Nübling in Ulm verlegten »Adreßbuch aller Kaufleute, Fabrikanten und Apotheker vom Königreich Württemberg« alternativ: *»Die Stadt hat bedeutende Gewerbe als Tuch- und Wollenmanufakturen, mechanische Spinnereien, Färbereien, eine Metallwaarenfabrik, eine Werkstätte für optische und mechanische Instrumente, Gold- und Silberwaarenfabriken, eine Holzwaarenfabrik, Bleiche, Papiermühle, Fabrik von moussierenden Weinen u. s. w. Die Lage der Stadt und Umgegend ist sehr reizend und hat gute Weinberge, schöne Gärten und eine außerordentliche Obstzucht.«*

Unter den gut 30 Herstellern aber wird *»J. S. W. Mayer am Klösterle«* erwähnt mit dem Zusatz: *»fabricirt alle Arten congrevischer und chemischer Zündhölzer«*.

Was in Nüblings Wegweiser nicht enthalten sein kann, ist ein persönliches Schicksal, dessen harter Hand man nicht ausweichen kann. Sie hat vor allem Caroline Mayer getroffen, denn das geliebte Kind Friederike Caroline Beate starb nach monatelanger Krankheit am 8. April 1836. Zu dieser Zeit jedoch war die Meisterin schon wieder schwanger gewesen und hatte Anfang September einen kräftigen Sohn zur Welt gebracht, der auf den dreifachen Namen Wilhelm Fridolin Tobias getauft wurde. Er entwickelt sich problemlos, so dass Caroline ihren Verlust nicht allzu schwer nimmt.

Neckarkreis. Eßlingen.

Firma.	Geschäftsbranche.
Lamparter, Philipp,	Oel- und Gypsmühle.
Lazarus & Comp.,	Bijout. Fabrick.
Levi & Comp., A.,	Tuchfabrick.
Levi, Jac.	Bijout. Fabrick.
Mayer, J. S. W., am Klösterle,	fabr. alle Arten congr. u. chem. Zündhölzer.
Mechan. Baumwollenspinnerei,	Filial-Geschäft der mech. Spinnerei in Berg.
Merkel & Wolf,	Zug-Garn-Spinnerei.
Oechsle,	Hofoptikus, vorzügliche optische Instrumente.
Reißer,	Mechanikus, Maschinenbau aller Arten.
Schumann & Comp.,	fabr. feine franz. Senfe und Essig.
Spilcke,	Fabrick von waschledernen u. glasirten Handschuhen.
Vischer & Faber,	Oelmühle.
Weber, Gebrüder,	Fabrick von weißen und gemalten Holzwaaren aller Art.
Neuffer,	Apotheker.
Salzmann,	Apotheker.
Schneckenlanger,	Apotheker.

Eine Seite aus dem »Adreßbuch aller Kaufleute, Fabrikanten und Apotheker vom Königreich Württemberg« (erschienen in Ulm, 1837) mit Mayers Fabrik an fünfter Stelle.

Wie öfter beim Blick auf das Gestern geben sich auch hinsichtlich Samsons Leben Fiktion und Faktum die Hand. Ein Element ist vom anderen nicht immer zu trennen, zumal seine Biografie manchmal Lücken enthält und mit Vermutungen aufgefüllt werden muss: Was war da oder dort wirklich geschehen? Welche Wende hat etwas wann und weshalb genommen, von dem wir nichts oder nur wenig wissen? Die Spurensuche bleibt spannend.

Im Juni 1836, so viel ist sicher, wurde Mayer zur Wahl der Ergänzung des Bürgerausschusses (Obmann und sieben Mitglieder) empfohlen, stand aber auf einer entsprechenden Liste an letzter Stelle. Zur selben Zeit las das Esslinger Publikum via Wochenblatt:

»Mit diesem macht der Unterzeichnete die ergebenste Anzeige, daß stets bei ihm im Kleinen zu haben sind Congrevische Wachszündlichtchen 100 Stk. in Etuis zu 6 Kreuzer, dito Fidibus zu 6 Kreuzer, dito zu 4 Kreuzer Reibzündschwamm, dito Zündhölzchen mit und ohne Schächtelchen billigst, jedoch alles unversagbar. J. S. W. Mayer am Klösterle.«

Karl Pfaff, Konrektor im Gymnasium und Chronist der Stadt Esslingen, ordnet seit ein paar Monaten die Urkunden des Archivs, legt ein »Repertorium« [Findbuch] an und wird mit 110 Gulden belohnt. Er kümmert sich später auch um das Spitalarchiv. Ausgeschiedene Akten werden verkauft, wodurch 1000 Gulden in die Stadtkasse fließen. Ende 1837 bittet der seit 1813 fungierende Oberamtmann Johann Karl von Pistorius um seinen Abschied, dessen Nachfolger Gottlieb Friedrich von Stump ist schon länger aktiv und hat sich bereits profiliert.

Auch unser Erfinder bleibt im Gespräch. Er weiß, wie man neue Kunden gewinnt, weshalb das Publikum periodisch erfährt: *»Um den Hausirhandel mit nachgemachten, in schlechter und gefährlicher Qualität bestehenden Friktions-Zündhölzchen einige Gränze zu setzen, verkaufe ich an die 100 Stück in Kästchen à 3 Kreuzer und dito in Büscheln à 2 Kreuzer, für deren Lagerhaftigkeit auf Jahr und Tag garantirt J. S. W. Mayer am Klösterle.«*

Aber damit nicht genug, denn alsbald läuft der Kupferschmied zu großer Form auf. Seine poetische Ader schwillt, damit ein anderes

Produkt parallel zu den Feuerzeugen möglichst rasch Absatz findet. Am 13. Januar 1838 wird folgende Suada verbreitet:

»*Kommt, Ihr Herren, jung und alt, / kommt auch, schöne Frauen! / Des Magnetes Allgewalt / geb' ich Euch zu schauen. / Wie der Mensch im Staube klebt / und die Welt im Raume schwebt / soll er Euch vertrauen.*

Ob auch seine Zauberkraft / keiner je ergründet, / keiner, wie sie wirkt und schafft, / forschend fand noch findet, / ist es dennoch sonnenklar, / daß sie groß und wunderbar / Pol' an Pole bindet.

Ewig bleiben Süd und Nord / in entleg'ner Ferne. / Aber wandert jener fort, / folgt ihm dieser gerne. / Und so treibet, trägt und hält / der Magnet die ganze Welt, / Sonne, Mond und Sterne.

Ruhig wagen sich auf's Meer / Schiffer und Matrose, / schwankt der Kiel auch hin und her / in der Fluthen Schoße: / Denn wo Nord und Süden steht / zeiget sicher der Magnet / auf der Windesrose.

Wenn wir einen rothen Mund, / Rosenwangen preisen, / denken wir mit gutem Grund: / Was sie färbt, ist Eisen. / Sollt auf solchen Eisensaft / darum nicht auch seine Kraft / der Magnet beweisen?

Drückt der Krämpfe Bleigewicht / den geschwächten Magen, / will Euch Rheumatismus, Gicht, / Kopf- und Zahnweh plagen: / Ein magnetisirter Stahl / wird die Schmerzen allzumal / lindern, auch verjagen.

Kann des Blickes sanfter Schmerz / nicht den Liebsten rühren: / Darfst, mein Kind, sein eisern Herz / nur magnetisiren. / Und so wirst du, wollt er flieh'n / wieder fest ihn an sich zieh'n, / nimmer ihn verlieren.

Ist es nicht bloß leerer Wahn, / daß die Schönheit reize / und nach diesem Talisman / jede Dame geize: / Flüst'r ich allen leis' ins Ohr: / Unter Eurem Busenflor / tragt magnet'sche Kreuze!

Der Magnet hat, im Vertrau'n / auch gar selt'ne Gaben: / Darum kaufet, süße Frau'n! / Kaufet, holde Knaben! / Seine Wunderkraft erfüllt / Wünsche, Hoffnung. Sehnsucht stillt / er in manchen Lagen.

Auch erneue ich, was alt / und geschwächt soll heißen, / von verschiedener Gestalt / nach mir eig'nen Weißen. / Traut mir Eure Schwächen an, / die ich kräftig stärken kann / in sehr bill'gen Preißen.«

»Ausnehmend schön«, sagt Caroline zu Samson, als er ihr dieses im seit Januar 1838 verbreiteten »Anzeiger für das Oberamt Eßlingen« gedruckte Elaborat präsentiert. »Du bist ja ein Dichter, Sami! Woher hast du bloß dieses Talent?«

»Wenn die Leute nur kaufen wollten«, antwortet zögernd der Schmied und zitiert den Nachsatz: *»Zu geneigten Bestellungen auf Magnete bis auf 100 Pfund Anziehungskraft, wie auch zu bereitwilligsten Mittheilungen seiner Erfahrungen, empfiehlt sich* […]«

Am 22. Februar 1838, als Wilhelm längst laufen kann, kommt Caroline Friederike Beate zur Welt. Man hat ihr die Namen des im April 1836 verstorbenen Schwesterchens gegeben und nur die Reihung verändert. Samson setzt indes sanft durch, dass Klein-Caroline sehr bald Luisle genannt wird – damit die Erinnerung an das einst tief betrauerte Kind Louise Friederike Pauline nicht ganz verblasst.

»Es ist mir recht«, stimmt Luisles Mutter zu. Der Vater aber annonciert in eigener Sache, ohne zu zögern: *»Sogleich oder auf nächstes Ziel findet ein freundliches Kindsmädchen Eintritt; auch mehrere Mädchen zum Fabrikgeschäft finden Arbeit bei J. S. W. Mayer am Klösterle.«*

Der Schmied läuft wie mit der Wünschelrute herum, um neue Finanzquellen zu erschließen. Er hat entdeckt, dass man selbst vermitteln und dem Anzeigenblatt das Wasser abgraben kann. Prompt werden *»noch einige Mitleser an Merkur oder Landboten«* gesucht, worauf sich kaum jemand im Haus Mittlere Beutau 6 meldet. Danach bittet *»ein junger Mann in einem geordneten Hause Kost und Logis zu erhalten. Da derselbe sich gerne jeden häuslichen wie auch Garten- und Feldgeschäften unterziehen möchte, so würde er einem dergleichen Plätze den Vorzug geben. Das Nähere sagt* […]«

Ohne Rast und ohne Ruh geht Mayer seinen Weg. Wie schon früher, wendet er sich jetzt dem Thema Tinte zu und hofft auf Geld:

»Zufolge häufiger Klagen über zu geringe, im Handel vorkommende Dinte habe ich mich entschloßen, verschiedene Versuche über die Zusammensetzung einer schön schwarzen, leichtflüßigen [und] *nie schim-*

licht werdenden aromatischen Dinte anzustellen. Nach einer sorgfältigen Prüfung habe ich die beste [Qualität] *gewählt, welche – je älter die Schrift wird – sich anstatt abzuschießen oder gelb zu werden in einem stets erhöhteren, lebendigeren Schwarz auszeichnen wird. Diese vorzügliche Dinte verkaufe ich die ½ Maasflasche samt Glas à 24 Kreuzer, per Maas 32 Kreuzer. Auch Schoppen- und ½ Schoppenweise wird dieselbe abgegeben. Zu zahlreicher Abnahme empfiehlt sich ergebenst* […]«

Samson fügt wenig später hinzu: »*Aufgemuntert durch den allgemeinen Beifall, welcher meiner aromatischen Dinte zu Theil wurde, habe ich nun die Einrichtung getroffen, dieselbe in großen Parthieen zu bereiten. Durch diß bin ich in Stand gesetzt, bei Abnahme von wenigstens 1 Maas den Preiß derselben so zu ermäßigen, daß eine nach gewöhnlichen Recepten bereitete Dinte ebenso hoch zu stehen kommt. Daher erlaube ich mir die Freiheit, diese Dinte besonders den verehrlichen Kanzleien, Comptoirs, Lehr-Anstalten etc. wie auch rothe und blaue Dinte zu gefälliger Abnahme zu empfehlen.*«

Wir wechseln die Szenerie und blicken nach Ludwigsburg. 1836/37 hatte Mayers Konkurrent Jakob Friedrich Kammerer schon 40 Beschäftigte, doch der wegen akuter Feuergefahr schwelende Streit mit Nachbarn und Behörden zwang ihn zur Verlegung seiner Fabrik vor das Asperger Tor. Dann holte ihn doch noch die Vergangenheit ein. Wegen republikanischer Umtriebe wurde Kammerer zu zwei Jahren Festungshaft verurteilt, entzog sich dieser Strafe durch Flucht nach Straßburg und produzierte später in Riesbach bei Zürich. Als es am neuen Ort ebenfalls qualmte, schuf Jakob Friedrich ein sicheres Domizil, vergrößerte sein Sortiment und stellte außer Zündhölzern auch Fleckenwasser, Fliegenleim, Stiefelfett, sogenanntes Gichtpapier und *Limonade gazeuse* her.

Da der über Herrn Kammerer urteilende Kriminalsenat ausgerechnet in Esslingen amtierte, nahm Samson den Richterspruch zur Kenntnis und sagte zu seiner Frau, den Mann sei er nun wohl endgültig los.

Caroline trocken: »Das weiß man nie.«

Es tritt ein, was zwangsläufig kommen musste. Am 17. August 1838 antwortet der Magistrat auf eine Eingabe des erleichterten Mannes und hält Wort für Wort fest:

»J. S. W. Mayer, Kupferschmied und Friktions-Zündhölzer-Fabrikant dahier, will bey der Königlichen Kreisregierung um die Erlaubnis nachsuchen, fortan wie bisher seine Zündhölzer in seinem innerhalb der Stadt stehenden Wohnhaus zu fabriziren. Er bittet den Stadtrath um ein seiner Bittschrift beizulegendes Zeugnis.

Beschluß! Sich hierüber dahin zu richten: Das Haus des Mayer stehe in der Beutau und grad in der Nähe des Marktes gegen Ost und Nord. [...] *Da Mayer immer einen sehr bedeutenden Vorrath nicht nur fabrizirter Friktions-Zündhölzer, sondern auch die hiezu nöthigen brennbaren Stoffe im Hause habe und seine nächsten Nachbarn sich auch schon wegen der durch das Geschäft des Mayer zu befürchtenden Feuersbrunst beschwert haben, so vermöge der Stadtrath das Gesuch des Mayer nicht zu unterstützen.«*

Der 1839 folgende Spruch der Königlichen Kreisregierung macht aktenkundig, was Samson geahnt hat. Er darf nicht mehr länger Feuerwerk fertigen, weil die Gefahr einer größeren Explosion akut ist. Nachbar Vetter und Compagnie haben schon lange darauf gelauert, ihn kaltzustellen. Nun sind sie zufrieden, denn nichts rührt sich mehr im Haus Mittlere Beutau 6.

Geräuschlos dreht sich das Rad des Lebens, es reibt am Ende alles zu Staub und lässt nur Erinnerung übrig. Johann Samson Wilhelm Mayer ist dies bewusst, er kämpft trotz deutlicher Symptome des Alterns dagegen an. Zwar wird sein Haar fortwährend fahler und auch manche Zähne sind kaputt, aber noch wohnt Kraft in seinem Leib, was sich nicht zuletzt beim Liebesakt zeigt. Mit einer jungen Frau im Haus kann man getrost jedes neue Jahr hinter sich bringen; flaues Gedankengut mögen andere Leute pflegen, parbleu!

Caroline hilft ihrem Sami und nimmt die wachsende Zahl weiterer Nachkommen fügsam zur Kenntnis, im Rhythmus des Zeugens treffen sie weiterhin ein. Außer Reinhold Hermann Ludwig (Mai

1840) holt der Tod jedoch viele nach kurzer Frist – stets schnell getauft und somit dem himmlischen Jenseits empfohlen. Amalie Eleonore, Marie Agathe, Florentin Rudolf und Gotthilf Florentin ruhen also im Friedhof am Schelztor bei den Geschwistern. Zur Mitte des 19. Jahrhunderts stirbt jedes zweite Kind vor seinem fünften Wiegenfest, weshalb die Frauen oft schwanger werden: Wenigstens ein paar Mädchen oder Buben sollen überleben.

29

ES SEI UNS EIN KURZER BLICK auf fünf Jahre erlaubt, denn seit Wilhelms Geburt blieb die Zeit ja nicht stehen. Was geschah wo, wann und in welchem Zusammenhang?

1836 wird die südafrikanische Burenrepublik gegründet, Samuel Colt stellt seinen ersten Trommelrevolver her, unter Heinrich von Pechmann beginnen die Arbeiten zum Bau des Main-Donau-Kanals zwischen Bamberg und Kelheim. 1837 protestiert die Professorengruppe »Göttinger Sieben« (mit ihr das Brüderpaar Grimm) gegen eine Aufhebung der liberalen Verfassung im Königreich Hannover, alle Dozenten werden entlassen. Victoria of Kent wird Königin von Großbritannien und Irland, um mehr als 63 Jahre lang zu regieren. Pfarrer Albert Knapp gründet den ersten deutschen Tierschutzverein, der Engländer Robert Cocking verunglückt tödlich mit einem von ihm entwickelten Fallschirm. 1838 läuft das damals weltweit größte Dampfschiff »Great Western« zur Jungfernfahrt aus. Charles Dickens' sozialkritischer Roman »Oliver Twist« erscheint. 1839 verbietet Preußen die Kinderarbeit vor Vollendung des neunten Lebensjahrs. Charles Wilkes, ein US-Marineoffizier, entdeckt den Kontinent Antarktika. Über Indien tobt ein Zyklon, dem 300 000 Menschen zum Opfer fallen, Carl Spitzweg malt nach diversen Skizzen sein kurioses Bild »Der arme Poet«. 1840 schließlich wird der vorkommunistische »Deutsche Arbeiterbildungsverein« formiert, auf Preußens verstorbenen König Friedrich Wilhelm III. folgt dessen gleichnamiger Sohn. In Bad Blankenburg gründet Wilhelm Fröbel den ersten deutschen Kindergarten, und an der Universität Zürich werden Hörerinnen zugelassen. Konservative Schweiz? Nicht unbedingt.

Um nun mit dem Franzosenfreund J. S. W. Mayer zu reden: »Allons retour, messieurs dames.« Am Neckar nämlich tröpfeln die Monate und Jahre wie Wasser aus einem verstopften Rohr und lassen vorerst keine Flut fürchten. Obwohl oder weil es am politischen Horizont gewittert, hat das eher behäbige Esslingen Tag für Tag mit sich selbst zu tun. Die kleine Rückschau ist durchaus erhellend:

In der schwäbischen Oberamtsstadt können Bürger seit Mitte 1838 dank Meister Autenrieths neuem Gemeindeofen einen *»sechspfündigen Laib Brod um 1 ½ Kreuzer backen laßen«*. Adam Mangold, Handschuhfabrikant und Mitglied des Bürgerausschusses, muss nach einer Klage des Stadtrats wegen Beleidigung vier Reichstaler blechen. Anfang März 1839 stirbt Samsons alter Lehrer Friedrich August Herwig, seit 19 Jahren Dekan. Um ihn wird getrauert, auch wenn Sami ihn nur noch selten sah und seine zunehmend pastorale Art irritierend fand. Am Pädagogium jedenfalls weht jetzt ein anderer Wind, denn dort ist Turnunterricht für die Knaben obligatorisch, nach dem Motto des Vorbilds Friedrich Ludwig Jahn aus Brandenburg: *»Frisch, frei, fröhlich und fromm«*.

Am 31. März 1840 tut sich etwas in Esslingen. Es erregt und stillt zugleich die Gemüter. Mit zehn zu sechs Stimmen votiert der Bürgerausschuss für den Ankauf jenes Palais des Grafen Alexander von Württemberg, das Samson Mayer und 357 andere Männer exakt zu diesem Zweck *»in vollkommener Hochachtung ergebenst«* empfohlen hatten. Denn das alte Rathaus vis-à-vis ist nicht mehr zeitgemäß und müsste umgebaut werden. Dieser 29 000 Gulden teure Handel reißt zwar ein Loch in die kommunale Kasse, doch Fabrikant Kessler leiht Geld zu vier Prozent Zinsen auf 29 Jahre. Er beweist damit einmal mehr Solidität und Philantropie.

Im selben Jahr wird östlich vom Zentrum der Ebershaldenfriedhof eingerichtet (was mehr als 4400 Gulden kosten soll und nur langsam vorangeht), denn vor dem Schelztor sowie bei Sankt Klara am Wolfstor fehlen die Plätze. Den kurzen Kindersarg könnte man noch tolerieren, doch lange Leichen brauchen viel Raum. Außerdem warnt man mittlerweile vor Gift durch verwesende Körper in der Nähe innerstädtischer Wohnungen.

Ohne davon Kenntnis zu haben, notiert jetzt der schwäbische Oberfinanzrat, Statistiker und Geograph Johann Daniel Georg von Memminger in seiner aktuellen Beschreibung des Königreichs Württemberg: »*Eßlingen hat ein ziemlich ungefälliges Ansehen und nur wenige schöne Häuser.* [...]« Die »*sehr industriöse Stadt*« verfüge jedoch über »*gute Badeinrichtungen, starken Fischhandel, vorzüglichen Wein- und Gartenbau und eine außerordentliche Obstzucht.*« Sie liege zudem »*in einer sehr schönen und fruchtbaren Gegend*«.

Seit ein paar Monaten erscheint am Neckar statt des bisherigen Anzeigers das »Amts- und Intelligenzblatt für das Oberamt Eßlingen«, Samson entwickelt sich alsbald zum treuen Kunden dieses Organs:

»*Guter Eßigmost, vom Jahr 1838 das Imi zu 30 Kreuzer bei Mayer am Klösterle*« (20. Juni). »*Einige Mitleser zum Merkur und Beobachter* [liberaldemokratische Zeitung] *werden gesucht*« (4. Juli). »*Mehrere Karren Riegelsteine werden um billigen Preis abgegeben*« (19. August). »*Anbrüchig gewordene Trauben kauft in den besten Preisen J. S. W. Mayer a. Kl.*« (7. und 11. November). »*Vorzügliche Blumen- oder Frühbeeterde wird billigst abgegeben*« (14. August 1841). »*Heute ist der Abendbesuch des Bürgergesangvereins bei Mayer am Klösterle*« (4. September). »*Guten neuen Wein die Maas 12 und 16 Kreuzer wie auch unvermischten 1834er Wein zu 24 und 32 Kreuzer*« (11. Dezember). »*Letzten Freitag Abend gieng in der mittlern Stadt eine baumwollene, gestrickte Kinderkappe verloren. Der Finder wird gebeten, dieselbe gegen Erkenntlichkeit abzugeben bei Johann Samson* [...]« (19. Januar 1842).

Zwei Monate vor ihrem 76. Geburtstag segnet Paulina Mayer, die Tochter des Schlossers Johann Martin Brinzinger, das Zeitliche. Sie wird am 10. Februar 1842 als eine der letzten Toten auf dem Gottesacker am Schelztor begraben. Die Trauer ihres Sohns hält sich in Grenzen, obwohl Paulina im Alter meist mild war und Caroline weitgehend tolerierte; laute Wortwechsel fanden nur noch selten statt. Wozu auch Lines kompromisslose Haltung gegenüber der Schwiegermutter beitrug, was wiederum Sami gefiel. Der lässt mit seinen Annoncen nicht locker:

»*Von heute an wird bei Unterzeichnetem bester Most à 6 Kreuzer per Maas ausgeschenkt*« (16. März). »*Um mit Weinen vom Jahr 1841 aufzuräumen, wird geschenkt die Maas Guten zu 12 Kreuzer und Besten zu 16 Kreuzer. Auch sind noch einige Bouteillen süßen Bratbirnmost vorräthig*« (10. August). »*Allen an Zahnschmerz Leidenden ertheile ich ergebenst die Nachricht, daß meine schon vor vielen Jahren durch die entsprechenden Proben bestens empfohlene Zahntinktur wieder zu Diensten steht. Das Gläschen zu 12 Kreuzer. Ebenso empfehle ich neben meinen andern guten Weinen 1841er den Schoppen zu 3 und 4 Kreuzer. J. S. W. Mayer am Klösterle*« (17. Dezember).

Hinter diesem Aufwand, den Samson treibt, verbirgt sich ständige Existenzangst; sie sorgt daheim immer wieder für Diskussionen. Caroline hat viel zu tun, um ihren Mann aufzumuntern, zumal sein treuer Freund Georg Christian Kessler am 16. Dezember in Stuttgart gestorben ist. Welcher Verlust! Schließlich setzt er sich hin und schreibt zum Jahresende – wie stets mit Schönschrift – nach dem Zahntext samt Weinangebot einen langen Brief an die örtlichen Honoratioren. Sie lesen alsbald sein Gesuch:

»*Wohlloeblicher Stadt Rath! Der Unterzeichnete bittet, die durch den Tod des alt Schneiders Jacob Weith in Erledigung gekommene Stelle eines Taxators wohlgeneigtest ihm übertragen zu wollen. Einem Wohlloeblichen Stadt Rath möchte wohl bekannt seyn, daß vor einigen Jahren durch einen Regierungsbeschluß mir mein damals mit einigem Vortheil betriebenes Geschäft wegen unpaßendem Lokal niedergelegt* [verboten] *worden ist. Zum Theil aus Mangel an außer der Stadt befindlicher Ge-*

legenheit und pekuniairer [finanzieller] *Kraft war ich genöthiget, dieses Geschäft einzustellen. Nun sitze ich, unerachtet ich mir schon viele Mühe gegeben habe, seit jener Zeit mit 11 Kindern sehr trocken.*

In Betracht meiner oben geschilderten Lage und meiner wenigen Intelligenz schmeichle ich mir, daß Ein Wohlloeblicher Rath diese meine gehorsamste Bitte zu erfüllen sich wohlgeneigtest entschließen möchte. Mit vorzüglicher Hochachtung beharre ich, Einem Wohlloeblichen Stadt Rath gehorsamster, J. S. W. Mayer a/Klösterle.«

Die »wenige Intelligenz« soll freilich dank taktischer Klugheit das Gegenteil ausdrücken, damit Samson den frei gewordenen Posten des Schätzers von Erbmasse desto eher bekommt. Was auch geschieht: Der Magistrat stimmt am 24. Januar 1843 mit knapper Mehrheit dafür.

Im selben Jahr veranstaltet Esslingen eine kleine Industrieausstellung, die auch König Wilhelm besucht. Viel Neues wird dort gezeigt, unter anderem führt der Mechanikus Reiser vor dem Rathaus seine *»gut gearbeitete Fahrfeuerspritze«* vor, was Samson Mayer schmerzlich ans eigene Tun erinnert. Doch Letzteres ist längst nicht mehr aktuell: Das Handwerk des Kupferschmieds hat sich erledigt, er selbst litt dadurch fortwährend Not und schadete der ohnehin armen Familie.

Dass Marie Agathe, Florentin Rudolf und Gotthilf Florentin zwischen 1842 und 1844 jeweils bald sterben, kann aus heutiger Sicht nur an falscher Kost liegen. Stillende Mütter gelten nicht selten als faul, Frauen der Unter- oder Mittelschicht arbeiten schwer und gönnen sich fast keine Muße. Deshalb füttern sie schon in den ersten Lebenswochen Mehlbrei statt Milch, auch Zuckerwasser ist üblich. Worauf die Säuglinge Durchfall bekommen, krampfen und schreien. Dann erlöst sie zu gegebener Zeit ein gnädiger Tod. Mit Rudolf Florentin Benjamin, geboren am 21. Mai 1848, kommt jedoch endlich wieder ein robustes Kind zur Welt und lässt seine Eltern hoffen: »Benjamin, bleib bloß gesund!« Er wird ihren Wunsch nicht enttäuschen.

Aber wir eilen voraus.

Je mehr sich Samson dem sechsten Dezennium nähert und je leichter der Geldbeutel wiegt, desto harscher reagiert er auf vermutetes oder wirkliches Unrecht. Line hat ihre liebe Not mit Sami und ist bestrebt, auszugleichen; wo immer sie kann, wird intern vermittelt. Das ist schwierig, denn Mayer kämpft oft bis zum Letzten. Beim Abgraben des Gärtchens nebenan wankt sein Haus eventuell, weshalb er gegen den Stadtrat ein zermürbendes Hickhack vom Zaun bricht. Der Versuch, einen nahen Dungplatz zu pachten und für eigene Zwecke zu nutzen, scheitert nach zäher Verhandlung. Auch im Fall einer Außentreppe, bei der es um Sand- oder Werkstein geht, zieht er den Kürzeren.

Irgendwann faucht die sonst freundliche Ehefrau, und Samson muss passen:

»Also gut, wenn du meinst …«

Mayer flieht. Wenn keine reale Welt ihn zufrieden stellt, dann vielleicht jene der Phantasie? Sein Favorit James Fenimore Cooper hat mit dem jüngst von Gustav Pfizer ins Deutsche übersetzten »Wildtöter« das Lederstrumpf-Werk abgeschlossen, Sami verschlingt es. Am liebsten würde er nach Amerika fahren, wo die Luft noch rein ist und endlose Wälder rauschen. Wo der Indianer dem Trapper zeigt, was wahre Freundschaft bedeutet.

Doch dies lässt sich nicht verwirklichen, weil die Familie an dem Lesenden zerrt und drei Ämter viel Zeit kosten. Nach wie vor amtiert Samson als Viertelsmeister und Sekretär der Bürgergesellschaft, obwohl ihm beides lästig wird. Dazu ist er nun auch noch taxierend unterwegs. Nicht genug damit, wollen elf Kinder mehr oder weniger stark beachtet werden: Reinhold und das Luisle wachsen heran, Julius, Bertha, Alfred und Wilhelm gehen noch zur Schule, Carl (momentan ein Hallodri) arbeitet jetzt als Buchhalter außerhalb. Was Adolf, Gustav, Imanuel und Eduard angeht, sorgen sich Samson und Caroline nicht sehr um sie, denn die vier Größeren sind selbständig. Imanuel zieht es weit fort: Er träumt von New York, wo Deutsche angeblich ihr Glück machen.

»Bloß raus«, sagt er zu seinem Vater.

Der antwortet: »Du wirst schon sehen.«

Aber war er nicht selbst fortgeeilt, im April 1807, vor rund 40 Jahren? Hat er damals nicht sämtliche Brücken hinter sich abgebrochen und wollte trotz stiller Zweifel, die an ihm nagten, nie mehr zurückkehren?

Imanuel also packt einen kleinen Koffer, der Abschied fällt knapp aus: Adieu, werte Eltern, ich melde mich bald. Von Hamburg und Bremen dampfen große Schiffe nach Nordamerika, jeder Exilant steht dort oft samt Familie am Kai und bestaunt die qualmenden Riesen. Viermal treffen kurze Briefe in Esslingen ein, sie sind wochenlang unterwegs und teilen nur mit, dass es ihm »wie den meisten Landsleuten hier« ergehe. Er habe Arbeit gefunden und hause billig im New Yorker Quartier *Little Germany* an der Lower East Side, wo man statt englisch meist deutsch spreche.

Dann kommen keine Nachrichten mehr.

Daheim läuft unterdessen alles im Rhythmus jener Zeit, deren Protagonisten sich gern privat verwirklichen und Gott einen guten Mann sein lassen. Samson Mayer hadert jedoch mit dem, was man Leben nennt und nicht selten als Schicksal versteht. Sein Geschäft ist dahin, die Laune oft mies, kein Mensch rundum leiht Geld zur Zahlung wachsender Schulden. Sein Bankier drängt ihn, er spricht vom Zinseszins ... Wo führt das Elend hin, wenn nicht ins Grab auf dem neuen Ebershaldenfriedhof? Samson wird immer eigener und ruft, sobald Caroline ihm dezent Kontra gibt:

»Ich bin nicht allein responsabel! Widrige Umstände und Neider haben meine Existenz zerstört!«

»Sami«, mahnt Line. »Nimm doch Vernunft an. Nicht alle sind so schlimm, wie du glaubst.«

Der Schmied jedoch hört kaum hin, zumal sich die Ereignisse überschlagen.

Alles fängt damit an, dass er letzte Bestände der früheren Werkstatt sichtet und versucht, sie möglichst schnell unters Volk zu bringen. Mayer tut dabei so, als werde am Klösterle permanent produziert:

»Von der vorzüglichsten Gattung meiner kupfernen Handfeuerspritzen stehen einige Stücke fertig, welche ich mit den besten Zeugnissen ergebenst empfehle. Auch ist wieder eine Partie meiner nie ranzig werdenden Gewürzdinte fertig geworden, welche in Partieen sehr billig abgegeben wird.«

Darauf meldet sich kein Interessent bei ihm. Weder aus Esslingen noch von auswärts wird Resonanz registriert. Dann stirbt am 26. Oktober 1846 sein treuer Freund Carl Deffner, der Fabrikant und liberale Landtagsabgeordnete, weshalb Samson sich aufrafft und versucht, im folgenden Wahlkampf gegen den konservativen Kandidaten Partei zu ergreifen. Er schreibt ein langes Spottgedicht auf den Obertribunalrat Ernst Jakob von Ege, Direktor des örtlichen Gerichtshofs, dessen politische Couleur ihm ein Greuel ist. Dieses anonym verfasste Poem wird unter der Hand weitergereicht. Es beweist Samsons Mayers Witz und zeigt, dass er noch kämpfen kann:

»Als der Stifter der Geschlechter [König Wilhelm I.] */ Für das Wohl vom Vaterland / Mit dem Schwein- und Ochsenschlächter / Schreiner, Schneider sich verband / Ach, da wollt er einen finden / Der ihm recht war vorn und hinten.*

Schöne Reden sollt er führen / Halb und halb so liberal / Hie und da wohl operieren / Aber nur nicht radikal. / So wollt er doch einen finden / Der ihm recht war vorn und hinten.

Ach, so tat er sich besinnen / Über diese schwere Wahl / Alsbald kam ihm nun zu Sinnen / Der vom Obertribunal. / Sieht er ihn von vorn und hinten / Ege thät er immer finden.

Vorwärts heißt er Herr von Ege / Ege heißt er hinterwärts / hat er auf dem Landstandswege / Für das Volkswohl auch ein Herz? / Ja, der lange Israel [Juwelier Jakob Levi] */ Schwört es auch auf seine Seel.* [...]

Einen hätt ich fast vergeßen / Von der flotten Compagnie / Die auf Ege so verseßen: / Den Herrn Stadtschultheiß allhie. / Aber weil das Ohr der Fürsten / Nicht gern hört von Volkes Noth / Von dem Hungern und dem Dürsten / Von dem theuren kleinen Brod / Sprach, es sind bloß Narretheien / Von des Volkes Not zu schreien.

Im geschmückten Rathhaussaale / Gast beim Könige zu seyn / Und aus silbernem Pokale / Schlürfen den Champagnerwein / Das macht freilich mehr Behagen / Als des Volkes Leid zu klagen.

Aber läßt uns nicht erschlaffen / Der die Welt allmächtig hält / Wird uns rathen, helfen, schaffen / Bis der Acker wohlbestellt / Fährt dann drüber auch die Egge / freun wir uns doch allerwege.«

Ege wird dennoch gewählt, kann aber kaum den liberalen Rechtskonsulenten Wilhelm Heinrich Murschel schlagen. Er gibt jedoch nach Protesten des unterlegenen Spektrums im Folgejahr auf und weicht einem Kaufmann namens Gottlieb Stierlen, dessen Charakter als »*ruhig und besonnen*« gelobt wird.

Darauf trinken wir, heißt es in der Bürgergesellschaft. Prost Mayer! Unserer Sekretär lebe hoch!

»Siehst du«, sagt Caroline zu ihrem erleichterten Ehemann. »Wenn Vögel am Morgen zwitschern, frisst sie abends die Katz ...«

»Was soll das? Mir hat kein Tier etwas tun können.«

»... aber *du* fällst ja auch nicht aus dem Nest.«

Das Nest. Wie sieht es anno 1845 aus? In der aktuellen Beschreibung des Oberamts Esslingen wird die ohne Filialen knapp 7600 Einwohner zählende »Gemeinde erster Classe« so vorgestellt:

»*... ist von Gärten, Obstpflanzungen und Weinbergen umgeben und bietet eine der reizendsten Ansichten des Landes. Am vortheilhaftesten stellt sie sich mit ihren Kirchen, Thürmen und den Ueberresten ihrer mittelalterlichen Befestigung* [...] *entweder von Ober-Eßlingen oder von den westlichen Höhen bei Weil aus gesehen dar. Der trefflich angebaute Boden ist besonders im Thal tiefgründig und fruchtbar, die Luft rein und mild, da die gegen Norden vorliegenden Höhen der Neckar- und Ebershalde gegen rauhe Winde Schutz gewähren. Mandel- und selbst Feigenbäume kommen hie und da an warmen Weinberghalden im Freien fort.*

Die Einwohner gehören mit Ausnahme einiger Eingewanderten, namentlich unter den Gewerbsleuten der Stadt Eßlingen, dem schwäbischen Volksstamme an. Im Ganzen ist der Menschenschlag weniger groß und ansehnlich als kräftig und ausdauernd. [...]

Hinsichtlich des sittlichen Zustandes der Stadtbewohner verläugnen sich zwar nicht die Einwirkungen eines immer mehr zunehmenden Fremden-Verkehrs und eines lebhaften Gewerbebetriebs, [doch] *fällt in dieser Beziehung eine Vergleichung mit anderen Städten von gleichen Verhältnissen noch immer zum Vortheil Eßlingens aus.*

Religiosität, Ordnungsliebe und Fleiß können im Ganzen als vorherrschende Eigenschaften bezeichnet werden, wenn [auch] *namentlich in den untern Klassen an die Stelle der früheren Wirthschaftlichkeit vielfältig mehr Neigung zu Luxus und Genuß zu treten scheint. In früheren, reichsstädtischen Zeiten machte sich öfters eine gewiße Starrheit des Charakters und ein etwas starkes Selbstgefühl geltend.* [...]

Die Mundart ist die unangenehme der mittleren Neckargegend. Sie entbehrt das Kräftige und dabei Treuherzige des Oberländer Dialekts, ohne doch die angenehme Weichheit und die gebildeteren Formen der Sprechweise des tieferen Unterlands hören zu laßen.«

30

DIE ERNTE VON 1845 war schlecht. Wochenlanger Regen im Sommer des Vorjahrs setzte den Kartoffeln zu, Fäulnis grassierte, auch der Wein litt unter dem Wetter. Vom mageren Korn nicht zu reden, das auch 1846 trotz besserer Trauben für Kummer sorgt. Was wiederum an die Not vor 30 Jahren denken lässt. Es kommt wegen extremer Teuerung in Stuttgart, Tübingen und Ulm zum Protest, hungernde Menschen schlagen dort auf Müller und Bäcker ein. Esslingen bleibt davon verschont, denn der Magistrat kauft für 13 000 Gulden Getreide an und gibt Suppe zu drei Kreuzer je Portion aus. Vorsorglich wird sogar eine »Sicherheitswache« alias Bürgergarde gebildet. Ihr Kommandant (Oberjustizprokurator Heinrich Georgii) soll garantieren, dass weiterhin Frieden herrscht.

Das gelingt, weil Georgii Augenmaß hat und kein Scharfmacher ist.

Regung zeigt sich woanders: Schon Ende November 1845 war die nach Cannstatt führende Bahnstrecke eröffnet worden, was acht tägliche Fahrten zwischen Esslingen und Stuttgart zum Preis von zweimal zwölf bis 30 Kreuzer ermöglicht. Damit nicht genug, gründet ein in Karlsruhe wirkender Ingenieur die »Aktiengesellschaft Emil Kessler« zur Erbauung seiner späteren Maschinenfabrik. Ihr Grundstein wird am 4. Mai 1846 nahe der Pliensaubrücke gelegt, woran auch Samson Mayer teilnimmt und den Zylinder schwenkt. Mitte Juli 1847 arbeiten im Betrieb schon 500 Mann, die erste Lokomotive wird Ende September ausgeliefert.

Man darf stolz auf Herrn Kessler und dessen Vision sein. Ohne Kapital allerdings geht gar nichts voran. Wer wüsste das besser als unser Schmied, dessen Taxiererei kaum zum Leben reicht? Deshalb ist eine Eingabe fällig, die Mayer so formuliert:

»*Wohlloeblicher Rath! Es sind nun gerade 4 Jahre, daß der Wohllb. Stadt Rath die Gewogenheit hatte, die damals vakant gewesene Stelle eines Taxator wohlgeneigtest dem Unterzeichneten zu übertragen.* [...] *Nun aber, bei der schon so lange andauernden Theuerung aller Lebensmittel, stellt sich das Mißverhältnis meines Verdienstes und Hausverbrauches auf die betrübteste Weise ins Licht.*

Ein wohlloeblicher Stadt Rath wird mir in meiner so bedrängten Lage eine gehorsame Bitte um verhältnismäßige Aufbeßerung meines Taggeldes um so weniger verargen, als der gegenwärtige Stadt Taxator Kellenbach in Stuttgart schon vor Jahren 1 Gulden 12 Kreuzer bezog. Zudem wird ja mein Taggeld allein den Intreßenten [Kunden] *berechnet.* [...] *Jeden Staub- und Schmutzwinkel, wie in manchen Häusern deren Vorkommen durchstöbernd, wird ebenso sehr die Kleidung einer unabwendbaren Zerstörung, als* [auch] *die Gesundheit bei der Prüfung oft ekelhafter Gegenstände ausgesetzt. Wie z. B. bei der ansteckenden Nervenkrankheit in Liebesbronn* [heute ein östlicher Stadtteil] *warf mich ein Ekel eine ganze Woche aufs Lager, wo nur die äußerste Sorgfalt den Ausbruch dieser gefährlichen Krankheit unterdrückte.* [...]

Mit diesem Schreiben lege ich meine schwer belastende Lage an das wohlwollende Herz eines Wohlloebl. Stadt Raths und beharre mit vollkommendster Ehrerbietung als dero gehorsamster J. S. W. Mayer.«

Daraufhin beschließt der Magistrat nach strenger Prüfung, »*... das Taggeld des Taxators Mayer auf 1 Gulden festzusetzen*«. Man erwarte jedoch, daß er sich mehr Erfahrung aneigne.

Da der Kupferschmied nun nicht lockerlässt und im Zusammenhang mit dem Reinigen städtischer Feuerspritzen aktiv wird, lassen sich Stadtrat und Bürgerausschuss nochmals erweichen. Sie erhöhen seinen Jahreslohn von 36 auf 40 Gulden.

Ungeachtet solcher Gnade baut sich am Horizont etwas auf. Wer wie Samson aufmerksam Zeitung liest, wer mit dem politisch immer agileren Brüderpaar Adolf und Gustav diskutiert, kann die Wolkenbank deuten:

Während der letzten Februartage des Jahres 1848 wird in Paris der »Bürgerkönig« Louis-Philippe entmachtet. Seine Regierung hatte noch eilig Demonstrationen verboten, doch die unter Druck stehende Nationalgarde schießt nicht aufs erbitterte Volk. Majestät flieht deshalb schnell ins Exil nach England. Hinter ihr, im Aufwind, flattert nicht nur *La tricolore*, sondern auch die rote Fahne sozialistisch bewegter Bürgerinnen und Bürger. Das erstmals klassenbewusst agierende Proletariat setzt allgemeine Wahlen sowie ein Menschenrecht auf Arbeit durch. Doch noch ist außer dieser Schlacht nichts gewonnen.

Wir haben verloren, denkt Caroline und flüstert mit dem Luisle. Auch die Tochter des Kupferschmieds weiß, dass der Vater bald sterben wird. Sie trocknet seine feuchte Stirn mit einem Tuch und lächelt tapfer, obwohl ihr Herz bis in den Hals hinauf klopft. Was wird jetzt aus uns, überlegt das vierzehnjährige Mädchen: Wie geht es weiter, müssen wir nach Papas Tod ins Armenhaus wechseln oder wohin?

»Ohne den Vadder«, murmelt Luise, »sind wir doch keinen Kreuzer wert.«

»Was war da?«, schreckt Samson auf. Er hat den Satz gehört und verstanden; sein Blick heftet sich an die Zimmerdecke, als sei von dort eine Antwort zu erwarten. Statt dessen quietscht jenes Fenster, das seit drei Tagen offen bleibt und frische Luft im Raum zirkulieren lässt. Denn der Kranke, obwohl Caroline ihn wiederholt mit Essig betupft, sondert Gerüche ab.

Jeder Laut von draußen dringt wie gepolstert herein, weil es von neuem und stärker als bisher schneit. Das Klösterle ist nur noch zu ahnen, die Burg ohnehin nicht. So viel Schnee hat es kurz vor Weihnachten nie gegeben; jedenfalls können beide Pflegerinnen, egal ob alt oder jung, sich kaum daran erinnern. Hoffentlich stapft Doktor Steudel bald durch das tiefe Weiß und kümmert sich um den Patienten. Doch viel kann er nicht mehr tun.

Samson seufzt. Dass Adolf und Gustav fernbleiben, quält ihn enorm. Aber vielleicht sind sie schon tot, kein Hahn kräht nach heimatlosen Revolutionären. Die letzte Nachricht kam 1849 im Sommer, von irgendwoher aus der Schweiz. Danach lastende Stille bis zur Gegenwart. Adolf Mayer hatte ja hier noch Konditor gelernt und Gustav wurde Mechaniker, bis beide Buben in der Schwäbischen Legion zusammen mit dem Feuerkopf Ludwig Pfau bei Schaffhausen über den Rhein ...

Samsons Kopf sinkt zur Seite.

»Vater schläft«, sagt Caroline. »Wir dürfen ihn jetzt nicht stören.«

Als erste Meldungen vom Sturz Louis-Philippes aus Frankreich in Württemberg eintreffen, tritt am 29. Februar 1848 die Esslinger Bürgergesellschaft zusammen. Man berät über eine Petition an König Wilhelms Staatsregierung (was der Sekretär Samson Mayer protokolliert) und ruft dazu auf, Stuttgart möge *»die alsbaldige Reorganisation des Bundestages durch Beiziehung eines von den Völkern gewählten Parlamentes«* in Gang setzen. Unter anderem wird auch Pressefreiheit gefordert. Schon fünf Tage zuvor hatte man bei einem

Maskenball im Museum *»auf das Wohl und Gelingen der heranbrausenden Revolution«* getrunken. Anfang März schließlich werden in der Stadt lithographierte Flugblätter verbreitet, die *»an alle deutschen Brüder«* gerichtet sind. Jetzt haben offenes politisches Reden und revolutionärer Elan Konjunktur.

Wilhelm I. bewilligt die Freiheit der Presse sofort, was jedoch nicht verhindert, dass sich am 20. März im Quartier Beutau eine Menschenmenge sammelt und vor Samson Mayers Nachbarhaus Klösterle (wo Stadtschultheiß Weinland wohnt) stundenlang lärmt. Die »Katzenmusik« gilt wenig später Polizeikommissar Faul sowie dem verhassten Bauinspektor Seitz. Heinrich Georgii, Kommandant der Bürgergarde, mahnt zur Ruhe. Auch Oberamtsarzt Ernst Gottlieb von Steudel spricht moderat. Daraufhin zerstreut sich das Volk.

Unter den Protestanten waren Adolf und Gustav Mayer, die Söhne des Schmieds. Ihr Vater sympathisiert mit ihnen, hat sich aber am Auflauf nicht beteiligt. Am anderen Morgen spricht man offiziell von einem *»mit den Haaren herbeigezogenen Krawall«*, doch neun Herren nehmen trotz solcher Wertung ihren jeweiligen Hut.

Fazit also: Erhard Conrad Friedrich Weinland, Rudolf Faul und Friedrich Seitz treten zurück, sechs lebenslänglich ernannte Mitglieder des Stadtrats folgen dem Beispiel. Sie heißen Bonz, Falch, Nagel, Neuffer, Seefried und Hugo Steudel. Drei werden hinterher wiedergewählt. Beim anschließenden Wahlgang zum nächsten Schultheiß erhält der bisherige Ratsschreiber Amand Erhard von Marchtaler, ein *»ächter Bürgerfreund«*, die meisten Stimmen. Weinland und Konditor Christoph Friedrich Berkhemer gehen leer aus.

Nach dem kommunalen Machtwechsel formieren sich rasch politisch ausgerichtete Zirkel. Es entstehen unter anderem der »Bruderbund« des links orientierten Handschuhfabrikanten Adam Mangold, der bürgerlich-liberale »Vaterländische Verein« um den Advokaten und Dichter Karl Mayer sowie jener »Arbeiterverein«, dessen Kern ein junger Metalldreher namens August Hochberger bildet.

Zur selben Zeit wird beworben, was untrennbar zur deutschen Revolution gehört:

»Schwarz-roth-goldene Kokarden zu 4 Kreuzer und schönere Qualität zu 6 und 12 Kreuzer sowie Uhrbänder von den gleichen Farben fertigt fortwährend Gottlieb Fröhling senior in der Bliensau.«

Samson will nicht abseits bleiben. Sein Engagement freilich findet privat statt, und so annonciert er Ende Februar 1848 in dem jetzt »Eßlinger Schnellpost« genannten Blatt für die Oberamtsstadt: *»Einladung! Heute, Mittwoch Abend, wird mir das Vergnügen zu Theil, eine Anzahl Freunde bei mir versammelt zu sehen, welches ich meinen anderen Freunden, welche nichts hievon wissen sollten, hiemit freundlichst anzeige. Mayer a. Kl.«*

Alles famos? Für Samson Mayers restlichen Alltag gilt diese Frage nicht. Ganz im Gegenteil. Er ist verzweifelt, sendet einen langen Hilferuf aus und schreibt am 16. März:

»Wohlloeblicher Stadt Rath! Die jammer- und sorgenvolle Lage, in welcher ich mich befinde, drängt mich, mit einer gehorsamen und inständigen Bitte Einem Wohllbl. Stadt Rath beschwerlich zu fallen.

Mit dem Monat Mai 1844 schuldete ich Herrn Wundarzt Eyppert für einen Sohn [Eduard Theodor Imanuel] *Lehrgeld von 132 Gulden, welches derselbe an die Juden, eine so genannte Spar- & Leihkaßen Gesellschaft in Jebenhausen* [bei Göppingen] *verkaufte. Am 20. Mai 1847 zahlte ich an der Hauptsumme 100 Gulden* [es blieben 42 Gulden und 54 Kreuzer Rest übrig]. *Nun soll ich diese Schuld bezahlen, und doch habe ich das Geld weder selbst noch könnte ich es durch Entlohnung erhalten.*

Dieser Tage habe ich abermals an die Juden Gesellschaft geschrieben und die dringende Bitte darin ausgesprochen, nur bis in den Monat Mai zu warten, wo ich gewiß sey, daß ich aus der Parthie Most, welche ich jetzt brauchen würde um diese Schuld zu tilgen, bis dorthin wenigstens 20 Gulden mehr lösen würde. Gegenwärtig steht der Kauf still, denn alles will die Blütezeit abwarten. Der Baumverständige weiß aber wohl, daß wir soviel als kein Obst bekommen.

Um noch etwas früher Geld zu bekommen, könnte Ein Wohlloebl. Stadt Rath wohlgeneigtest (auch zum Segen der Gemeinde) mir am

Besten hiezu helfen. Ich besitze nemlich 3 Stk. kupferne Windkeßel-Handspritzen vom größten Kaliber, welche ich je gefertiget habe. [...] *Ich bin nun so frei, die inständige Bitte zu stellen, mich durch Abnahme dieser Spritzen aus den Händen dieser Menschen* [in Jebenhausen] *wohlgeneigtest befreien zu wollen.*

Ein Regierungs Befehl, welcher mich im Jahr 1839 aus meinem seit 6 Jahren betriebenen Gewerbe verdrängte, ist die Veranlaßung meiner sorgenvollen und mit mancherlei Kummer verbundenen Lage, welche im Hinblick auf meine zahlreiche Familie wohl erweißlich seyn dürfte. Ich bitte Einen Wohll. Stadt Rath wiederholt, mich auf irgendeine Weiße zu unterstützen und den Untergang meines Kredits [wohl: des guten Rufs] *liebevollst entfernen zu wollen.*

Einer christfreundlichen Hilfe entgegensehend, beharre ich in aller Ehrfurcht Einem Wohllöbl. Stadt Rath gehorsamster J. S. W. Mayer.«

Das Gesuch wird abschlägig beschieden.

31

SEIT SAMSONS NIEDERLAGE hat sich der Globus weitergedreht. Was sonst sollte er tun? Nur sporadisch dringen Ereignisse ans Ohr des Schmieds, manches wird daheim mit Caroline besprochen (sie ist trotz häuslicher Arbeit an allem interessiert, was im Königreich oder weltweit vor sich geht), anderes entnimmt man den Zeitungen oder Magazinen. Die finanzielle Not hält Mayer nicht davon ab, den durch Ludwig Pfau jetzt herausgegebenen »Eulenspiegel« zu lesen. Eine der ersten Nummern dieses sofort beliebten Satireblatts enthält Pfaus jüngstes Poem, das sich gegen gebildete Geldsäcke richtet:

»Schau, dort spaziert Herr Biedermeier / Und seine Frau, den Sohn am Arm; / Sein Tritt ist sachte wie auf Eier, / Sein Wahlspruch: Weder kalt noch warm. / Das ist ein Bürger, hochgeachtet, / Der geist-

lich spricht und weltlich trachtet; / Er wohnt in jenem schönen Haus / Und – leiht sein Geld auf Wucher aus.

Gemäßigt stimmt er bei den Wahlen, / Denn er mißbilligt allen Streit; / Obwohl kein Freund vom Steuerzahlen, / Verehrt er sehr die Obrigkeit. / Aufs Rathaus und vor Amt gerufen, / Zieht er den Hut schon auf den Stufen; / Dann aber geht er stolz nach Haus / Und – leiht sein Geld auf Wucher aus.

Am Sonntag in der Kirche fehlen, / Das wäre gegen Christenpflicht; / Da holt er Labung seiner Seelen / Und schlummert, wenn der Pfarrer spricht. / Das führt ihn lieblich bis zum Seegen, / Den nimmt der Wackre fromm entgegen. / Dann geht er ganz erbaut nach Haus / Und – leiht sein Geld auf Wucher aus. [...]

O edles Haus! O feine Sitten! / Wo jedes Gift im Keim erstickt, / Wo nur gepflegt wird und gelitten, / Was gern sich duckt und wohl sich schickt. / O wahre Bildung ohne Spitzen! Nur der Besitz kann dich besitzen. / Anstand muß sein in Staat und Haus, / Sonst – geht dem Geld der Wucher aus.«

Erkennt Samson Mayer darin sich selbst? Kaum vorstellbar, aber unmöglich ist es nicht. Jedenfalls hatte er Gulden erhofft und kann keinen einzigen Kreuzer verleihen. Fassen wir zwischendurch, um nach draußen zu schauen, die Geschehnisse von 1841 bis 1847 zusammen:

Sieben Jahre vor dem Beginn der bürgerlichen Revolution verfasst August Heinrich Hoffmann von Fallersleben auf Helgoland sein patriotisches Lied, in dessen letzter Strophe es heißt: »*Einigkeit und Recht und Freiheit / Für das deutsche Vaterland! / Danach laßt uns alle streben / Brüderlich mit Herz und Hand.* [...]« In Köln wird die »Rheinische Zeitung« gegründet, ihr Redaktionsleiter Karl Marx muss bald dem Zensor weichen. Griechenland wird per Staatsstreich zur konstitutionellen Monarchie erklärt. Der schlesische Weberaufstand endet blutig. Beim Verlag Hoffmann und Campe kommt »Deutschland. Ein Wintermärchen« von Heinrich Heine heraus. Sir John Franklin startet mit zwei Schiffen von London aus in die kanadische Arktis, er selbst und 128 Seeleute verschwinden spurlos. In Jena eröffnet Carl Zeiss seine erste optische Werkstatt. Die »Forderungen des Volkes von Baden« werden proklamiert, unter anderem ertönt der Ruf nach Grund- und Menschenrechten sowie Pressefreiheit.

Fast überall, wo deutsch gesprochen wird, wankt Ende März 1848 das Terrain. Gegen Ende jenes Monats verbreitet sich die Fama, 40 000 Franzosen seien nach Baden eingedrungen, sie hätten Wolfach gebrandschatzt und marschierten ostwärts. Daraufhin beschließt der württembergische Landtag das Ende des Vasallentums und die Aufstellung sogenannter Bürgerwehren zur Abwehr einer Invasion. Auch in Esslingen kommt es dazu, alle Männer zwischen 25 und 50 tun dort demnächst ihren Dienst. Mayer bleibt wegen seines Alters verschont.

Bürgerwehr statt stehendem Heer – warum? Letzteres könnte im Zweifelsfall gegen das Volk eingesetzt werden, was jedem wackeren Demokraten gegen den Strich ginge. Allein schon deshalb haben die nach schweizerischem Muster aufgestellten Trupps viele Freunde, sie wählen ihre Offiziere selbst und werden vom Feuer des Patriotismus gewärmt.

Samson nimmt alle Ereignisse wach zur Kenntnis. Er hat schon die Bildung des Frankfurter Vorparlaments beobachtet, das die Wahlen zur Deutschen Nationalversammlung organisiert, und lobt deren Ergebnis: Unter den 28 württembergischen Abgeordneten sind zuverlässige Liberale wie Wilhelm Murschel aus Balingen, Paul Pfizer aus Stuttgart, Friedrich Römer aus Geislingen und Ludwig Uhland aus Tübingen.

Am 22. Mai 1848 tagt das wegen seiner Zusammensetzung auch »Professorenparlament« genannte Gremium erstmals in der evangelischen Paulskirche zu Frankfurt am Main. Dass für den Wahlkreis Backnang/Weinsberg auch ein Schlossermeister namens Ferdinand Nägele dabei ist, mag überraschen. Doch der ähnlich wie Samson Mayer als Lateinschüler ausgebildete Mann hat Format: Er gehört dem linksliberalen Flügel an und lässt sich nicht die Butter vom politischen Brot kratzen.

Einen Tag später kommt (nach vierjähriger Pause zum Besten der erschöpften Mutter Caroline) im Haus Mittlere Beutau 6 wieder ein Kind zur Welt. Die glücklichen Eltern lassen den Sohn auf die Namen Rudolf Florentin Benjamin taufen, hoffen auf ein langes Leben für ihn und bitten Gott um dessen Segen.

Caroline denkt: Jetzt ist es genug. Meine Kraft hält nicht ewig an. Was soll aus uns werden? Sami, schaff Geld herbei!

In dieser Situation bewirbt Samson sich um eine weitere Position, weil die des Taxators zu wenig abwirft. Er merkt, dass das ewige Schnüffeln in fremden Häusern ihn auslaugt, und möchte als Wärter auf dem neuen Friedhof unter der Ebershalde arbeiten, was nach einer gewissen Frist akzeptiert wird. So stiefelt Mayer nun täglich zu diesem Begräbnisplatz und kümmert sich dort um die Ordnung, denn auch bei den Toten soll alles geregelt sein. Wie im richtigen Leben. Caroline aber schämt sich still vor ihren Nachbarn, wenn sie Samis Rock glattstreicht und er (etwas krumm, einen kleinen Handkarren ziehend) jeden Morgen das Haus verlässt.

Die Öffentlichkeit merkt davon nahezu nichts. Vielmehr staunt sie, welchen Geschäftssinn der alte Schmied noch immer entwickelt. Seit Esslingens Bürgerwehr exerziert, wird per »Schnellpost« publik gemacht:

»Stets vorräthig sind blinde und scharfe Patronen, so wie Musquetenkugeln zu billigsten Preisen bei J. S. W. Mayer am Klösterle.« Fast im selben Atemzug heißt es: *»Durch die Uebertragung der Friedhofs-Aufsehers-Stelle zur Ebershalde sieht sich der Unterzeichnete veranlaßt, nicht nur die Bepflanzung von Gräbern und die Verpflegung* [Pflege] *derselben zu übernehmen, sondern er übernimmt auch solche, welche schon angepflanzt sind, oder wo ihm die Pflanzen übergeben werden. Neben kunstgerechter Behandlung sichert er möglichst billige Berechnung zu.«*

Eines Nachts gegen elf Uhr liegt Samson im Bett. Neben ihm schlummert Caroline, er jedoch spitzt seine Ohren. Was lärmt da? Werden Wehrmänner ausrücken und rasch für Ruhe sorgen, droht gar ein Umsturz? In diesen Zeiten muss man auf alles gefasst sein. Leise, damit weder Frau noch Kinder gestört werden, zieht Mayer sich an, tappt die knarrende Treppe hinunter und lauscht vor der Tür. Rundum herrscht dort ein Kommen und Gehen, Hochrufe, Pulvergeruch, schrilles Geschrei. Nichts wie den Berg empor, die Steige am Klösterle hinauf, der Weg wird ihm sauer, er schnappt nach Luft. Das kleine Tor zur Burg ist verstopft. Mayer zwängt sich dennoch durch, kommt im Hof zwischen hundert und abermals hundert Leuten an. Mittendrin lodert ein riesiger Holzstoß, es knistert und knackt, klafterweise wird Stamm für Stamm verbrannt. Funken stieben, man jubelt:

»Lang lebe die Republik! Lasst den Pfau zu uns reden!«

In vorderster Reihe steht der rothaarige Journalist, sein Gesicht wirkt erhitzt, ihm zur Seite als Leibwächter Adolf und Gustav. Er wiederum spricht kaum verständlich von Freiheit und Morgenlicht, obwohl Mitternacht noch nicht vorbei ist. Da, die erste Rakete zischt zum Himmel, sie schickt Sternengarben zur Erde, andere folgen nach und funkeln. Als Samson dies sieht, schaut er traurig auf sein erloschenes Feuerwerk, auf den Verlust der Existenz vor neun Jahren, auf das wachsende Elend im Alter. Doch da regnet etwas Heißes herab. Es wirft ihn zu Boden, er brüllt und erwacht.

»Sami?«

»Ich hab geträumt.«

Während Johann Samson Wilhelm Mayers Zukunft verschwimmt und nur gelegentlich eine schwache Kontur erkennbar ist, fügt sich das politische Mosaik im Südwesten zu einem erregenden Bild: In Konstanz ruft der badische Rechtsanwalt Friedrich Hecker die Republik aus (an vorderster Front handelt dessen Kollege Gustav Struve, der in Lörrach nachzieht; beide müssen hinterher mit Verhaftung und Zuchthaus bezahlen). Am 27. Dezember 1848 werden trotz aller Konfusion »Menschliche Grundrechte« proklamiert und drei Wochen später verabschiedet, sie garantieren unter anderem Egalität vor dem Gesetz sowie Glaubens- und Gewissensfreiheit.

Diese lang ersehnten Rechte rühmt man auch am Neckar und blickt froh auf Frankreich, wo Ende Februar 1848 die Zweite Republik entstanden ist. Von Paris aus hatte sich der abgesetzte König Louis-Philippe ins Exil zurückziehen müssen, Präsident wurde Louis Napoleon Bonaparte. In Esslingen aber hieß es zum entsprechenden Jahrestag optimistisch, jenes Datum *»künftig als allgemeinen Feiertag zu begehen, in der Hoffnung, vielleicht schon das nächste Jahr die deutsche Republik mitfeiern zu können«*.

Falsch gedacht. Dem preußischen König Friedrich Wilhelm IV. wird die deutsche Kaiserkrone angeboten, doch er lehnt sie ab mit dem Argument, das Juwel trage den *»Ludergeruch der Revolution«*. Nun verliert die Frankfurter Nationalversammlung zahlreiche Mitglieder, ein Rumpfparlament zieht nach Stuttgart und radikalisiert sich. Am 18. Juni 1849 wird es aufgelöst. Eine Woche zuvor waren 3000 Mann mit Waffen und 29 Geschützen über den Rhein in die Schweiz geflüchtet, unter ihnen auch Ludwig Pfau sowie das Brüderpaar Adolf und Gustav Mayer.

Die Reaktion hat über Demokratie und Liberalismus gesiegt. Der *»rothe Pfaule«* wird, in Abwesenheit, vom Schwurgericht Esslingen wegen Hochverrats zu 21 Jahren Zuchthaus verurteilt und erst nach 14 Jahren Exil begnadigt.

»Wo sie nur sind«, fragt Samson, als seine Söhne sich nicht mehr zeigen. »Ob unsere Buben noch leben?«

Caroline meint: »Adolf war stets besonnen. Beim Gustav hab ich gewisse Zweifel, denn sein Temperament schießt gern übers Ziel hinweg. Sobald er wild wird …«

»Ach was«, antwortet der Kupferschmied. »Beide kommen wieder zurück, wenn alle Wut abgeflaut ist. Außerdem stürmt es nicht sofort, wenn jemand Wind sät.«

Im Sommer 1849 veröffentlicht die »Eßlinger Schnellpost« einen Aufruf, der Menschenfreunde um Hilfe bittet:

»Die unterzeichneten Schweizer und Deutsche, Männer verschiedener politischer Ansichten, haben sich angesichts der großen Noth, in

welcher sich Hunderte, ja Tausende mittelloser deutscher Flüchtlinge in der Schweiz befinden, zu einem Hülfscomité vereinigt, um durch Einsammlung von Liebesgaben dies Elend so viel als möglich zu mildern.

An Euch Ihr Männer, Frauen und Jungfrauen Deutschlands ergeht daher unser dringender Ruf: Verbannet Eure politischen Antipathien, tretet zusammen in den Städten und in den Dörfern, beherziget nur das Unglück und steuert Euer Schärflein zu diesem Zwecke [bei]. *Dem Rufe der Noth soll ohne engherzige Rücksichten die Barmherzigkeit antworten.* [...] *Wer schnell gibt, gibt doppelt, und schnelle Hülfe thut noth!*

Zürich, den 14. Juli 1849. Das Hülfscomité für die deutschen Flüchtlinge: Dubs (Verhörrichter); Fischer, Eduard (Kaufmann); Gastell (Dr. med.); Habich, August Heinrich (Kaufmann); Kälin, Robert (katholischer Pfarrer), Kammerer, Jakob Friedrich; Kempin, Norbert (Buchhändler).«

Schau an, Herr Kammerer. Da taucht er plötzlich wieder auf und setzt sich für Bedürftige ein. Wer hätte das gedacht. Samson stellt Erkundigungen an und erfährt, dass sein einstiger Konkurrent bei Zürich lebt, die Leitung der dortigen Zündholzfabrik einem gewissen Wilhelm Seitter übertragen hat und alles tut, um verfolgte Gegner des herrschenden Systems zu unterstützen. Jakob Friedrich Kammerer arbeitet als Hauptkassier der »Hilfsgesellschaft für politische Flüchtlinge aus Deutschland« und leistet so einen indirekten Beitrag zur Revolution. Auch wenn sie, von den Alpen bis hin zur dänischen Grenze zwischen Nord- und Ostsee, gescheitert ist.

Alte Verhältnisse wurden wieder hergestellt, die Reichsgründung bleibt Utopie.

Mayers Kraft lässt zusehends nach. Er spürt, dass sein Lebensbuch nur noch wenige Seiten enthält und bald das letzte Kapitel geschrieben wird. Mit roter Tinte aus eigenem Bestand, jawohl, denn ein Schuldenberg drückt ihn zu Boden. Mehrere Gläubiger aus der Zeit florierender Fabrikation warten auf Zahlung, wie soll man ihren Hunger stillen, ohne das Gesicht zu verlieren und die Familie ins Unglück zu stürzen? Mit Caroline muss jetzt ohne Scheu vor peinlichen

Details gesprochen werden; auch sie ahnt, dass bald aller Besitz unter den Hammer kommt, wenn kein Wunder geschieht. Es gilt also schnell zu reagieren.

Was läge da näher als ein kleiner Trick. Samson spielt dem Redakteur der »Eßlinger Schnellpost« einen wohlformulierten Text zu und gibt ihn als fremdes Werk aus, um die eigene Kasse mit ein paar Gulden zu füllen. Unter *»Eingesendet«* wird er ohne Zögern gedruckt, weil man auf Witz ungern verzichtet:

»Der gegenwärtige, jeden Feldseegen begünstigende Sommer äußert sowohl seinen Einfluß auf die Vermehrung mancherlei, besonders [aber] *den Menschen belästigendes Ungeziefer, worunter die Wanzen als wahre Menschenqual zu bezeichnen sind. Herr J. S. W. Mayer am Klösterle hat dem Einsender ein Mittel präparirt, welches nach dessen Versicherung allen Wanzen, welche in einem Hause sich befinden, den Auswanderungspaß vorschreibt. Durch den Gebrauch dieses Mittels haben sich wirklich die verhaßten Gäste so verlaufen, daß man nach einigen Tagen nur* [noch] *wenige an den äußersten Wandungen des Hauses umherirrend fand. Die alten Wohnungen sind nun und bleiben bis heute verlaßen. Der Bereiter dieses Mittels ist erbötig, es gegen billigen Preis* [...]«

Billig hin oder her – Esslingens Klientel reagiert kaum. Wer gibt schon freiwillig zu, dass er des Kammerjägers bedarf? Fatale Lage, die wiederum Mayer aus eigener Anschauung kennt, denn sein Sohn Carl (nun gut 30 Jahre alt und noch immer Handlungsgehilfe) sitzt wie ein Parasit in seinem Nacken. Er kungelt mit einem seltsamen Freund namens Geiger, leiht wiederholt Geld vom Vater und schwadroniert, wenn jener fragt, wann das Theater enden soll. Eines Tages stellt Samson ihn scharf zur Rede und wirft den Tunichtgut aus der Wohnung:

»Da ist die Tür! Schau, wo du bleibst!«

Das örtliche Publikum liest wenig später, was Samson und Caroline nach schwerer Prüfung ihres Gewissens beschlossen haben:

»Vorgerücktes Alter und Familienverhältniße bestimmen mich, mein bisher beseßenes Wohnhaus mit wohl eingerichteter Feuerwerk-

stätte etc. in der Nähe des Beutaubrunnens feil zu bieten. Ernstliche Liebhaber werden zur Einsichtnahme hiemit höflichst eingeladen. J. S. W. Mayer, Taxator.«

Danach heißt es kurz und bündig:

»Am Montag, den 13. Mai [1850] *werde ich mein Wohnhaus zum öffentlichen Aufstreich bringen. Mayer am Klösterle.«*

Doch mit dem Steigern wird es nichts, weil Samson 1000 Gulden erwartet und niemand so viel bietet. Caroline und mehrere Nachbarn raten ihm, den potenziellen Käufern entgegenzukommen, doch der frühere Schmied reagiert stur. Kein Angebot unter dem selbst gezogenen Strich werde beachtet, womit sonst solle man sich denn sanieren? Weil also alles beim Alten bleibt, annonciert er scheinbar ungerührt:

»Eine freundlich helle, wohleingerichtete Feuerwerkstatt mit Blasbalg und Nebengelaß ist sogleich oder später zu beziehen.«

Auch darauf erfolgt keinerlei Antwort, was den Erfinder fast depressiv werden lässt. Caroline kann ihn, der jetzt meist schweigt oder unwirsche Antworten gibt, weder aufmuntern noch geduldig stimmen. Trotzdem stiefelt er fast täglich dorthin, wo die Toten liegen, und ist per Anzeige weiter *»bemüht, zur Verschönerung und Erhaltung des Friedhofs zur Ebershalde sein Möglichstes beizutragen.* [...] *Auch muß er wiederholt in Erinnerung bringen, daß jede Verzierung von Gräbern ihm noch vor der Ausführung gefälligst angezeigt werde, um vor möglichem Schaden die Betreffenden wahren zu können. Friedhof-Aufseher Mayer.«*

1850 sieht die durch den preußischen König Friedrich Wilhelm IV. diktierte Verfassung das Dreiklassenrecht vor, es gewährt reichen Bürgern Vorteile beim Wählen der Abgeordneten. Österreich, Sachsen und Hannover führen erste Briefmarken ein. Zwischen England und Frankreich wird ein Kupferkabel verlegt, Weimar erlebt die Premiere von Richard Wagners Oper »Lohengrin«. Dass 1851 in Frankreich eine Diktatur unter Charles-Louis Napoleon Bonaparte alias Kaiser Napoleon III. entsteht und Edward Hargraves am australischen Macquarie River Gold findet, dringt ebenso schwach an Samsons Ohr wie diverse Nachrichten von 1852: Ein Prozess gegen Mitglieder des deutschen Bundes der Kommunisten endet mit dessen Auflösung, in München wird das antikisierende Siegestor fertiggestellt, Turnvater Friedrich Ludwig Jahn stirbt betagt. Was zeigt, dass Leibesübungen zu hohem Alter führen.

Auch Samson Mayer hat es erreicht. Am 10. März wird er 65, doch ihm ist nicht nach Feiern zumute: Sein jüngstes Kind Heribert Richard Theobald stirbt zwei Tage nach diesem Datum, es litt zuletzt unter starkem Durchfall und war seit seiner Geburt Ende Mai 1850 zart wie ein Röslein gewesen. Diese letzte Knospe im familiären Garten erzeugt keinen Tränenstrom mehr. Nach Gottes Willen ist sie verdorrt. Dank sei Ihm trotz aller Trauer gesagt, denn das Bertle durfte zusammen mit insgesamt neun Geschwistern, die zwischen 1818 und 1844 vorausgeeilt sind, direkt ins Paradies fliegen – nicht zuletzt frei von der Erbsünde, halleluja.

Mayers Schicksalsuhr tickt. Es scheint so, als laufe ihr Werk immer langsamer. Wie oft zieht Gott es noch auf?

Stetiger Niedergang deutet sich an: Nach zwei Sitzungen des Stadtrats wird verfügt, dass Viertelsmeister entbehrlich geworden sind, weshalb dem Schmied künftig das Renommee fehlt, vom kargen Lohn einmal abgesehen. Dann folgt der nächste Schlag:

»*Gegen den Taxator Johann Samson Wilhelm Mayer ist das Gantverfahren* [Zwangsversteigerung der Güter eines Zahlungsunfähigen] *eingeleitet und demselben vom Königlichen Gerichtsnotariat eröffnet worden, daß er während dieses Verfahrens seiner obgedachten Function enthoben sey. Derselbe hat sich nun an das Königliche Ober Amtsgericht mit der Bitte um Belaßung in seinem Beruf gewendet. Hierüber hat das Oberamtsgericht respondirt* [geantwortet], *daß die Entscheidung hierüber dem Gemeinde Rath zustehe. Es ward* [...] *beschloßen: Den Mayer nach wie vor in seiner Function als Taxator zu belaßen, dagegen demselben zu bedeuten, daß man ungern vernommen habe, daß man sich häufig darüber beschwere, daß er seine Arbeit gar nicht fördere* [...]«

Kühn, denkt Samson, wie der Ratsschreiber hier unwahres Zeug verbreitet und welch miserabler Stil ihm vorgekaut worden ist. Caroline allein kann schon bestätigen, wie treu ich meine Dienste versehe. Ob in den Wohnungen hinterbliebener Bürger oder auf dem Friedhof. Schlimmer ist freilich, dass Carl nach wie vor an meinem Beutel zerrt, auch wenn er jetzt offenbar eine schöne Stellung hat. Mein missratener Sohn verdient gut als Buchhalter beim Kaufmann Kodweis in Mühlen am Neckar, von wo aus er um Geld bettelt oder gar droht und meine Toleranz strapaziert.

»Line? Hör zu. Bring mir das Tintenfass, Feder und Papier. Ich muss mich erleichtern.«

Am 15. Juni 1852 schreibt Samson einen langen Brief an Carl Johann Erhart. Er beginnt voller Grimm und endet traurig, wird jedoch auf Carolines Bitte hin nicht weggeschickt. Weil man, wie sie meint, die Tür zum Herzen des Vaters stets angelehnt lassen soll:

»Unsere Bibel hält dafür das Gleichnis vom verlorenen Sohn bereit. Es mag dir eine Mahnung sein.«

Weil Gnade vor Recht ergeht, werden die Mayers samt ihren sechs unmündigen Kindern Bertha, Alfred, Wilhelm, Luise, Reinhold und Rudolf nicht aus dem billig versteigerten Haus Mittlere Beutau 6 entfernt. Sie dürfen vorerst noch bleiben. Von dort aus nimmt Samson weiterhin seine Pflichten wahr und bleibt zugleich Kunde jener »Eßlinger Schnellpost«, deren Assistenz er fortwährend beansprucht:

»Zu vermiethen! Für eine womöglich kinderlose Haushaltung ist bis Georgi eine entsprechende Wohnung zu beziehen bei Mayer am Klösterle.

Auch in diesem, wie in früheren Jahren, werden Gräber zur Anpflanzung übernommen; sowie von denjenigen, welche nicht absagen und angenommen wird, daß es beim Vorigen sein Verbleiben hat.

Am 6. [April], *vormittags, wurde auf dem neuen Friedhof eine sehr schöne, auf einem eingezäunten Grabe gestandene Goldlackblume, abgerißen und entwendet. Wer hierüber Auskunft geben kann, wird eine angemeßene Belohnung erhalten.*

Auch auf dem Schelzgarten-Friedhof übernimmt der Unterzeichnete Gräber zur Pflege wie zum Begießen und sichert, da er schon einige zu besorgen hat, die billigste Bedienung zu. Friedhofaufseher Mayer, 19. Juni 1852.«

Knapp sechs Monate später wird Samson sterben.

Nein, es geht ihm nicht gut. Ein wachsendes Gefühl der Schwäche plagt und beunruhigt den Kupferschmied wie dessen Ehefrau, die ohne Samis Wissen zu Doktor Steudel geht und dem Oberamtsarzt ihre Sorgen schildert.

»Mein Mann«, sagt Caroline, »atmet so seltsam. Er kommt morgens kaum aus dem Bett. Über kurz oder lang liegt sein ganzes Geschäft brach, denn das Schleppen der Gießkannen kostet Energie. Ich helf ihm ja schon beim Hacken und Rupfen, doch wenn sich unser Problem herumspricht, werden höhere Stellen entscheiden, dass bald ein anderer Mensch …«

»Liebe Meisterin, seid vernünftig. Viele Männer sterben im Königreich Württemberg bereits vor dem vierzigsten Jahr, wir alle sind mehr oder minder machtlos dagegen. Auch ich als alter Arzt kann unserem Herrn niemals ins Handwerk pfuschen. Alle medizinische Kunst muss irgendwann enden, weil Sein Wille zählt. Habt Ihr nicht sechs Eurer eigenen Kinder zurückgegeben?«

»Gott seis geklagt.«

»Aber vier von zehn sind euch geblieben. Von Wilhelm, dem jungen Graveur, hör ich Erstaunliches. Man sagt, er wolle beim Lichtbildner lernen – fabelhaft, wie dieser Bursche vorwärtseilt. An Luise habt Ihr eine wackere Stütze daheim, welche Mutter würde sich da wohl beschweren. Der Herr verhilft den Waisen und Witwen zu ihrem Recht, heißt es in einem Psalm. Seid also nur frohen Muts.«

»Wer soll mich denn trösten? Samson ist unersetzlich. Wenn ich ihn hergeben muss, bricht mir das Herz.«

Mit ihrem Mann spricht Caroline nicht über Lebensnot oder Todesangst, wie auch er jedes Wort zu diesem Thema meidet. Dennoch tippeln beide regelmäßig zur Ebershalde, und Samson wartet wie bisher die städtischen Feuerspritzen, auch wenn ihm beides immer schwerer fällt. Der Schritt schlurft, sein Rücken beugt sich, das Schnappen nach Luft wird von Tag zu Tag unangenehmer. Dazu kommt ein leichter Schwindel. Schließlich übernimmt Line trotz aller Belastungen als Waschfrau und Büglerin seit mehreren Jahren die Arbeit des Schmieds im Friedhof. Worauf der sich niederlegt, um kaum mehr aufzustehen. Dies schmerzt ihn, doch es gibt kein Entrinnen aus solcher Kalamität:

»Ich taug nichts mehr. Jetzt ist Matthäi am Letzten. Wer sorgt für meine Familie?«

Am 30. November 1852 öffnet der Esslinger Ratsschreiber seinen Folianten und notiert:

»*Da Kupferschmied und Taxator Mayer den seitens* [der] *Stadtpflege mit ihm über Unterhaltung der Spritzen und sonstigen Feuergeräthschaften auf unbestimmte Zeit eingegangenen Accord* [Vertrag] *wegen anhaltender Kränklichkeit nicht mehr ausführen kann, so wird heute beschloßen: 1. Mit Dezember und Januar diesen Accord dem Mayer abzunehmen, 2. die Instandeshaltung der Spritzen Schläuche durch die betreffenden Spritzen- und Schlauchmeister besorgen zu laßen* [...]«

Damit ist der Anfang vom Ende aller bürgerlichen Existenz eingeleitet.

32

AM 4. DEZEMBER, auf Mayers kompromissloses Drängen hin, schickt Caroline den Mitte Juni an Carl geschriebenen Brief trotz mancher Zweifel ab. In ihm heißt es unter anderem:

»*Während Du auf Bällen und in Gesellschaften den Großhansen spielst, habe ich mit meiner Familie zu hungern.* [...] *Wenn Du ein bißchen Pflichtgefühl, ein wenig Religion besäßest, so würdest Du alles aufbieten, Deinen alten Vater in seiner kummervollen Lage von den*

Zinsen [geliehener Geldbeträge] *zu entlasten, welches Dir in Deinen Verhältnißen ein Leichtes sein sollte.* […] *Hoffe nie die höchste Sproße einer Leiter zu erreichen, ehe Du nicht die erste betreten hast.* […] *Am Schluß meiner Tage sage ich Dir, daß wenn Du nicht umkehrst, dein Inneres umwandelst, mit einem Wort: nicht ein anderer Mensch wirst, so wird ein unglückliches Ende Dein Ziel sein.*

Mit bluthendem Herzen muß ich solche Zeilen an einen Sohn schreiben, welcher seinen Vater in namenloses Elend gestürzt und ihn aufgegeben hat, ja in diesem Elend verkümmern läßt. Dies, wenn Du nicht umkehrst und ein anderer Mensch wirst, sind die letzten Zeilen von Deinem unglücklichen Vater J. S. W. Mayer.«

Aktueller Zusatz von Caroline: »*Als Andenken an Deinen sterbenden Vater erhältst Du inliegendes Schreiben.*«

Carl antwortet darauf nicht.

Ernst Gottlob von Steudel runzelt die Stirn. Er hat einen Aderlass als wenig hilfreich verworfen, mit warmem Senfteig auf Mayers Brust experimentiert und schließlich etwas Champagner per Schnabeltasse empfohlen, damit die Stimmung des Sterbenden besser wird. Nun aber, am 18. Dezember 1852 gegen halb sieben Uhr abends, weiß der Oberamtsarzt keinen weiteren Rat mehr. Samson atmet ebenso flach wie schnell, seine Lippen sind blau, er ist unruhig. Caroline wischt ihm den Schweiß von der Stirn. Sie stellt zugleich fest, dass ihr Ehemann Arme und Beine regt wie ein Mensch, dessen Aufbruch bevorsteht.

Die Esslinger Kirchenglocken läuten zum Sonntag. Man lauscht.

»Was willst du, Sami?«

Johann Samson Wilhelm Mayer antwortet nicht. Er ist als Gesell unterwegs, wandert leichtfüßig von Esslingen längs des Neckars in Richtung Stuttgart zum Kupferschmied Siegele, nimmt im badischen Freiburg bei Johann Spöhri Quartier und entkommt einer hübschen Meisterin, erreicht den Rhein, treibt nach Köln zu Nicolaus Müllenwitsch, findet Mathis Bowingers Werkstatt in Straßburg, lässt sich dort vom bitteren Lebenslauf des Dichters

Lenz berichten, verfehlt »Papa« Oberlin in dessen Pfarrhaus zu Waldersbach, weist Napoleon Bonapartes Werbung ab und steht schließlich am schäumenden Ärmelkanal, wo ihm ein gewisser Laurent Bernard den Rückweg zeigt: Deine Zukunft erwartet dich, mon ami.

Samson öffnet die Augen. Aus dichtem Dunst treten zwei Männer heraus, beide heißen Armand und winken ihm einladend zu.

Ein großes Staunen steigt in Sami auf. Er flüstert kaum hörbar: »Wenn ich *das* gewusst hätt …«

Dann stockt sein Atem.

Nach einer Weile nimmt Doktor Steudel das Stethoskop zur Hand, legt es an Mayers magere Brust und lauscht intensiv. Ein kleiner Spiegel wird vor den Mund gehalten. Er beschlägt nicht. Wilhelm, als ältester Sohn im Raum, schließt sanft die Augen des Vaters und bindet sein Kinn hoch. Der ebenfalls anwesende Pfarrer Schumann spricht mit fester Stimme den Psalm 31, in dem geschrieben steht: »Seid getrost und unverzagt alle, die ihr des Herrn harret.«

Caroline weint still, Luise umarmt sie, Reini und Rudi schauen stumm vor sich hin. Das Flämmchen der Öllampe blakt und erlischt. Endlich zündet die Schwester eine Kerze an, stellt sie am Nachttisch ab und geht auf Zehenspitzen zum Fenster. Millionen von Schneeflocken sinken vom Himmel zur Erde, als wolle Mutter Natur ihr Tuch über Mayers Haus legen.

Drei Tage vor Heiligabend wird Samsons Sarg zum Friedhof befördert. Es schneit ohne Unterbrechung. Ein von zwei Gäulen gezogener Karren dient dieser letzten Fahrt, der Schmied und Erfinder hatte sich Mitte Dezember (»falls ich denn tatsächlich sterben muss«) jeden Blumenschmuck verbeten und gewünscht, dass Gottlob Friedrich Schumann statt in der Kirche Sankt Dionys seinen Sermon am Grab halte. Den Willen ihres Ehemanns fand Caroline auf einem Blatt im Schreibpult, doch das Testament suchte sie ohne Erfolg. Offenbar gab es keine andere Verfügung außer der, dass keine weltliche Rede zu halten sei. Denn niemand habe etwas davon.

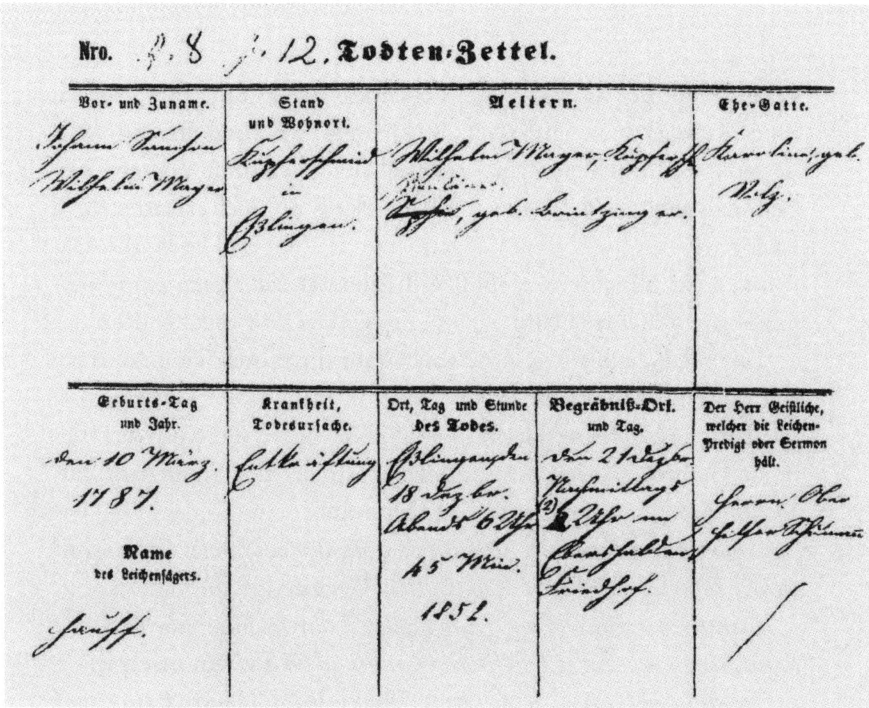
Nro. 12. Todten-Zettel.

Vor- und Zuname.	Stand und Wohnort.	Aeltern.	Ehe-Gatte.

Geburts-Tag und Jahr.	Krankheit, Todesursache.	Ort, Tag und Stunde des Todes.	Begräbniß-Ort. und Tag.	Der Herr Geistliche, welcher die Leichen-Predigt oder Sermon hält.
den 10 März 1787.		18 Dez. Abends 6 Uhr 45 Min. 1852.		

Name des Leichensägers.

Samson Mayers Totenschein vom 18. Dezember 1852. Der verarmte Erfinder starb »Abends 6 Uhr 45 Min.« an Entkräftung und wurde drei Tage später begraben.

Die Trauergäste stehen dicht gedrängt, unter ihnen in vorderster Reihe Stadtschultheiß Amand Erhard von Marchtaler. Er hat es sich nicht nehmen lassen, dem »Zündhölzlesmayer« die Ehre zu erweisen. Carl Deffner und Christian Kessler, Letzterer war fast auf den Tag genauso alt wie Samson, ruhen längst auf den Friedhöfen und sind schon Legende. Jakob Friedrich Kammerer aber wird von 1854 an in Schwermut versinken, einer »Dr. Kraus'schen Privatirrenanstalt zu Ludwigsburg« zugeführt werden und dort drei Jahre später sterben.

Pfarrer Schumann predigt. »Ich sage euch«, zitiert er aus dem Evangelium nach Johannes, »wer mein Wort hört und glaubt dem, der mich gesandt hat, der hat das ewige Leben ...« Dann folgt ein biografischer Rundgang durch Mayers nicht immer leichte Vergangenheit, dessen Ausführlichkeit dem Publikum viel Toleranz abverlangt. Worauf man singt: »Herzlich tut mich verlangen / nach einem seelgen End, / weil ich hier bin umfangen / mit Trübsal und Ee-lend.« Caroline nickt tränenschwer und zerdrückt fast das Sträußlein blasser Christrosen in ihrer Hand.

Nach dem halblaut gesprochenen Vaterunser und Schumanns Segen poltern Erdschollen auf den Sarg. Dann räuspert sich ein Mitglied der »Liebhaber-Harmonie-Gesellschaft«, während die frierende Gemeinde rasch zum Kaffeetisch strebt. Es wird angestimmt, Mayers Freunde aus früherer Zeit fallen ein:

»Üb immer Treu und Redlichkeit / bis an dein kühles Grab / und weiche keinen Finger breit / von Gottes Wegen ab.

Dann wirst du, wie auf grünen Aun / durchs Pilgerleben gehn, / dann kannst du sonder Furcht und Graun / dem Tod ins Auge sehn.

Dann suchen Enkel deine Gruft / und weinen Tränen drauf / und Sommerblumen, voll von Duft / blühn aus den Tränen auf.«

Warum sie denn nicht alle 20 Verse des knitzen Theologen Ludwig Hölty nach Mozarts Melodie dargeboten hätten, fragt hinterher beim privaten Umtrunk im »Goldenen Löwen« einer der Sänger. Das berührt den Dirigenten peinlich und lässt ihn an Gottlob Friedrich Schumann denken: »Du weißt wohl nicht, was Hölty vor Jahr und Tag gereimt hat? Pass auf:

»Der Pfarrer, der aufs Tanzen schalt / und Filz und Wuchrer war, / steht nachts als schwarze Spukgestalt / um zwölf Uhr am Altar.

Der Wind im Hain, / das Laub im Baum / saust ihm Entsetzen zu, / er findet nach des Lebens Traum / im Grabe keine Ruh.«

Jetzt ist dem Sangesbruder klar, was nicht intoniert werden durfte. »Aber unser Mayer«, sagt er, »hätte vielleicht seinen Spaß dran gehabt. Bei allem Respekt! Der Mensch hat doch gern mit dem Feuer gespielt und war ein Freund flammender Worte. Wenn auch nur heimlich, jaja. Seine Existenz brach zwischen drei Revolutionen ...«

»… heiß in Paris und später am oberen Rhein, nur lauwarm im Königreich Württemberg …«

»… ohne pekuniäre Basis zusammen. Wer hat ihn verstanden oder geehrt? Deffner und Kessler blieben zeitlebens solidarisch, aber er selbst handelte manchmal ungeschickt und zerbrach unter der Konkurrenz. Man wird den Erfinder von deutschen Zündhölzern à la Congreve erst rühmen, wenn wir nicht mehr sind. Schaut jetzt auf unseren Samson! Er soll nie vergessen sein.«

Das Wohn- und Werkstatthaus Mittlere Beutau 6 unweit der Esslinger Burg wirkt grau wie die bereiften Wiesen am Neckarufer. Ohne dass Caroline es will, schafft jeder verweinte Tag eine Distanz zu dem Toten und Platz für gähnende Leere. Weihnachten übrigens findet nicht statt trotz Rudolfs Erwartung: Heuer wurde kein Christbaum im Wald geschlagen und hübsch dekoriert, es gibt weder Zuckerzeug noch rote Äpfel oder Kerzen aus gelbem Wachs. Wilhelm, Luise, Reini und Rudi schleichen herum; sie trauen sich nicht, mit der Mutter vom kommenden Jahr zu reden, speziell Wilhelm als ältester Sohn möchte sie schonen.

Aber wie bringt man dies fertig?

Caroline ist knapp bei Kasse und ahnt längst, was droht. Der totale finanzielle Kollaps steht bevor, denn Samson hat außer Schulden fast nichts hinterlassen. Zunächst jedoch inseriert sie in der Schnellpost:

»*Für die ehrenvolle Begleitung meines sel. Mannes zu seiner letzten Ruhestätte, sowie für die manchfachen* [zahlreichen] *Beweise der Theilnahme während seinem langwierigen Krankenlager, sagt den herzlichsten Dank im Namen der Hinterbliebenen die trauernde Wittwe Caroline Mayer am Klösterle.*

Zugleich erlaube ich mir, hiemit anzuzeigen, daß ich, wie seit längerer Zeit, nun um so mehr als Wittwe mit 4 noch unerzogenen Kindern mein Waschgeschäft mit erneuertem Eifer fortführen und mir angelegen sein laßen werde, durch pünktliche Erfüllung der mir zu Theil werdenden Aufträge das mir geschenkte Zutrauen zu rechtfertigen und bitte um geneigten Zuspruch. Die Obige.«

Nicht ohne Grund arbeitet Caroline nahezu pausenlos. Im bisherigen Heim sind sie und ihre Kinder nur noch geduldet, die von Samson nach Abzug aller Erlöse für diverse Liegenschaften (Haus, Äcker, Obstbäume) zurückgelassene Schuldenlast ist groß. Sie beläuft sich auf 473 Gulden und 49 Kreuzer, *»zu deren Deckung die Intereßenten* [Hinterbliebenen] *keine Mittel auszugeben wißen«*. So meldet das amtliche Dokument. Es führt weiter aus, dass für die sieben noch in Esslingen lebenden Kinder zwei Pfleger bestellt worden sind und alle Nachkommen auf das drückende Erbe verzichten.

Samsons bewegliche Habe wird äußerst gering taxiert:

»1 silberne Uhr = 2 Gulden 30 Kreuzer, 1 Gesangbuch mit silbernem Schloß = 2 Gulden, 1 Bibel = 20 Kreuzer, 1 Gebetbuch = 9 Kreuzer, Alte Bücher = 15 Kreuzer, 1 tuchener Überrock = 1 Gulden, 1 Paar blaue Hosen = 2 Gulden 30 Kreuzer, 4 Westen à 18 Kreuzer, 4 Hemden à 24 Kreuzer, 1 Halstuch = 1 Kreuzer.« Dazu kommen Betten, Leinwand, Küchengeschirr, Handwerkszeug sowie *»Zündhölzlensvorräthe für 30 Kreuzer«*.

Zu viel zum Sterben, zu wenig zum Weiterleben der Familie. Und doch kämpft sie sich, laut Protokoll des Gemeinderats vom 28. April 1853 *»einer Unterstützung sehr bedürftig«*, tapfer durch die nächsten Jahre – oft hart am Rand des sozialen Ruins.

Caroline zieht um, nirgends hält es die Mayerin lang. 1857 wohnt sie mit ihren vier Kindern in der Oberen Beutau 2 bei Küfermeister Schiebers Witwe, dann im Gebäude Weberstraße 12 bei Handschuhfabrikant Mangolds Witwe, hinterher in der Heugasse 17 beim Bäcker Heiges und schließlich im Haus Weberstraße 5, ihrem letzten Domizil. Die jetzt »Eßlinger Wochenblatt« genannte Schnellpost lässt Lines berufliche Aktivität erkennen.

Samsons trauernde Hinterbliebene wirft den Bettel nicht hin. Sie schafft nicht mehr als Waschfrau, sondern handelt statt dessen mit *»Bettfedern und Flaum, Hanf und Calwer Flachs«*. Auch *»Strohhüte, Straußen-Federn, Samt-Band zu herabgesetzten Preisen und Crinolinen von 36 Kreuzer an«* werden offeriert, dazu kommen *»Roßhaar,* *wollene Unterleibchen & Unterhosen, Blousen, Matratzen und Bettladen*«, nicht zuletzt aber auch die »*ausgezeichnete Fettglanzwichse, pfundweis und in Schachteln*«.

Aus solcher Aktivität könnte man schließen, daß Carolines Geschäft floriert. Doch das Gegenteil ist der Fall. Sie bringt sich und ihre Nachkommen kaum durch, was ein Vorstoß der Tochter am 22. Juli 1861 bezeugt:

»*Louise Caroline Mayer, ledig, geb. den 21. Februar 1838,* [...] *bittet um Aufnahme ins Armenbad zu Wildbad* [im Schwarzwald]. *Beschluß: Das Gesuch dem Königlichen Oberamt mit dem Anfügen unterstützend vorzulegen, daß die Bittstellerin 23 Jahre alt, ledig und Mutter von 2 unehelichen Kindern (Zwillingen) im Alter von 1 ½ Jahren seye, daß außer einer erstandenen* [ausgesprochenen] *Strafe wegen Unzuchtsvergehen nichts Nachtheiliges von ihr bekannt seye, daß sie kein Vermögen besitze und auch keines durch Erbschaft zu erhoffen habe. Daß sie sich frühe mit Kleidernähen beschäftigt habe, seit einem halben Jahr aber in Folge ihrer Kränklichkeit arbeitsunfähig seye und nichts verdienen könne, daß sie sich bei ihrer unvermöglichen Mutter hier aufhalte, welche in letzterer Zeit ebenfalls kränklich und kaum im Stande seye, sich und ihr 12 Jahre altes Kind, das sie noch bei sich habe, durch ihrer Hände Arbeit zu ernähren und deßhalb auch schon periodisch aus öffentlichen Kaßen unterstützt worden seye* [...] *und daß deshalb die Bittstellerin für den Gebrauch der Badekur nicht vollständig unterstützt werden könne ...*«

Das Gesuch, wie auch spätere Bitten gleichen Inhalts, wird abgelehnt.

Was ist aus Carolines elf Kindern geworden?

Rudolf lernte Konditor, Reinhold ergriff den Beruf eines Goldschmieds, Luisle blieb zeitlebens Näherin. Aus Wilhelm, dem Graveur, wurde ein geachteter örtlicher Fotograf, dessen Spende das Stadtarchiv Esslingen die 13 Tagebücher seines Vaters verdankt. Der Tunichtgut Carl starb im selben Jahr wie Imanuel († 1886 in New York). Adolf nahm nach Samsons Tod endlich Kontakt zur Mutter auf und hatte Erfolg als Konditor in Genf, Gustav emigrierte und ließ sich in Brooklyn nieder. Ob er dort von der gescheiterten Revolution träumte und ein wackerer Demokrat war? Schon möglich. Julius' Spur verliert sich im Nirgendwo, nur sein Todesjahr 1893 ist bekannt. Bertha wanderte nach Boston aus, Alfred schließlich wurde Schneider und lebte in Ebhausen bei Nagold († 1884).

14 Jahre zuvor setzt Wilhelm den Schlusspunkt. Der »Eßlinger Zeitung« ist Ende September 1870 zu entnehmen:

»*Am Montag den 26. ds.* [dieses Monats] *verschied nach 8tägigem Krankenlager unsre liebe Mutter und Großmutter Caroline Mayer, Kupferschmieds Wittwe. Die Beerdigung findet Mittwoch den 28. Nachmittags 4 Uhr statt, wozu wir hiemit höflichst einladen und bitten, dieß statt besonderen Ansagens annehmen zu wollen. Für die trauernden Hinterbliebenen W. Mayer, Photograph.*«

Was Wilhelm blieb und ihm stets wertvoll erschien, ist jenes Medaillon mit gewelltem Rand, welches die Mama seit ihrer Verlobung mit Samson um ihren Hals trug. Es zeigt auf der Rückseite zwei zarte Versalien (»CV« für Caroline Volz) und vorn das Profil eines auffällig jung wirkenden Herrn.

Dank

MEIN DANK FÜR Hilfe mit Rat und Tat geht an Gerhard Dilschneider (Ulm), Dr. Johannes Graf (Furtwangen), Christa Heinl (Ulm), Hanna Henle (Neu-Ulm), Marco Huggele (Esslingen), Franz Kirsch (Esslingen), Daniel Kuhn (Gschwend), Susanne Lehr (Neu-Ulm), Asmus Mayer (Niedernhausen), Erich Müller-Gaebele (Weingarten), Dr. Henning Nissen (Ulm), Ulrike Rapp-Hirrlinger (Denkendorf), Benjamin Schmid (München), Prof. Dr. Sylvia Schraut (München), Stephanie Schütz (Ulm), Dr. Susanne Strölin (Esslingen), Dagmar Weinberg (Esslingen) und Anne Wenk (Lindau).

Nicht zuletzt danke ich Ursula Kümmel – die mir J. S. W. Mayers Tagebücher zur Verfügung stellte und bei der Transkription half – sowie Karla Rommel und Iris Sonnenstuhl-Fekete (Stadtarchiv Esslingen), Christian Rilling (Städtische Museen Esslingen), Reiner Diemer (Landesamt für Denkmalpflege Esslingen), Dorothea Besch (Landeskirchliches Archiv Stuttgart), Margrit Röder (Ludwigsburg Museum), Prof. Dr. Armin Hüttermann (Tobias-Mayer-Museum Marbach), Dr. Petra Schad (Stadtarchiv Markgröningen), Doris Seyboth (Stadtarchiv Stuttgart), Antje Zacharias (Stadtarchiv Tübingen), Anton Keller (Stadtbibliothek Ulm) und Nadja Glaser (Württembergische Landesbibliothek Stuttgart).

Editorische Notiz

Authentische Texte erscheinen *kursiv* und wurden nur da oder dort unserer heutigen Schreibweise angepasst. Die Namen fast aller in diesem Buch auftretenden Personen entsprechen der Wirklichkeit des 18. bzw. 19. Jahrhunderts, nur in wenigen Fällen sind sie verändert worden. Das Zitat von Heinz Knobloch auf Seite 5 (»Herr Moses in Berlin« © 2006) wird mit freundlicher Erlaubnis des dortigen Jaron Verlags abgedruckt.

Johann Samson Wilhelm Mayers Familie

Georg Wilhelm Mayer
(Großvater)

Jacob Wilhelm Mayer (Vater) ∞ 1786 **Paulina, geb. Brinzinger** 1766–1842 (Mutter)

Johann Samson Wilhelm Mayer
1787–1852

I ∞ 1814	II ∞ 1816	III ∞ 1834
Christiana Agatha, geb. Hausch 1796–1815	**Friederike, geb. Heggenberger** 1798–1833	**Caroline, geb. Volz** 1815–1870
Armand Tobias Wilhelm 1815–1832	**Johann Carl Erhart** * / † 1818	**Friederike Caroline Beate** 1835–1836
	Carl Johann Erhart 1819–1886	**Wilhelm Fridolin Tobias** 1836–1915 *(Graveur & Fotograf)*
	Louise Friederike Pauline * / † 1820	**Luisle (Caroline Friederike Beate alias Louise Caroline)** 1838–1926 *(Näherin)*
	Adolf Willibald August 1821–1904 *(1848er, Konditor, Genf)*	**Amalie Eleonore Clara** * / † 1839
	Gustav Eduard Ludwig 1823–1880 *(1848er, Brooklyn/USA)*	**Reinhold Hermann Ludwig** 1840–1860 *(Goldschmied)*
	Eduard Theodor Immanuel 1824–1854	**Marie Agathe Wilhelmine** * / † 1842
	Imanuel Franz Otto 1825–1886 *(New York/USA)*	**Florentin Rudolf Wunibald** * / † 1843
	Julie Friederike Pauline 1827–1828	**Gotthilf Florentin Rudolf** * / † 1844
	Julius Reinhold Albert 1829–1893	**Rudolf Florentin Benjamin** 1848–1940 *(Konditor)*
	Bertha Christiane Kunigunde 1831–? *(Boston/USA)*	**Heribert Richard Theobald** 1850–1852
	Alfred Ferdinand Wunibald 1832–1884 *(Schneider, Ebhausen)*	

Eberhard Neubronner, geboren 1942 in Ulm, fuhr früh zur See. Er ließ sich zum Fotografen und Kameramann ausbilden, um hinterher als Zeitungsredakteur (Südwest Presse) und Radioreporter (SDR) zu arbeiten. Seit 1990 ist er freier Schriftsteller. Im Silberburg-Verlag sind von ihm erschienen: »Der Herrgott weiß, was mit uns geschieht – Die Schwestern von der Albmühle«, »Steine im Brot – Dorfleben auf der Alb«, »Nägel am Schuh – Landleben auf der Alb« und »Der himmlische Blick – Fotografierende Pfarrer im alten Württemberg 1890–1960«.

1. Auflage 2016

© 2016 by Silberburg-Verlag GmbH, Schönbuchstraße 48, D-72074 Tübingen.
Alle Rechte vorbehalten.
Umschlaggestaltung: Anette Wenzel, Tübingen.
Lektorat: Sabine Besenfelder, Tübingen.
Druck: Westermann Druck Zwickau GmbH.
Printed in Germany.

ISBN 978-3-8425-1485-0

Besuchen Sie uns im Internet und entdecken Sie die Vielfalt unseres Verlagsprogramms:
www.silberburg.de

Bildtexte
Vorderer Vorsatz: Esslingen mit Pliensaubrücke, Aquatinta von Carl Doerr (um 1820).
Seite 1: J. S. W. Mayers »Proben der selbst erfundenen Streichzündhölzer« (1830/31). Foto: Daniela Wolf.
Seite 2/3: Esslingen und die »Burg« um 1900, fotografiert von Mayers Sohn Wilhelm.
Hinterer Vorsatz: Plan der Oberamtsstadt Esslingen am Neckar (1824).
Einbandrückseite: Durch den Erfinder beschriftete Zündholzschachtel (ca. 1835). Foto: Daniela Wolf.

Bildnachweis
Landesamt für Denkmalpflege, Esslingen: Hinterer Vorsatz; Stadtarchiv Esslingen: Einbandvorderseite, Seiten 2/3, 56, 96, 151, 162 und 219; Städtische Museen, Esslingen (Stadtmuseum im Gelben Haus): Vorderer Vorsatz, Seiten 1, 10 und Einbandrückseite; Ludwigsburg Museum: Seite 114; Tobias-Mayer-Museum, Marbach: Seiten 69 und 194; Archiv Neubronner: Seiten 251 und 287; Archiv Silberburg-Verlag: Seite 41.

Ihre Meinung ist wichtig …

… für unsere Verlagsarbeit. Wir freuen uns auf Kritik und Anregungen unter:

www.silberburg.de/Meinung

Von Eberhard Neubronner

In Ihrer Buchhandlung

Der himmlische Blick

Fotografierende Pfarrer im alten Württemberg 1890–1960

Die eindrucksvollen historischen Fotografien in diesem Band zeugen vom wachen Blick württembergischer Kleriker. Die seltenen Schnappschüsse zeigen vor allem das dörfliche Milieu. Sieben Jahrzehnte württembergischen Lebens aus besonderer Sicht sind hier einfühlsam erfasst.

Mit einem Vorwort von Ulrich Hägele. 176 Seiten, 207 teils farbige Fotografien, fester Einband. ISBN 978-3-8425-1256-6

Steine im Brot

Dorfleben auf der Alb. Fotografien von 1850 bis 1950

ISBN 978-3-87407-838-2

Nägel am Schuh

Landleben auf der Alb. Fotografien von 1890 bis 1950

ISBN 978-3-87407-890-0

Jeweils 160 Seiten, über 200 teilweise farbige Abbildungen, fester Einband.

Silberburg-Verlag

www.silberburg.de

ESSLINGEN
Spital Platz
MARKT
Ritter
Vogelsang
NECKAR